A. DE PANIAGUA

LA CIVILISATION NÉOLITHIQUE

PARIS
PAUL CATIN, ÉDITEUR
3, RUE DU SABOT, 3
1923

LA CIVILISATION NÉOLITHIQUE

DU MÊME AUTEUR

A LA MÊME LIBRAIRIE :

Les Monuments mégalithiques. Destination. Signification (*les Dolmens, les Tumuli, les Menhirs, les Alignements*). Préface de J. de Morgan. — Volume 22/14 cm, de XII-92 pages, avec 21 figures, broché........ 3 fr. **50**

Exemplaire numéroté (de 1 à 60) sur papier à la forme des Manufactures d'Arches.. 10 fr.

Géographie mythique, Préface par Onésime Reclus. — Volume 22/14 cm, de XII-148 pages, broché. 4 fr. **50**

La Divinité néolithique. Préface de J. Toutain. — Volume 25/16 cm, de 40 pages, nombreuses illustrations, broché.............................. 2 fr. **25**

SOUS PRESSE :

L'Age du Renne. — Volume 25/16 cm, enrichi d'un très grand nombre de gravures et de cartes, broché.................................... **30 fr.**

A l'apparition, le prix de cet ouvrage sera porté à 40 fr.

A. DE PANIAGUA

LA CIVILISATION NÉOLITHIQUE

PARIS
PAUL CATIN, ÉDITEUR
3, RUE DU SABOT, 3
1923

PRÉFACE DE L'AUTEUR

Une préface. Ce livre en a-t-il besoin? Les idées que je defends sont si neuves, les solutions que je donne sont si inattendues qu'elles ne trouveront, bien probablement, que des contradicteurs ou plutôt des adversaires dédaigneux bien décidés à n'en tenir aucun compte et à les rejeter, sans examen, par un indomptable esprit systématique d'école.

Je me bornerai donc à reproduire un article de la Dépêche de Toulouse, *paru pendant la guerre.*

Ce qui était vrai pour les inventions de chercheurs qui s'efforçaient de concourir à la défense nationale est également vrai pour les idées que je présente et qui ont, tout au moins, le mérite de paraître rationnelles, alors que, jusqu'à ce jour, on n'a fait que de timides essais pour tenter de percer les ténèbres de l'antiquité première et ces essais sont plutôt des commentaires embrouillés que des explications claires parce qu'ils sont toujours fondés sur les enseignements d'une école qui a l'horreur du nouveau et le culte de la chose déjà dite. Il est si facile et si commode de marcher sur un terrain bien plat et il est si attrayant de n'avoir pas d'obstacles à surmonter. On n'a fait aucun effort en vue d'un historique raisonné des temps hors histoire; on n'a fait que répéter, la plupart du temps, de vieux contes à dormir debout; on n'a pas voulu faire état des légendes reflétant les vérités initiales ; on a mal interprété les dires des auteurs primitifs ; on a préféré suivre servilement les chemins battus et on n'a pas essayé de découvrir une nouvelle route. Bien plus, la linguistique, empêtrée dans une routine invétérée que nous a léguée le moyen âge, a continué à s'enliser dans le grec et le latin, langues qui ne peuvent nous apprendre que peu de chose sur les origines.

Voici l'article de la Dépêche de Toulouse *publié sous le titre de* Le temple de la routine.

« *Il y a beau temps que nos inventeurs se plaignent amèrement de notre commission des inventions. Mais, qui ne tient leur race pour profondément susceptible, éternellement mécontente, perpétuellement déçue? Sitôt donc que l'on se faisait, auprès de l'un des membres de cette commission, l'écho des doléances d'un quelconque de ces génies méconnus, on le voyait s'esclaffer, vous déclarant que la majorité, la presque totalité même des projets soumis, n'étaient que pures billevesées, jaillies de l'imagination de cerveaux primitifs ou détraqués.*

« *Malheureusement pour cette façon simpliste d'envisager les choses et de placer à peu près sur le même rang toutes conceptions nouvelles dès qu'elles paraissaient aller à l'encontre de théories scientifiques établies, s'est révélée, ces temps derniers, toute une série de faits troublants qui semblent démontrer, tout à la fois, que non seulement des projets très intéressants pour la défense nationale ont été repoussés après examen sommaire, mais que peu après on les avait retrouvés parfaitement mis au point... dans l'armée allemande. D'autres inventions que nous n'avons pas ouï dire avoir été appliquées chez nos ennemis ne triomphèrent de l'apathie ou de la mauvaise volonté de la commission que par suite de circonstances fortuites? Un cas entre cent : M. Magnan, ancien contremaître, que son habileté technique fit attacher à l'un des laboratoires de la faculté des Sciences, présenta, un jour, à l'aréopage, un système permettant de reporter sur les cartes les cotes nécessaires aux tirs avec la plus grande précision. Ce projet très étudié fut repoussé et s'il est depuis des mois utilisé avec le plus grand succès par l'armée française, on le doit à M. Breton, directeur du service des inventions, qui de sa propre autorité fit mettre à la disposition de l'inventeur la somme de cinq mille francs pour le réaliser. Nous avons demandé à l'un des membres les plus éminents de la commission, M. Charles Lallemand, ingénieur en chef des mines, directeur du service du nivellement de la France, membre de l'Institut et du bureau des longitudes, ce qu'il fallait penser des critiques adressées à la commission dont il fait partie.*

« Toutes, nous dit-il, ne sont pas injustifiées ; il est certain que la mentalité de beaucoup de personnalités scientifiques est telle que tout projet qui va à l'encontre d'une loi scientifique considérée comme définitivement établie les trouve incrédules et rebelles. Ajoutez que, dans d'autres cas, où il s'agit seulement d'applications nouvelles de théories reconnues, ces savants se trouvent en présence d'inventeurs qui affirment avoir trouvé des solutions à des problèmes qu'eux-mêmes s'efforcèrent vainement de résoudre. Il est humain que dans ces conditions ils demeurent sceptiques et mal disposés vis-à-vis des chercheurs.

« Pour moi, j'estime que la meilleure façon de résoudre la difficulté c'est d'apporter la plus entière bonne volonté à l'examen de tout projet, même parût-il en opposition formelle avec les idées généralement admises. Ainsi, je reçus jadis la visite d'un inventeur qui m'exposa une découverte intéressante. Très bien, lui dis-je, mais si vous dites vrai, il faut admettre que vous êtes parvenu à déterminer la distance focale d'une lentille à 1/10e de millimètre près ; or, les physiciens du monde entier s'accordent

à dire que cette distancc ne peut être déterminée qu'à 5/10 *de millimètre.*

« *Possible, me répondit-il, mais c'est ainsi. J'acceptai donc de faire les expériences à la condition formelle que tout en suivant les indications de l'inventeur j'utiliserais n'importe quelle lentille et mon propre personnel; ce qui eut lieu. L'expérience répétée réussit à merveille. Le praticien avait eu raison contre les théoriciens. Son appareil fut adopté par le G. Q. G. et rend de très grands services.*

« *Pourrait-on parvenir à un meilleur résultat en modifiant la composition de la commission ?*

« *Je crois que si, mais où trouver chez nous une personnalité aussi indépendante de ces préjugés qui forment le tréfonds du caractère de nos hommes de science ?* »

« *Souhaitons donc, avec M. Lallemand, que la commission des inventions comprenne son devoir plus largement. Il paraît établi, par l'exemple personnel de notre interlocuteur, qu'un véritable savant peut et doit accueillir avec une sympathie agissante tous les novateurs.* »

Et nunc reges, intelligite, erudimini qui judicatis... scientiam, *dit sagement le Psalmiste.*

INTRODUCTION

DES ORIGINES DES LANGUES INDO-EUROPÉENNES

Bien des théories ont été proposées pour expliquer l'origine du langage. Locke, de Tracy, Condillac pensent, avec raison, qu'il est d'invention purement humaine. Une théorie diamétralement contraire en fait un don de la divinité. Enfin, une troisième suppose dans l'homme primitif une force mystérieuse, un instinct spécial qui lui aurait donné la possibilité de s'exprimer d'un seul coup, en un effort subitement produit. C'est presque admettre les idées innées et par un chemin détourné en revenir à l'intervention d'une force inconnue ou plutôt divine, ce que d'ailleurs G. de Humboldt affirme sans conteste. C'est vouloir nier le moteur divin tout en admettant un agent adventice et spontané d'ailleurs mal défini, obscur et peu compréhensible.

M. Renan, dans sa préface de l'*Origine du langage*, exposant les idées du savant allemand Steinthal, s'exprime de la manière suivante : « M. Steinthal pense, comme nous, que le langage n'a pas été créé de dessein prémédité, avec une conscience distincte de la fin et des moyens, mais qu'il naît dans l'âme, à un certain degré du développement de la vie psychologique, d'une manière nécessaire et pour ainsi dire aveugle. Le moment où le langage sort ainsi de l'âme humaine et apparaît au jour, constitue une époque dans le développement de la vie de l'esprit ; c'est le moment où les intuitions se changent en idées [1] ». Steinthal en somme, avec des arguments quintessenciés, discute la thèse de Locke et peut sembler défendre celle de G. de Humboldt, et, pour éviter les errements qui font intervenir les idées innées, ergote longuement et dogmatiquement. Le langage sort de l'homme comme Minerve de la tête de Jupiter. C'est une théorie fondée sur des raisonnements subtils. M. Renan écrit plus loin : « Si le langage, en effet, n'est plus un don du dehors, ni une invention tardive et mécanique, il ne reste plus qu'un seul parti à prendre, c'est d'en attribuer la création aux facultés humaines agissant spontanément dans leur ensemble ». Renan définit ainsi la théorie rationnelle de Grimm : « Grimm emploie des expressions si fortes pour présenter le langage comme l'œuvre de l'homme, qu'on serait tenté de le ranger parmi les partisans de l'invention libre et réfléchie. Non seulement il ne veut reconnaître dans le langage rien d'inné ni d'imposé à l'homme, mais il y découvre un progrès artificiel, résultant de l'expérience et du temps. Il croît volontiers à un état monosyllabique et sans flexions où le matériel de la langue se serait borné à quelques centaines de racines [2]. »

Max Muller se garde bien de décider : « Nous ne pouvons encore déterminer ce qu'est la langue ; ce peut être l'œuvre de la nature, une invention de l'art humain ou un don céleste. Mais à quelque sphère qu'elle appartienne, rien ne semble la surpasser ni même l'égaler. »

1. Renan ; *De l'origine du langage*, p. 31.
2. Voir Grimm ; *Ueber den Ursprung der Sprache*, Mémoires de l'Académie de Berlin, 1851, p. 37 et suiv. 41 à 47.

« Si on écarte l'intervention divine, on doit concevoir par force le langage comme une œuvre humaine, et lorsque l'on constate que toutes les autres œuvres humaines ont suivi un cours progressif régulier, allant du simple au composé : l'industrie de l'amande de Chelles aux merveilles de l'électricité, la morale, des préceptes brutaux de la première société aux principes élevés des civilisations actuelles, on ne peut admettre, sans un étonnement profond qui se change vite en incrédulité, que le langage seul se soit soustrait à la loi générale qui règle aussi bien les enfantements de la nature que ceux de l'homme et soit une manifestation spontanée sans antécédents préparatoires. Le langage ne peut faire exception ; il a suivi des étapes de développements successives comme toutes les choses naturelles et humaines, issant des plus basses origines, se transformant, s'épurant, s'enrichissant pour parvenir au degré de maturité que présentent les grandes langues travaillées.

« Si, par la pensée, on cherche à se faire une idée du premier être hominien, on doit se le représenter comme une brute absolue, au-dessous du sauvage le plus arriéré actuel, portant toutefois en lui les germes obscurs, mais non développés encore, de la perfectibilité que la sélection lente devait faire éclore peu à peu. Quel devait être, il ne faut pas dire le langage, mais le moyen de se faire comprendre d'une créature semblable ? Sa langue n'était pas éduquée et ne pouvait sans doute pas articuler des mots ; l'homme nouveau-né ne pouvait user que de la mimique et ne devait pouvoir pousser que des cris inarticulés auxquels il donnait un sens rudimentaire.

« Le voyageur James rapporte que les Indiens Kiaw-Kaskaia des Montagnes Rocheuses, bien que formant une agglomération de tribus ayant les mêmes mœurs et les mêmes caractères ethniques, n'ont pas cependant un idiome commun. Chaque tribu a son dialecte, ce qui fait que dans les réunions, les membres des diverses tribus ne peuvent se comprendre oralement. Ils suppléent à cet inconvénient par le langage par signes et parviennent ainsi à s'entendre complètement[1]. Fischer dit des Indiens Comanches qu'ils sont d'une habileté surprenante à s'exprimer par la mimique[2]. D'après Lubbock[3], les Boschimans d'Afrique « supplémentent leur langage de tant de signes qu'ils ne sont pas intelligibles dans l'obscurité, et quand ils désirent causer la nuit, ils sont obligés de se rassembler autour de leurs feux ». Selon Barton[4], les Arapahos de l'Amérique du Nord « possèdent un vocabulaire si incomplet qu'ils peuvent à peine se comprendre dans l'obscurité ; s'ils désirent causer avec un étranger, il est absolument nécessaire de se rendre auprès du feu ». Les peuplades sauvages arriérées ont des langues d'une pauvreté extrême. Les Veddah de Ceylan n'ont que les mots absolument nécessaires et on ne peut se faire une idée des périphrases tortueuses et compliquées qu'ils sont obligés d'employer pour arriver à décrire les actions les plus ordinaires et les choses les plus usuelles[5]. Les Fuégiens ne possèdent pas de termes abstraits dans leur dialecte rudimentaire et grossier. Les Coroados du Brésil ne savent guère exprimer que les idées de marcher, boire, manger, dormir, voir, entendre[6]. Enfin, d'Orsey assure même qu'un paysan civilisé ordinaire ne connaît pas plus de trois cents mots de sa langue.

« Ces exemples peuvent donner une idée de ce que

1. James; *Expedition to the Rocky mountains*, tom. III, p. 52.
2. Fischer; *Trans. Ethno. Society*, 1869, tom. I, p. 283.
3. Lubbock; *Les origines de la civilisation*, p. 409.
4. Barton; *City of Saints*, p. 151.
5. Bailey; *Trans. Ethn. Society*, nouvelle série, tom. II, p. 298.
6. Spix et Martins; *Travels in Brazil*, tom. II, p. 253.

devait être la langue des premiers hommes[1]. Cette langue, à l'origine, encore inférieure aux langues des sauvages que nous venons de citer, encore plus simple, était pour ainsi dire commune aux divers groupes humains, tout au moins aux groupes indo-européens. Ce n'est que par la suite, au fur et à mesure que le développement du langage se produisit, que chaque peuple composa son dialecte propre suivant sa manière d'entendre et de voir, guidé par son génie particulier en empruntant les cris des animaux, les bruits de la nature, les sons produits par l'homme. Or, comme les cris de certains animaux habitant aussi bien l'Asie que l'Europe, comme les bruits provenant de la collision des corps durs, ceux produits par l'homme, ceux résultant des éléments sont les mêmes partout, il est facile de comprendre que les onomatopées qui ont été les conséquences de l'audition de ces bruits divers, ont été partout analogues et il faut se garder de chercher à trouver dans leur identité une preuve de l'origine unique du langage apporté et enseigné par une race humaine privilégiée. Cette similitude pour les racines formées par les onomatopées est forcée. Un Indien et un habitant de la Grèce ou de l'Italie ou de la Gaule, aux temps primitifs, étaient contraints d'entendre de la façon pareille dont ils se produisaient nécessairement partout, le chant d'un oiseau, le bêlement d'un mouton, le mugissement d'un bœuf, le sifflement d'un serpent, le bruit du heurt d'une pierre, le roulement du tonnerre, etc., et par suite, étaient obligés, pour rendre un de ces bruits, de

1. Diodore de Sicile ; liv. I, part. 8. « La voix des premiers humains était inarticulée et confuse ; cependant par la suite ils formèrent des paroles et, en se représentant symboliquement les objets qu'ils avaient sous les yeux, ils arrivèrent à composer un langage intelligible propre à exprimer toutes choses.

L'existence de groupements d'hommes en diverses stations terrestres a enfanté des parlers différents d'après l'arrangement particulier des mots pour chacun d'eux. »

composer un mot imitatif identique dans sa racine qui n'a changé depuis que d'après l'aptitude de certaines races à prononcer telles consonnes plutôt que telles autres et à transposer les voyelles par métathèse. Ces mots ne sont pas plutôt indiens qu'européens et les mots subséquents qu'ils ont servi à composer par amplification sont le patrimoine de l'humanité, non d'un groupe humain [1]. »

Vouloir comprendre la formation primordiale des langues comme une œuvre scientifique, c'est errer de façon naïve. Ce ne sont pas les savants qui fabriquent les langues, c'est la masse populaire. Notre Académie française ne crée pas des mots, elle donne des lettres de naturalisation aux néologismes forgés par la foule anonyme.

Les langues sont le résultat du parler courant des primitifs, de leur façon d'entendre les bruits de la nature, de leur manière de voir les objets sous tel aspect plutôt que sous tel autre, des suites qu'ils donnaient à une idée mère, des conséquences, souvent bizarres, qu'ils tiraient d'un fait ou d'une conception, des effets multiples des actes de la vie quotidienne. Maintenant que la civilisation a pris une autre allure, le principe de toutes ces causes peut parfois nous paraître incohérent ou puéril, alors qu'il était très rationnel avec d'autres mœurs, en d'autres temps. Ce n'est que par la suite, au stade que nous appellerons syntaxique, lors de l'avènement des règles du langage, que l'on peut entrevoir un souci de réglementation pour la formation des mots. Jusque-là, la fantaisie, les associations très fréquemment complexes d'idées, les rapprochements et les comparaisons faits par les sens, les apparences extérieures et les similitudes fortuites, quelquefois même

1. A. de Paniagua; *La genèse de l'homme*, 2ᵉ part. ch. III, p. 196 et suiv.

des jeux de mots, l'audition des sons, avaient seuls agi pour la confection de l'armature des langues. Appliquer des règles précises et scientifiques à cette période de gestation, c'est faire une erreur qu'il faut se garder de commettre. Les primitifs ne faisaient pas état d'être des puristes ; ils parlaient comme ils entendaient et formaient les mots selon telles ou telles aptitudes d'ouïe ou de prononciation qui pouvaient amener même entre les divers groupes d'une même famille ethnique des divergences, des résonances différentes pour exprimer les mêmes choses par des vocables euphoniques très variés mais reliés néanmoins par une racine initialement unique, dont il est, maintes fois, difficile de découvrir la souche tant sont nombreuses les radicelles qui se sont greffées sur elle.

On a supposé que la langue védique était la plus ancienne des langues indo-européennes et cependant on ne doit pas la considérer comme la mère des idiomes indo-européens, elle n'est que leur sœur et elle est issue, de même que ses congénères, des langues agglutinatives ou monosyllabiques de l'Hindoustan antique, amalgamées, dès les temps néolithiques, avec les dialectes des peuples autochthones habitants des régions situées à l'occident de l'Inde que la civilisation dravidienne pénétrait peu à peu et pacifiquement en employant comme moyens de diffusion l'industrie, l'agriculture et une religion chamanesque dont les pratiques surprenantes devaient frapper et captiver l'esprit de populations dans l'enfance, avides de merveilleux.

Les langues indigènes de l'Inde ont certainement débuté par l'état monosyllabique, ainsi que le dit Caldwell[1]. On s'est demandé quel était le dialecte dravidien

1. Caldwell; *Comp. gram.*, p. 93. « Dravidian roots originaly monosyllabic. »

qui représente le mieux la forme primitive des langues aborigènes de la péninsule. Caldwell croit à l'existence initiale de plusieurs idiomes. Cependant il donne la suprématie au tamoul et il tire ses preuves de l'antiquité, en ce dialecte, d'une littérature classique très abondante[1]. Ce n'est pas une preuve dont on puisse déduire une conclusion établissant que le tamoul ait réellement été l'idiome primitif. Cette langue a été celle qui, le plus tôt, a été travaillée et c'est la raison pour laquelle elle est la plus riche de toutes celles de l'Inde sauvage ; toutefois elle contient dans une large proportion une grande variété de formes archaïques qui sont comme les témoins de son antiquité. Si une langue unique a existé dans l'Inde dans les temps tout primitifs, il n'est pas possible de la retrouver et encore moins dans un dialecte cultivé comme est le tamoul. Le premier parler interjectif et onomatopéique s'est promptement différencié, s'adaptant à l'idiosyncrasie auditive de chaque groupement, et, dès le principe de la période monosyllabique, chaque dialecte s'est particularisé en se conformant aux aptitudes de prononciation des divers éléments ethniques. Les ressemblances évidentes que l'on constate entre les diverses langues dravidiennes affirment sans doute l'unité primitive mais ne peuvent suffire à définir ce que pouvait être cette unité au point de vue radical. La différence qui se montre entre les dialectes kohlariens et dravidiens et qui tient plutôt à la syntaxe qu'au fondement même des racines ne permet pas de croire que ces deux groupes aient eu des origines différentes. Ils ont puisé dans le même fonds. Des points de contact existent ; Hodgson considère l'orâon comme intimement lié avec le maler et ce dernier

1. Le dialecte tamoul est appelé *aravan* par les musulmans du Dekkan. On n'est pas d'accord sur l'origine de cette désignation. Le Dr Gundert pense qu'elle signifie « langage des savants », *aravas*.

comme un lien qui rattache les dialectes kohls aux langages dravidiens, particulièrement de la famille tamoule[1]. Sans doute aujourd'hui la distance qui sépare les unes des autres les langues indigènes : le télougou « l'italien de l'Inde, » le tamoul ou « langue des savants », le toulou ou « langage des humbles, » le canarais ou « langue des noirs », le malayâlam ou « langue des montagnards, » le côorg, etc., est à ce point considérable qu'elle ne peut permettre que les divers peuples qui les parlent puissent se comprendre entre eux; mais, si l'on remonte vers les sources, on ne tarde pas à s'apercevoir que l'origine est la même, malgré les différentiations profondes apportées dans la suite des âges.

Quoi qu'il en soit, les langues primitives monosyllabiques de l'Inde devaient être pauvres. Les Hô kohlariens ne connaissent pas les termes de l'affection[2]; le langage des Veddah, maintenant refoulés dans l'île de Ceylan, est d'une pauvreté surprenante[3]. En effet, il est bien difficile de se représenter une langue primitive comme pourvue, dès les origines, de toutes les formes radicales et grammaticales que peuvent seules donner une longue éducation et la pratique séculaire, ainsi que l'impérieuse nécessité de créer des mots pour exprimer les choses et les idées enfantées tous les jours par le progrès industriel et moral. Avant que ces obligations ne s'imposent, la langue, ayant peu d'objets à dénommer, peu de sentiments à désigner, est nécessairement simple. Pendant le stade de formation, les langues dravidiennes et kohlariennes devaient être pauvres par force. Ce n'est qu'à mesure que les besoins se dévelop-

1. Hodgson, *Kochh, Dhimal and Bodo tribes.*
2. Dalton, *Trans. Ethno. Society*, nouvelle Série, tom. VI, p. 27.
3. Bailey, *Ib.* tom. II, p. 298.

paient qu'elles agrandirent progressivement leur domaine par des transformations de mots primitifs allongés, redoublés, ou bien encore par l'extension du sens initial qui quelquefois, grâce à des associations d'idées bien difficiles à saisir souvent, finissait par être appliqué pour spécifier des choses ou des êtres qui n'avaient que des rapports bien lointains avec la chose que le vocable radical désignait tout d'abord.

Lorsque les Indiens pénétrèrent dans le nord de la Perse, en Arménie et dans le Caucase, tous leurs différents contingents parlaient une langue à peu près identique, n'ayant pas subi encore les transformations particularistes qui, dans l'Inde, plus tard, finirent par former divers dialectes progressivement de plus en plus différenciés, jusqu'au moment où il ne fut plus possible de s'entendre entre fils de même race ; « alors toute la terre avait un même langage et une même parole, » dit la Bible[1]. Les populations qu'ils trouvèrent établies dans ces parages avaient aussi des langages divers, et d'après ce que l'on peut en juger en considérant les caractéristiques des idiomes actuels, et notamment, de ceux du Caucase, ces parlers pleins de gutturales et de sifflantes, devaient être rudes et sauvages, bien probablement monosyllabiques[2]. Naturellement une fusion linguistique se produisit; l'indien pénétra dans les langues occidentales et fut à son tour envahi par elles. De nouveaux idiomes aussi nombreux que les divers groupes de la race envahissante et que les différentes peuplades aborigènes se constituèrent peu à peu. Strabon évalue à soixante-dix le nombre des peuples divers qui venaient au grand marché de Dioscurias, parlant chacun une langue différente[3].

1. *Genèse*, ch. XI, v. 1.
2. Elisée, Reclus *Geo. univ*, tom. VI, p. 103, 106, 151.
3. Strabon, liv. XI, ch. II, par. 16.

Puis la civilisation indienne fit de nouveaux progrès, elle étendit son influence au nord dans les plaines de la Kouban, à l'ouest vers Taman et la Krimée, et partout, au fur et à mesure, les phénomènes de fusion philologique qui s'étaient produits dans l'Arménie et le Caucase, se manifestèrent de nouveau. De tous ces éléments divers, une nouvelle langue se forma qui emprunta la plupart de ses radicaux au dravidien et le reste aux dialectes autochthones. On a essayé d'établir un vocabulaire de cette langue vraiment indo-européenne et les indications que l'on en peut retirer sont que le travail qui aboutit à sa formation engloba non seulement les idiomes originels de l'Inde, de la Perse, du Caucase, de l'Europe orientale, mais encore ceux que parlaient les Altaïques des plaines scythiques, puisque on ne peut nier que tous ces différents peuples parlent des langues où l'on retrouve des racines identiques venant de cette source unique, de la langue indo-européenne. Caldwell a constaté les affinités profondes qui existent non seulement entre le dravidien et les langues communément appelées aryaques, mais encore avec celles qu'il désigne sous le nom de scythiques et qui comprennent l'ossète, l'ostiak, le mandchou, le samoyède, le lapon, le finnois. Il va plus loin et donne des preuves de la parenté du dravidien avec l'hébreu et le groënlandais.

Il n'est pas possible d'indiquer exactement quelle fut la part contributive des idiomes de l'occident dans la formation des langues indo-européennes, car ils sont absolument perdus sans retour, fondus, amalgamés; mais il est facile de retrouver les racines indiennes puisque les langues qui les ont fournies sont encore parlées. D'une manière générale on doit admettre, semble-t-il, que les racines qu'on ne peut retrouver dans le dravidien et dont, par conséquent, l'origine première est inconnue, doivent appartenir à ces idiomes de l'occident de l'Asie et de l'orient de l'Europe depuis si longtemps totalement anéantis [1].

C'est en Europe que le védique a commencé à se former et c'est de là, qu'avec les Aryens, il est parti pour arriver enfin dans l'Inde où peu à peu il est devenu le sanscrit. Avec les envahisseurs de même race qui se dirigèrent de la Sogdiane vers l'Iran, il pénétra en Perse où il trouva tout d'abord une langue en formation, ayant les mêmes principes indiens et indigènes que lui-même et avec laquelle il fusionna pour donner naissance au zend. Les ressemblances frappantes et les divergences qui se montrent entre le sanscrit et le zend n'ont pas d'autres causes. Sans doute l'arménien initial parlé par un peuple qui ne se trouvait pas sur le passage de l'invasion aryaque, se forma sur place avec des éléments analogues à ceux qui servirent pour le védique et c'est pourquoi il présente tant d'affinités avec cette langue. Quant aux langues [2] latine, grecque, scandinaves et occidentales, elles se constituèrent dans les mêmes régions, c'est-à-dire l'orient de l'Europe et le Caucase, avec les mêmes matériaux philologiques que la langue des Aryens orientaux, alors que les peuples qui posèrent leurs fondements avec leurs idiomes particuliers métissés de dravidien habitaient encore ces pays, avant d'aller s'établir dans des colonies qui sont devenues des empires puissants [3]. Les Finnois, les Al-

1. « Il y a beaucoup de mots grecs dont nous ne pouvons trouver aucune étymologie satisfaisante. » (Max Muller, *Essai de Myth. comp.* Trad. Perrot, p. 181.) On peut en dire autant des autres langues indo-européennes.

2. Brugmann a soutenu une théorie à peu près semblable (*Grundriss der vergleichenden Grammatik*).

3. Malgré les railleries de W. J. Van Eys (*Dict. basque-français*, introd.; p. IV), Chabo était dans la vérité en disant que « le sanscrit, le grec, le latin, le gallique, le celtibérien des Espagnols n'étaient que des dialectes du celto-scythique. » Par exemple, il se trompe complètement lorsqu'il ajoute que « la langue des Romains et des Brahmines, dialectes celtiques même dans leurs déclinaisons, est empruntée aux Euskariens ». La

taïques, les Celtes, les Berbères pour les mêmes raisons emportèrent dans le nord et dans l'ouest de l'Europe, ainsi que dans l'Afrique, des langages fabriqués de semblable façon ; de même enfin, les Asiatiques des steppes de la Ciscaucasie qui allèrent dans l'Asie centrale et du nord et jusque dans les îles de l'extrême orient.

Tous ces peuples, si dissemblables aujourd'hui au point de vue ethnique, ont ainsi un point de contact commun qui est la démonstration que les langues qu'ils parlent, bien que très différentes, ont cependant pris leurs premières données dans une même source ou que, tout au moins, toutes ont conservé des racines provenant d'une manière irréfutable des dialectes sauvages de l'Inde. Comme on ne peut soutenir que ces races, si différentes par leur conformation matérielle, soient sorties d'un même foyer de production qui, dans ce cas, aurait été l'Inde, il faut donc convenir que leurs idiomes qui constituent la preuve la plus évidente de leur réunion sur un même point, à un moment donné, ont été forgés dans une région où, par suite des aventures des migrations, elles se sont trouvées assez longtemps en communion philologique pour être à même, toutes, de prendre ce qui leur convenait le mieux dans un fonds primitif unique, qui était comme une source adventice et précieuse qui fournissait les mots nécessaires à chacune d'elles en particulier, à mesure que le progrès créait de nouvelles idées et de nouveaux objets auxquels il fallait donner des noms. L'apport de l'indien fut plus considérable qu'on ne pense pour la formation des langues qui naquirent de sa fusion avec les dialectes des peuplades que les civilisateurs orientaux éduquèrent. On le trouve partout plus ou moins prédomi-

langue des Basques est, jusqu'à preuve du contraire, une langue unique, indépendante de toutes les autres. Il est inutile de lui chercher une mère, elle n'en a pas et elle est stérile, sans enfants.

nant, selon le degré d'assimilation des diverses races avec les éléments hindoustaniques, races qui, pendant une certaine période de leur existence, se trouvèrent accumulées dans un centre terrestre qu'elles abandonnèrent les unes après les autres pour suivre de nouvelles destinées dans des contrées diverses, mais toutes emportant comme un témoignage de leur rassemblement momentané dans un milieu très large mais en somme défini, des bases linguistiques importées par les Noirs Dravidiens avec lesquels elles avaient été en contact et dont elles avaient ressenti intimement l'influence dominante[1].

Cette confusion des idiomes fit sentir son action sur les mots primitifs, principalement sur les noms propres des temps héroïques. Les uns sont purement dravidiens de forme et de sens ; d'autres, tout en conservant l'ossature originelle, ont subi des altérations ou des déformations produites par des mutations de lettres amenées par les aptitudes de prononciation particulières aux divers groupements linguistiques et par l'emploi de désinences, de préfixes et de suffixes spéciaux. Mais dans leur essence tous les mots de cette espèce sont encore dravidiens. Certains noms sont moitié de cette source et moitié védiques ou sanscrits, ce sont des bâtards philologiques. La langue indo-européenne, née de l'alliance des idiomes indigènes de l'Hindoustan avec les dialectes de l'Europe et de l'Altaï, commença en effet de bonne heure à se former et donc à contribuer, pour une grande part, à la confection des vocables créés pour désigner de nouvelles fractions ethniques, de nouveaux sites découverts ou conquis, de nouvelles stations fondées et aussi des dieux et des héros rece-

1. Il fut donc une époque de la civilisation où « le sanscrit et le grec n'existaient pas encore, mais où tous deux, ainsi que le latin, l'allemand et les autres dialectes aryens, étaient contenus dans une langue commune. » (Max Müller; *Essai sur la Mythologie comparée*, p. 23.)

vant, selon l'habitude constante des peuples jeunes, des appellations ayant des significations qualificatives, commémoratives ou symboliques. Enfin des noms sont simplement sanscrits ou plutôt védiques. Ceux-là sont les derniers nés, à l'époque où la langue que les Aryas devaient importer dans l'Inde se précisait et s'était assise déjà sur des bases solides. Que si, dans des régions bien éloignées des centres scythiques, où se forma le védique, chez des peuples qui vraisemblablement avaient quitté l'Hyperborée et le Pont bien avant l'apparition des parlers aryaques, on trouve des racines appartenant au bagage fondamental de ces langues, et inconnues dans les dialectes dravidiens, il faut admettre qu'elles faisaient partie du fonds des idiomes autochthones des populations pénétrées par la culture dravidienne et que continuaient à employer certains sujets plus ou moins nombreux, ayant suivi les diverses migrations sur tant de points différents de la terre. Comme sans doute ces racines exprimaient bien l'idée que l'on voulait représenter, elles entrèrent en ligne de compte ayant été adoptées par divers groupes ethniques après avoir reçu leurs lettres de naturalisation. Dans ces conditions, elles ne peuvent issir ni du dravidien, ni du védique, ni du sanscrit mais bien des dialectes perdus des peuples indigènes, dialectes qui ont servi dans une mesure plus ou moins large à la fabrication des diverses langues indo-européennes.

GLOSSAIRE SUCCINCT

DE RACINES ET DE RADICAUX DRAVIDIENS[1]

Akka, en can. et tél. « sœur aînée » ; lap. *akke* « grand'-mère » et « épouse » ; tam. *akkei*, *akkâ*, *akkâl ;* maha. *akâ*. — Dans les pays du Malabar la loi matriarcale était toute-puissante, la mère et la sœur aînée détenaient le pouvoir familial, la femme était souveraine à Travancore et à Cananore et dans maintes autres principautés du Malayâlam. De là *akka* a signifié non seulement « sœur aînée » mais vraiment le droit d'aînesse impliquant le commandement, et, lorsque chez d'autres peuples, la suprématie est revenue à l'homme, l'idée de domination attachée au vocable n'en est pas moins restée : mong. *aka ;* tong. *aki* « frère aîné » ; fin. *ukko* « vieil homme, ancêtre ». — Ce mot est devenu en sk. une épithète habituelle de la déesse tellurique, aussi a-t-il fini par prendre le sens de « terre » lui-même. — Comparez le lat. *Acca Larentia*, « mère des Lares ».

1. Abréviations : *Allemand*, all. — *Anglais*, ang. — *Arménien*, arm. — *Basque*, basq. — *Berrichon*, berry. — *Breton*, bret. — *Canarais*, can. — *Celtique*, cel. — *Cophte*, cop. — *Dravidien*, drav. — *Espagnol*, esp. — *Finnois*, fin. — *Français*, franç. — *Gaëlique*, gaël. — *Gothique*, goth. — *Grec*, gr. — *Hébreux*, héb. — *Hongrois*, hong. — *Irlandais*, irl. — *Italien*, ital. — *Kymri*, kym. — *Lapon*, lap. — *Latin*, lat. — *Maharatte*, maha. — *Malayâlam*, malay. — *Mongol*, mong. — *Ostiak*, ost. — *Provençal*, prov. — *Samoyède*, samoy. — *Sanscrit*, sk. — *Tamoul*, tam. — *Télougou*, tél. — *Thibétain*, thib. — *Tongouse*, tong. — *Védique*, vd. — *Vieux-germain*, vieux-ger.

Adi, « fixer dans ». *adi*, comme nom, signifie « principe, base d'une chose ».

At, « errer dans ». Le tam. et le tél. *adavi* contiennent la rac. initiale qui est *ad* avec la signification de « ce qui est épais » et a pour correspondant sk. *atavi* « forêt, jungle ». La terminaison *vi* est une forme drav. ex. : tam. *kelvi* de *kel* « entendre ». Le sk. a *at* « errer ».

Attam « père », *attei* « mère » en tam. Le malay. du sud a *âchchi* « matrone », *âttam* « supérieur, maître », *âttâl* « mère ». En drav. on marque le masc. par *an* et le fém. par *âl*. En sk. on a *attâ* « mère » et *atti* « sœur aînée », fin. *atta ;* tcher. *âtyâ*. Comparez les mots lat. et gr. *atta* et ἄττα employés comme termes de salutation vis-à-vis des personnes âgées. Le lap. fournit *attje* et *aija* pour *aya* « aïeule ».

Annei « mère » ou « sœur aînée » ; fin. et hong. *anya* « mère ».

Appa, *appan* « père ». Par contraction le sk. a fait *pâ* d'ou *pati* « celui qui gouverne, protège et chérit », d'où le gr. πάομαι « posséder ». Le lat. *pa-ter* et le sk. *pi-tar*, avec la terminale qui marque la parenté, ont la même source. Le franç. redoublant la rac. sk. *pâ*, donne *papa*. Le thib. a *pa* ou *po* « homme », le gr. πάππα et πατήρ.

Ammâl, *ammei*, *amman*, *amma* « mère » ; vieux-ger. *amma ;* irl. *amma ;* all. *amme* « nourrice » ; sk. *ambâ* « mère » et *mâ* avec le sens originel de la rac. *mâ* « produire ». Le franç. revenant à la terminale *an* du drav. fait *maman ;* le lat. a *mamma* « mamelle, nourrice ou mère » ; le gr. a μάμμη qui veut dire « grand'mère, nourrice et sage-femme ». Thib. *mo* « femme » ; bret. *mamm-gôz*, « grand'mère ».

Aru, *ar* « noble », le vd. a *ari* « maître de maison » que l'on doit rapprocher du lat. *herus;* le sk. présente *ârya* « noble ». Le nom des *Aryas* ou « nobles » a ce radical pour principe. Le lat. *ars* prend sans doute sa source dans le même mot drav. En gr. les mots de cette famille sont nombreux : ἀρείων, comparatif anormal d'ἀγαθός « meilleur, » ἀρέσκεια « grâce », ἀρεστός « juste », ἀρετή « vertu », enfin « Αρης dieu de la guerre. En fin. et en lap. *arno* veut dire « noble, excellent ». En goth. on trouve *éra*, en all. *ehre*, *Ehrmann* (*Arminius*).

Alei « errer », gr. ἀλάομαι « errer », ἄλη « course », ἀλημων « vagabond » ; all. *welle* « aller » ; arm. *alik*, « flotter » ; franç. *aller*. Ce verbe français est essentiellement irrégulier. Cela provient de ce que, pour la formation de ses divers temps, il a emprunté des formes à trois verbes primitifs différents. D'abord le drav. *alei* qui a fourni l'infinitif présent *aller*, les 1re et 2e pers. plur. de l'ind. présent : *nous allons*, *vous allez;* l'imp. *j'allais;* l'impératif : *allons*, *allez;* le prét. *j'allais*, etc. Le tam. *vâ* pour *bâ* « aller, venir » a donné les trois premières pers. du sing. de l'ind. prés. et la troisième du pluriel : *je vais*, etc., l'impératif *va* où la forme drav. se montre purement. Enfin le sk. *i*, *ir* que l'on retrouve dans le lat. *ire*, a complété les autres temps : fut. *j'irai*, etc. — Comparez encore le drav. *alei* « vague » littéralement « ce qui avance ».

Avva en tél. « grand'mère » ; can. *avve ;* todo : *av* « mère », lat. *avus* « grand-pére », *avia* « grand'mère », *avunculus* « oncle maternel » ; *Ève* de la Genèse biblique, la grande « aïeule ».

Âvâ, *âval* « désir » ; la racine est *âvu* « désirer » ; lat. *aveo*, héb. *avvah* dérivé de *âvâh* « désirer » ; la base de l'héb. *av* ou *aw* est identifiable avec le tam. *âv* et le sk. *av* « désirer », Il y a encore en héb. *âbâh* « vouloir ».

ÂRu[1] « couler; rivière », *aruvi* « cascade ». Le tél. a *êRu*. La rac. tam. est *êri* « réservoir d'eau naturel ». Cette dernière acception se retrouve dans le nom de la mer *Adriatique;* Eschyle l'appelle Ρέας κόλπος. Dans le même ordre d'idées rentre l'appellation d'un estuaire du littoral britannique cité par Ptolémée : *Ouarar*. La rac. apparaît dans un grand nombre de noms de fleuves et de rivières, l'*Arar* celtique, l'*Arus* d'Albion, l'*Araxes* caucasique, l'*Aar* de l'Helvétie, l'*Arnus* toscan. Le sk. offre *sru* ou *ru* « se précipiter », héb. *yôr;* cop. *jaro;* lap. *wiro;* lat. *rivus*, le franç. a *ruisseau* et *rivière* où le *v* d'*aruvi* reparaît; le bressan *riu;* l'esp. *rio* et *arroyo;* le gr. ῥοή « eau courante » ῥεω « couler ».

I. En drav. la base des pronoms démonstratifs est *i*. Gr. ἵ « il, lui; » lat. *hic*, *ille*, *is*, *id;* sk. *i* rac. de l'adjectif démonstratif *ayam ;* goth. *is* « il »; germ. *i*, *ir* « il »; zend : *i* « celui-ci »; franç. *il*, *je* pour *ie ;* langue d'*oc*. : *jou* ou *iou ;* esp. *i* « il », *yo* « je ».

Irumbu, « fer » de la rac. *iru*, *ir ;* lat. *æs*, *æris ;* saxon : *iren;* danois : *iern;* vieux-all. *êr ;* arm. *erketh ;* ang. *iron;* samoy. *ur*. franç. *airain*. cel. *iarunn;* sk. *âra* « airain ».

Uyar « haut »; rac. *u* « celui qui est loin ». C'est le principe du nom des *Nayr* ou *Nayar* du Malabar les « solaires ». Gr. ἀειρω, ἀερῶ, ἀερθην (aoriste passif), l'adverbe αὲρδην et ἄήρ « air »; arm. *wor* « haut »; ossête : *arw* « ciel »; lat. *aer;* franç. *air;* bourguignon : *ar;* prov. *aer*.

Ûr « ville ». Lat. *urbs;* basq. *iri;* héb. : *ûr* ou *îr;* babylonien : *er;* assyrien : *uru*.

1. La lettre dravidienne reproduite par *R* se prononce *dr* ou *tr* suivant les dialectes.

Uri « brûler » ; en tam. *eri* ; héb. *ûr* « feu » et « or brillant », *or* « lumière » ; arm. *or* « feu » ; afgh. *or*, *wur* « feu ». L'éclat de la flamme a fourni l'image pour le nom de l'or brillant ; lat. *aurum ;* franç. *or ;* bret. *aour ;* gr. le vieux mot poétique αὖρον et αὐροφύλαξ, métal que l'on trouvait dans le Pactole aurifère. Le lat. *uro* « brûler » reproduit presque exactement la rac. drav. Le sk. donne *us* « brûler » et *usra* « point du jour » où l'*r* drav. revient pour affirmer l'étymologie de *us*. De là il s'ensuit que *aurore* provient de la même source comme le gr. αὔω « enflammer », αὖος « desséché ». On peut encore rapprocher le sk *ûrva* « feu volcanique sous les eaux ».

Ûru « ramper, s'avancer », dans le langage élevé tam. « passer dessus, s'étendre, s'avancer, avec idée de hauteur » ; sk. *ur* « s'avancer ». Le correspondant sk. est *uru* « immense », tandis que le vd. donne *varu*, qui a produit *Varuna ;* gr. εὐρύς. La rac. initiale a produit *Europe* « grande terre ».

Ûlei « hurlement », c'est une onomatopée. Lat. *ululo ;* gr. ὀλολύζω ; franç. *hululement ;* picard : *heuler ;* wallon : *houler ;* berry : *huler*, *iouler* ; esp. *ulular ;* sk. : *ulûka* « hibou ». Pour désigner cet oiseau au cri plaintif, on trouve : lat. *ulula ;* all. *eule ;* anc.-germ. *uwila* et *ûla ;* ang. *owl ;* franç. *hulotte*.

Uru « se lever », *eruñayıru* « soleil levant » ; lat. *orior ;* franç. : *orient*.

Êr « charrue » ; can. et tél. *êru ;* le can. fait aussi *âru*. Comparez *êrudu* « bœuf » et *êrumei* « buffle », littéralement « animaux propres à la charrue » ; en toulou ces deux animaux sont désignés par *êr'*. En tam. et en malay. *uru* signifie « labourer », can. *ulu*, toulou : *ur ;*

lat. *areo* et *aratrum*, gr. ἀρόω; le franç. *ch-arrue* a la même origine ; bret. *arar*.

Ôram « bord, marge, côté » ; lat. *ora* « côte ». Le franç. donne *orée* (d'un bois) ; gr. ὄριον « limite », ὅρος « borne ». *Ôram* est en connexion avec un autre similaire drav. signifiant « bouche », de là le latin *os*, *oris*, proprement, les « bordures des lèvres ».

Kadi « blesser, couper » ; *katti* « poignard » ; sk. : *krit* « couper » ; esp. : *cuchillo* « couteau » ; normand de France : *cotu ;* wallon : *cateia*.

Kadu « faire souffrir, être tranchant, être féroce », *kadi* « mordre ». Le sk. a *katu* « pointu, tranchant ». Caldwell donne pour base au sk. *katu*, la rac. *kat* « aller ». Nous préférons de beaucoup l'étymologie du docteur Bühler qui fait venir *katu* de *kart; kṛt* « couper ». Le franç. *chat* vient de cette source. Ang. : *cat;* irl. : *cat;* basq. : *katua;* kym. *kdth;* all. : *katze;* arabe *qittoun*, et Freitag doute que ce dernier mot fasse réellement partie du fonds de la langue arabe. Le lat. a *catta* « martre » et « chatte », *catellus* « petit chien » et en langage de la décadence *cattus*. Comme confirmation, on trouve le tam. *kaduvay* « tigre » ou plutôt « bouche tranchante ». On doit également rapprocher de *kadu* le malay. *kodu* « pinçant », tam. *kodukku* « pince de crabe », le malay. *kodil* « pince ». Peut-être peut-on trouver dans le drav. *kadu*, devenant en sk. *katu*, la source du gr. κατέχω « saisir ». Enfin en drav. *kadi*, *kaRi* « mordre, pincer » ; lap. *kask*.

Kattu « attacher, lier ; » fin. *keit;* lap. *karet;* hong. *köttel* « corde ».

Kây « brûler ». Tél. *kâgu*. Le can. *kâge* se rapproche du tam. *kângei*. La rac. ultime est *kâ*. Héb. : *kâmad*

« brûler d'amour » ; sk. : *kâma* « aimer, désirer avec ardeur » ; gr. καίω, attique κάαω « brûler ». Le drav. a aussi *kây* « encore », préposition interjective marquant le désir.

Karû, *kara* « noir », euphoriquement *kâr*. Turc : *kara;* japonais : *kuroi;* sk. : *kâla*, en regard du tam. *kâlam;* gr. κέλαινος. Le bressan donne *kara*, signifiant « petit berger », de condition très basse. Il ne faut pas oublier que les castes de la société primitive dravidienne étaient composées de « blancs » ou « purs » et de « noirs » ou « impurs ».

Kal « pierre » ; lat. *calculus* « gravier » ; franç. *calcaire*, *calleux*, *caillou;* lap. *kalle* « pierre » ; kamchakdale : *kual* « caillou » ; fin. *kiwi* « pierre ». Par le mute habituel de l'*l* et de l'*r*, le tam. fait aussi *kâr*, d'où le gr. χερας et χερμας « pierre » ; arm. *kuar;* le lap. a *karra* « dur, rugueux ».

Kâl « pied » ; toda : *kol;* toulou : *kâr;* tong. *kalgan;* permiak : *kok;* ossète : *koch*, *kach*. Le lat. présente *calcare* « fouler aux pieds ». Le franç. *cale*, aussi bien au sens d'un morceau de bois placé pour soutenir un objet qu'à celui de fond d'un vaisseau, pourrait bien avoir *kâl* pour base ; en définitive, la cale placée sous un objet joue le rôle de pied et la cale d'un navire est son pied, absolument comme le ventre d'un gastéropode. *Cale* de vaisseau se dit *cala* en esp. et en ital. ; le latin, pour le sens de morceau de bois assurant la stabilité, fournit *cala* « bûche », l'all. : *keil* « coin ».

Key, en dialecte côorg « faire » ; toda : *kei;* kota : *kê;* gond : *ki;* can. *gey;* malay. *chey;* tam. *sey*. Il a produit *kei* « main, bras » ; sk. : *kara;* gr. : χείρ, χερός ; vieux-lat. *kir*. Le sk. a encore de la même source *kar*, *kr*.

Ku, *kur* « crier ». Cette racine a une nombreuse famille. Tout d'abord le drav. *kura* « pousser des vociférations », qui a donné directement le nom des prêtres hurleurs *Kurètes*. Du même tronc sort le sk. *kurkura* « chien » proprement « animal hurleur » par redoublement de la rac. qui en sk. est la même *ku*, *kur* « résonner », donnant *kura* « bruit ». On retrouve la rac. drav. très pure dans le basq. *zakhurra* « chien ». De là assimilation à des chiens aboyeurs des sorciers magiciens primitifs qui, dans leurs cérémonies thaumaturgiques, poussaient des hurlements épouvantables. La rac. drav. est aussi la base de *kôri* « coq »; can. *koli*; toulou : *kôri*; tél. : *kôdi*; gond : *kôr*; ost. : *korek*, *kurek*; permiak : *korech*, *kurÿg*, *kuraga*; persan : *khoros*, *kourek* « poulet »; russe : *kûr* « coq », *kûrotchkă* « volaille »; bambara : *dounou-koro* « coq ». En gr. on trouve κοκκύζω « pousser des cris perçants comme le coq »; κοκκύβόας « dont le cri est éclatant ». Toujours pour les mêmes raisons que celles qui avaient présidé à la formation du nom des Kurètes, *kôri* venant de *ku*, *kur* a été le radical de la dénomination des prêtres *Koribantes*, grands vociférateurs, pontifes de la Terre. *Kur* a encore donné *karuttu* « gorge, gosier » proprement « ce qui crie » et *kural* « joueur de flûte »; fin. *kurkku*, *kerro*, *kerri*; lap. *karas*, *kirs*. Le sk. passant par *kar* et *gar* a produit *gargara* « son » que nous retrouvons dans le nom primitif de l'Ida ou « mont des hurleurs », soit *Gargara*. Le gr. donne γαργαίρω « vibrer », le franç. *gargariser* comme le gr. γαργαρίζειν. Caldwell pense avec raison que le tam. *kôri* et le can. *kôli* de la rac. *ku*, *kur*, par suite des déformations sanscrites en *kar* et *gar*, est en connexion avec le lat. *gallus* dans lequel l'*l* de *kôli* remplace l'*r* de *kôri* comme dans le sk. *gala* « gosier ». D'ailleurs on sait que les langues occidentales changent constamment l'*r* indienne en *l*. Ainsi *gallus* serait pour *garrus* qui a pour témoins *garrulus* « gazouillement » et *garrire* « babiller ». Mais encore le nom des *Koribantes* « coqs crieurs », n'est-il pas exactement traduit, d'après ces données, par le lat. *galli?* Le radical *kôri* se montre dans les noms des *Korigans* de Bretagne et des *kori-djouga* « danseurs sacrés » du Niger. La racine, dans sa forme *ku*, engendre en tam. *kuyil* « cou-cou » sk. *kōkila*, lat. *cuculus*, gr. κόκκυ, bret. *kuku*, all. *kukcuk*, esp. *cuco*, ang. *cuckoo*.

Kudi « habitation, hutte ». La base est *kud*, *kûd* « être ensemble »; le tam. a *kudil* et *kudisei* « hutte », can. *gudi* « temple » et *gudasalu* « hutte ». Le sk. donne *kotta* « forteresse », fin. *kota* « maison; » tchérém. *kuda;* ost. *chot;* lap. *kata;* saxon : *cot;* ang. *cottage*. En franç. le *k* tombe et est remplacé par *h* : *hutte*.

Kappu « grotte », exactement, « maison souterraine ». Le tel. a la forme verbale *kappu* « couvrir » et le nom *kappu* « couverture ». Un autre mot drav. *gavi* « souterrain » qui a fourni le franç. *cave*, le lat. *cavus* « creux » et les dérivés *caverne* et *caverna*, a exercé une influence marquée pour la formation des mots de cette famille parmi lesquels on peut compter : franç. *caban* « ce qui couvre », *cabane*, bas-lat. *capanna;* celtique : *caban* et *cab;* samoy. *kebi* « maison »; ost. *kaba*. Le can. *kappu* a le sens le « cavité », sk. *kupa* « antre », gr. κύπη. Il est intimement lié avec *kappal* « bateau », proprement « ce qui est creux », que l'on retrouve dans le gr. κύπη « canot » et dans le lat. *cupa* « grand vase en bois pour contenir le vin », enfin dans *coupe*. On peut citer encore le lat. *capax* « qui contient », *capere* « contenir ». *Kappu* au sens de « couvrir » a aussi produit *cape* ou *chape*, bas-lat. *capa* et, par des détours, *chapelle*. La chapelle était un petit édifice où l'on conservait la chape sur laquelle on prêtait les grands serments. Une chapelle de ce genre était dans le palais de Charlemagne à Aix-la-Chapelle. Cette manière de prêter serment vient de l'Inde : les Khond juraient sur une peau de tigre qui servait de manteau aux chefs; les peaux d'animaux étaient aussi employées dans les incantations des magiciens. En Occident le palladium de Karthage était le manteau de Tanith, l'étincelant Zaïmph. *Kappu* entre dans la composition du nom de la ville de *Panticapée*, la moderne Kertsch : *Pan*, « le dieu Pan, » *ti* « feu » et *kappu* « antre ». Donc Panticapée signifie « antre de Pan, dieu du feu ».

Kulir « froid, refroidir, plonger dans l'eau froide ». Base *kul*, *kûdal*, *kûdir* « froid »; tél. et can. *chali;* tam. *silir* « trembler »; lap. *kalot* « froid ». En regard du tam. *chali*. le permiak : *cheli* « froid »; saxon : *cyl*, *col :* russe : *cholod :* all. *kühl;* ang. *cold;* lat. *gelu* « gelée ». Le bret. du Morbihan a *goulir* « blanchisseur, celui qui plonge dans l'eau froide ».

Kôn « roi, chef », vieux tam. des inscriptions *kô*, *kônmei* « royauté », *kôyil* « maison du roi ou du dieu ». Un des noms des Gond est *kô* ou *kôi* « les princes ». Turc de l'Altaï : *kan;* turc moderne, *khan;* ang. *king;* all. *könig* « roi ».

Tari « être inculte », *tarisu* « terre aride ». Le fr. *tarir* vient de cette racine comme le vieux-haut-all. *tharrjan* « dessécher ». Elle est la mère des noms géographiques antiques : *Tartare*, *Tarsis*, *Tartèse*, etc. Le sk. donne *tars*, *tatarsa* « avoir soif ». Gr. *τέρσω* « tarir »; lat. *torreo* et *torseo;* le goth. *thaursja* « j'ai soif », *ga-thairsan* « se dessécher » de la rac. *thars*.

Ti « feu » en tam. classique; can. *tî;* toulou *tû;* samoy. *tu;* hong. *tür;* lap. *tall;* gaël. *teine;* fin. *tuli*. Le sk. *ti* « sommet du tope où avait lieu le sacrifice », se lie au drav. qui reparaît dans le lat. *titio*, le franç. *tison*. En bret. « tison » se dit *penn-tân;* remarquez le « feu » *tân* associé avec le dieu de l'élément igné *Pen*, *Pan*.

Tira, *toRa* « ouvrir », *tiRavu* « ouverture », sk. *tôrana* et *dwâr* « porte » ; à cette dernière forme issue du vd. *dur* répondent le goth. *daur* et l'ang. *door*. La forme en *tor*, plus près du drav. donne le gr. θύρα ; all. *thür;* vieux-haut-all. *tor*.

Tel « clair, brillant » ; comparez le grec δῆλος « brillant ». Ce radical forme la première partie du nom des prêtres *Telchines*, complété par le can. *kinna* « petit » ; tam. *sinna;* tél. *chinna*. Le nom complet veut donc dire les « nains brillants ».

Tól « peau, cuir, » proprement « ce qui recouvre, » can. *togalu*. Rapprochez le lat. *toga* « toge » ; les premiers vêtements furent des peaux de bêtes : *tunicæ pellicex*, dit la Bible. *Tól* est le principe de la première syllabe du mot *dol-men* qui, en vieux-breton, était *tolmine*. Sa signification est ici : « couverture, abri ».

Trippu « tourner », corruption de *tippu*, can. *tiruppu;* *tirigei* « moulin ». Comparez le franç. *tripe*, ital. *trippa*, kym. *tripa*, irl. *triopas*, bret. *stripen*, mots qui ont tous le drav. *trippu* pour origine avec le sens de « ce qui est enroulé » ; comme témoin on peut présenter l'all. *strippe* « bande de cuir ».

Nakku « lécher » de *nakku* « langue » dont la forme première est *ná*. Ost. *nal* « lécher » et *nal* « langue », samoy. *nawa*. Un des dérivés de *ná* est *náy* « chien », proprement, « animal lécheur » ; kalmouk : *nokoi*. En tam. le renard est *nakka*.

Nin-ei « se souvenir » ; can. *nene, nena* « mémoire ». L'origine probable est le tam. et le malay. *niñju* « esprit, intelligence ». *Nin* ou *nen* peut être comparé avec le gr. νοέω, avec redoublement, μνάομαι « penser, se souvenir ». Par suite de l'affinité des deux nasales *n* et *m*, *nen* a très bien pu se convertir en sk. *man* « penser », en gr. μένος « esprit », μενοινάω « penser », en lat. *mens et memini.*

Nittu « s'allonger, s'étendre » ; autre forme *nîdu;* tél. *nîl* « long » ; héb. *nâtâh* « s'étendre au dehors, déborder ». La rac. de *nittu* est *nî* « diriger » ; le drav. *nîr* a engendré le tam. et le malay. *nira* « faire une surface unie » et par corrélation le sk. *nîra* « eau ». Cette dernière langue use rarement de ce mot et emploie plutôt *ap* connexe à *aqua* et *uda* d'où *unda* et ὕδωρ. De *nîr*, *nîru* le tél. a fait *nîllu* et *nîl* traduit en héb. par *nâtâh* « déborder », d'où il résulte que le tél. *nîllu*, *nîl* est la source étymologique du nom du *Nil*, le grand fleuve égyptien « débordeur » par excellence.

Nîndu « nager », *nichchu* et *nîttal* « natation ». Tél. *îdu;* can. *îsu*, *îju ;* toulou : *ñandu* « flotter ». Le dérivé tél. *îta* veut dire « natation ». La base de ce verbe est *nîd* ou *nî* en can. « baigner ». Comparez *nî* avec le lat. *no* « nager » et *nîttal* avec *nato ;* gr. νέω ou νήχω pour νήχομαι « nager », ναῦς navire », sk. *nau*, lat. *navis* « ce qui flotte », franç. *nef*, *navire*, wallon : *nâve*, provençal : *nau* analogue au sk. dont la rac. est *snu* « couler » en relation avec *nichchu* et *îsu.*

Nippu, *neruppu*, « feu » ; rapprochez le nom de l'île japonaise de *Nippon.* Ne renferme-t-elle pas toute une série de volcans parmi lesquels le terrible Asamayama et le Fouzisan, le mont sacré par excellence, le « sans pareil » qu'adoraient les sectateurs bouddhistes, les Yama-

Bouzi, et avant eux sans doute, les Aïnos, comme les Albani caucasiques adoraient le feu dans l'Eden de Bakou ou « Jardin du feu » du sk. *éda* « feu » de *idda* venant de *ind*.

Ney « tisser », sk. *nah* « filer », gr. νήθω, all. *nahen* « coudre », lat. *necto* « nouer », bret. *neud* « fil », *neza* « filer ». Le tam. *nûl* « fil » est un nom verbal issu de la rac. archaïque *nu* « tisser » : gr. νέω « filer », νῆμα « fil, tissu », lat. *neo*. Comparez le nom *nymphe*, νύμφη où, dans la première partie, se montre la rac. *nu*. Les nymphes étaient, par excellence, des *fileuses*.

Padu « souffrir », en tél. et en can. *patu* « souffrance ». Sk. *bâdh* « troubler » *bâdha* « trouble », gr. παθεῖν, lat. *patior*, franç. *pâtir*, wallon : *pati*.

Patta « enceinte d'un village, cirque de montagnes ». *pat* « enceindre ». On retrouve ce mot dans *Karpathes* « enceinte des noirs ».

Pan « faire, fonctionner, créer avec le sens de mouvement ». C'est la rac. du nom du dieu princeps drav. *Pan-diyan*. *Pan* est allié avec le sk, *pan*, *ban* « commercer » et a donné *pana* « négoce » et *panam* « monnaie ». Ce sens provient de ce que les premiers nâts sorciers, prêtres de Pan, étaient d'habiles artisans et des négociants colporteurs comme les nécromanciens actuels Banjaris de l'Inde. Le toulou donne *pannu* « rendre un oracle », le tam. *pannu* avec le même sens ; même origine religieuse pour cette acception. Les nâts disaient la bonne aventure. Le gr. a πονέω « travailler », πόνος « ouvrage », πένομαι « gagner sa vie péniblement ». Ne doit-on pas rapprocher le lat. *pœna* « peine » ?

Paru, « vieillir, mûrir » ; *param* « fruit mûr » ; can. *pala;* persan, *ber;* arm. *perk*. Le sk. a *pala;* l'heb. a *parah* « porter des fruits ».

Pal, « dent, palais », le tam. a *paldi* « porc », animal pourvu de fortes dents comme le sanglier. Lap. *pane, padne* « dent » ; lat. *palatum* « palais », prov. *paladel.*

Palli, « ville », la rac. est *pal* « cavité, » car les premiers Indiens habitaient des grottes ainsi que le prouvent les noms des Khond et des Gond venant de *kundu* et de *gunda* « caverne ». *Pal* signifie exactement l'agglomération des huttes des villages que les Dravidiens juchent sur le sommet des hautes collines. Le sk. mutant l'*l* en *r* donne *parî* « ville ». Le correspondant gr. est πόλις, mais le mot qui repond le mieux à la rac. drav. est le nom de la déesse poliade *Pallas*. La racine *pal* a donné le nom du *Palatin* où Romulus édifia les premières demeures de la cité romaine.

Pillei, « enfant », tél. *pilla,* can. *pille.* Tartare : *billa;* lat. *puellus.*

Pû, « fleur ou faire fleurir ». Sk. *pulla* « faire fleurir », marathe : *phûl.* Comparez *Pamphylie* « pays fleuri de Pan ».

Pûsei, « chat », malay. *pûchcha;* afgh. *pusha ;* ang. *puss;* irl. *pus.* En Hollande, pour appeler doucement un chat, on dit : *poussi-poussi.*

Pen « femme », lat. *femina;* can. *hennu,* lap. *hene.*

Peru, « grand, » anc. tam. *paru.* Caldwell donne pour rac. *pala* « beaucoup »; *peru* et *pala* seraient en relation comme *siRu* et *sîla;* « petit ». Sk. *puru, pulu* « beaucoup ».

Pô, « aller, marcher », impératif de *pôgu* qui a produit *pôdu* « placer » et *pavu* « s'étendre » ; c'est le nom très pur du fleuve lombard le *Pô.* Le lat. empruntant *pôdu* a fait *Padus* et la ville de *Padoue,* située non loin du fleuve, a puisé son nom à la même source, tandis que *Pavie*, également à proximité, a adopté la forme *pavu*. Le gr. donne ποῦς ποδός, littéralement « l'organe qui marche, » le lat. *pes*, *pedis* « pied », sk. *pad ;* zend : *padha*.

PoRu, « soutenir, porter », *poRumei* « patience, ». sk. *b̊ar*, « porter, colporter » ; goth. *bairan*, *bar*, *bêram ;* vieux-haut-all. *bëran ;* ang. *to bear*, *to bore ;* vieil-ang. *bearn* « supporter les douleurs de l'enfantement » ; gr. περάω, φέρω ; lat. *fero*. Ce radical, en passant par le sk. *b̊ar*, a produit les noms des *I-bèr-es*, des *Ber-bèr-es* et aussi *bar-bar-es*. Cela s'explique par ce fait que ces peuples reçurent la désignation que portaient les prêtres qui les initièrent à la civilisation et les gouvernèrent tout d'abord. Or ces pontifes nomades étaient marchands ambulants, vendant la bonne aventure et les produits de leur industrie, donc des « colporteurs », sens exprimé par le sk. *b̊ar* et confirmé par le gr. περάω. Le lat. *portare*, le franç. *porter*, l'esp. *portar*, etc., ont pour principe *poRu*. Littré reconnaît dans *porter* le radical πορ de ἔπορον « j'apportai », mais, pour expliquer le *t* médian, il suppose un participe passé *portum* qui n'existe pas. Le radical πορ est le drav. *poR* et le *t* s'explique par la prononciation du *R* drav. qui est *dr* ou *tr* selon les dialectes.

Mâ, « mâle », *ari-mâ* « lion mâle » ; Lat. *mas* « mâle ». C'est le principe du sk. *mâ* « produire ». Avec l'adjonction de *adi* « principe » et transposition dans la deuxième syllabe on trouve le nom du premier homme, *Adam*, « le principe mâle », pour *Adi-mâ*.

Mana, can. « maison », tam. *manei ;* samoy *men*. Le thème original drav. est *man* « résider, rester dans ». Le lat. présente *manere* « demeurer », le franç. *manant* « celui qui demeure », *manoir*.

Maram, « arbre et fétiche »; can. *mara;* tél. *mânu* pour *mrânu;* lap. *muor*, *muorra* « bois et fétiche », fin. *metsa;* lettique : *mes;* franç. *mérain.*

Mârgu, « mourir », *mâr* « être agonisant », lat. *marceo* « être languissant », gr. μαραίνω, au passif, « dépérir »; le sk. *mâr.* « mourir », le lat. *morior*, le lith. *mirsztu* viennent de la même source ainsi que le lat. *mors;* on trouve le tam. connexe *mây* « mourir » qui a donné l'héb. *mûth* « périr ».

Migu « grand «; *miñju* « abonder » sk. *mahat* « grand », lat. *magnus;* gr. μὲγα, μεγάλος; le norse *mikil* à côté du tél. *mikkili.*

Misukkan, « malheureux, pauvre »; héb. *misken;* franç. *mesquin;* wal. *meskène* « servante », dans le Hainaut *méquène;* ital. *meschino;* arabe, *meskin.*

Mûkku, « nez », thème malay. *mugar* « flairer »; franç. *muqueux*, *moucher;* lat. *muccus* « morve »; gr. μύζω « faire entendre un son par le nez ».

MuRmuRu ou *moRmoRu* « murmurer, grogner ». Onomatopée que l'on retrouve dans toutes les langues indo-européennes : gr. μορμύρω; lat. *murmur;* sk. *marmara;* esp. *murmurio;* ital. *mormorio;* anc.-haut.-all. *murmulôn;* lith. *murmu.* On le voit, les langues filiales empruntent tantôt la forme en *mur*, tantôt celle en *mor*, cela prouve bien le tronc initial.

Mel, « doux, tendre », tam. *medu.* Le sk. donne *mardu* « mou d'humidité [1] », *marauda* « miel », *marala* « doux »;

1. L'argot de France a conservé très pures certaines formes primitives. Le sk. *mardu* a donné m... « ce qui est mou et humide » et que l'on retrouve aussi dans le basque *mardo* « mou ». *Gamin* est le sk. *gamin* de *gam* « aller ». *Rupin* « beau » vient directement du sk. *rupa* « beauté ». *Gaga* « vieillard décrépi », de *jar*, « vieillir » qui fait *jajara.* Dans les régiments on nomme *clique*, terme méprisant, la bande des musiciens,

gr. μαλακὸς « délicat » et μέλι « miel » qui reproduit exactement la rac. drav. comme le lat. *mel* qui donne aussi *mollis* « mol ». Le franç. possède *miel* et *mollesse*.

Bâ, « aller, s'étendre », tam. *vâ;* héb. *bô* « s'avancer »; bambara : *bâ* « fleuve ». Le Niger a pour nom local *Djali-bâ* « fleuve des griots ». Gr. βάω et βαίνω « couler »; lat. *vado*.

Val, « fort, ardent, brave »; *valmei* « force » : lat. *valor* « valeur ».

Vil, « archer », can. *billu*, brahui : *billa;* c'est le principe du nom du peuple *Bhil*, « les archers ». Le toulou donne *bir*, auquel on doit rattacher *Birman*.

Vel, *vil*, *vin*, *vin*, *mîn*, *mînd*, « briller, brillant ». La forme *vel* a donné *velli* « argent » et « planète Vénus »; le sk. *valaksha* « blanc » a pour réplique occidentale *Valachie* « pays des blancs ». Le slave donne *veli* « blanc ». *Vin* a fourni *vin* « ciel éclatant » et, d'après le Dr Gundert, le nom de *Vischnu*, en drav. *Vinnu*, ainsi que le lat. *Venus*. La forme *mîn* donne « poisson » aux écailles brillantes et « étoile »; *vanmîn* en tam. veut dire « étoile » ou plutôt, littéralement, « être céleste dont les yeux étincellent ». Le sk. a *mina* « poisson ». Cet animal devint le symbole éponyme du peuple mina ou, du moins, des tribus nobles pures, c'est-à-dire « blanches », par opposition aux tribus serves impures ou « noires ». Ces démarcations étaient les bases de la

ce mot répond au sk. *klic* « agiter, faire du bruit ». *Bringue* est une femme de mauvaise tenue, sk. *bringa* « libertin, débauché ». *Voyou* est l'appellation d'un individu qui est toujours par monts et par vaux, sk. *Vâyu* « dieu du vent ». *Vadrouille* « homme de mauvaise vie qui court les lieux suspects »; du drav. *vâ* « aller » et du sk. *druña* « vaurien ». Le wallon *scran* « fatigué » vient de *kram* « marcher ». *Licheur* trouve son origine dans le sk. *lih* « lécher ». *Tôle* « maison, » en argot parisien, vient de la rac. drav. *tol.* « ce qui couvre. »

société indienne sauvage et primitive. On reconnaît la rac. drav. *mîn* dans le nom du dieu phrygien *Mên* qui était la lune sous son aspect masculin, et dans celui de la divinité locale égyptienne *Mîn* de Koptos, devant laquelle dansait le pharaon Ousertesen I, de la XIIe dynastie ; enfin dans celui de Diane-*Méné*, la resplendissante déité lunaire et aussi dans un grand nombre de noms de héros, de dieux et de pays primitifs.

Sêr « briller » ; cette racine est à la base du nom du dieu dravidien *Sêran* « ciel éclatant de lumière ». La réplique sk. de *sêr* est *sur*, contraction pour *swar* « ciel ». La racine a fourni directement le lat. *serenus* et *Sirius*, le gr. Σείριος, le franç. *serein* et *sire*, l'ang. *sir*. Le nom de la déesse *Cér-es* procède du même fonds. — Avec la mutation si fréquente des deux semi-voyelles *r* et *l* faisant *sêl* de *ser* on découvre toute une nouvelle série de mots. Cette mutation est déjà pratiquée en dravidien, ex. : *rakski* « sauver » devient en langue vulgaire *lakski ; vil* « archer » devient *bir* en toulou. Les langues occidentales ont largement usé de ce mute qui apparente très directement *sêr* avec le radical gr. σελ qui a fait σέλας « éclat du soleil ». Il faut ajouter le nom gr. de la Lune Σελήνη « la brillante », et le nom latin du ciel, soit *cœlum*. On arrive aussi à dégager l'étymologie de *Celta*, gr. Κέλτα après le durcissement de l'initiale propre à cette langue. *Cel-ta* signifie pour, la première fraction du vocable, « céleste ». Quant à la syllabe finale *ta* ou *te* en franç. elle est pour le drav. *tî* « feu ». Le nom entier veut donc dire le « céleste du feu, » ou le « céleste fils ou adorateur du feu ».

SiRu « siffler », ou *sûRu*, can. *sîru* « siffler de colère » ; la comparaison est empruntée au serpent. Lat. *susurrus*, héb. *skârâh*. Le nom du *siroco*, le vent terrible du Sahara, paraît prendre sa source dans cette racine.

Sudu « brûler », autre thème tam. *sudar* « briller », lat. *sicco* « sécher »; persan, *susan;* ossète : *sudsin;* franç. *sud;* all. *süd;* suédois : *syd;* ang. *south.* Le lat. *sudare* « suer » est de la même famille.

Sę « être rouge », can. *kena*, *ken*, *chem*, *chen*. Le sk. *ĉand* « briller, être ardent » *ĉandi* « femme rouge de colère » *ĉandra* « lune »; lat. *candeo* « brûler », *candela* « chandelle[1] ». Le nom héb. de *Cham* n'a pas d'autre signification; en hébraïque d'ailleurs *Cham* ne veut pas dire « noir » mais « au teint ardent ». Le bret. donne *kann* « brillant » et *kander*.

Sêl « aller, marcher ». Cette racine abonde en dérivés. Sk. *sal* « marcher », lat, *celer*, *saltatio*. En gr. κέλης « coursier », κέλλω « courir »; franç. *sault*, *saut*, *saillir*.

Sőral « pluie », *Sőran*, nom d'un frère mythique de Pan, représentant le ciel pluvieux fécondant les terres. Rac. *sőr* « laisser couler l'eau, pleuvoir ». Les Khond adoraient *Sőran* sous la forme *Sőro*, nom du dieu de l'orage et de la guerre : les Kurètes guerriers étaient ses fils, *imbrigeni*, Ovide dit : « *satos Kuretas ab imbri* ».

1. Le *ĉ* sk. se prononce avec le son d'un *tch* et correspond souvent dans les langues occidentales au *c* dur et au *k*.

CHAPITRE I

L'INDE

I

MATER GENTIUM

L'Inde a toujours été un grand réservoir de la race hominienne et elle n'a jamais interrompu son travail de productrice sans trêve. La vie semble jaillir de cette terre prolifique. La nature vigoureuse a des forces énormes sous ce ciel bienfaisant et son œuvre, sans cesse activée par tous les ferments généreux, revêt des formes grandioses et souvent formidables de luxuriance et de splendeur. Aussi, les premiers hommes qui ont eu la bonne fortune de naître dans cette contrée privilégiée ont pu, grâce, à des conditions de milieu spécialement favorables, arriver bien plus rapidement qu'ailleurs à un état d'avancement plus prononcé et à avoir une civilisation morale, des usages et une industrie comparativement plus élevés, alors que les autres populations moins favorisées, dans des milieux moins sélectifs, croupissaient encore dans les bas-fonds de la bestialité. En même temps que cette famille humaine acquérait les premières notions morales et sociales, elle se perfectionnait dans l'industrie naissante, et, à la période qui marque pour l'Europe occidentale le déclin des temps paléolithiques, elle savait déjà et, depuis assez longtemps peut-être, polir le silex au lieu de le tailler. Elle était parvenue à organiser et compléter sa langue, assez, pour pouvoir bientôt, lors des migrations prochaines, l'imposer comme base des idiomes aux peuples qu'elle devait assimiler. Son acquit social était considérable, ses découvertes industrielles étaient grandes, surtout si, par la pensée, on se reporte à ce que pouvait être l'état moral, à ce que produisait l'industrie des populations de l'Occident où, avec peine, l'humanité brisait le carcan ancestral. Parvenue plus tôt que les autres à poser les fondements d'une civilisation primitive mais puissante, pleine de promesses splendides qui devaient se réaliser, la race indienne trouva les armes propres à assurer sa suprématie et les moyens nécessaires pour dominer les peuples placés au-dessous d'elle sur l'échelle de la civilisation. Forte parce que intelligente et bien armée pour la lutte et la propagande, parce qu'elle avait puisé dans son esprit inventif les moyens d'assurer sa victoire civilisatrice, elle partit à la conquête pacifique du monde.

Sans doute, la théorie qui fait venir de l'Inde les peuples qui, par des migrations successives, auraient peu à peu occupé toutes les terres du monde antique, a rencontré, à juste titre, de nombreux contradicteurs. Mais ceux-ci mêmes, en s'élevant contre cette opinion trop absolue, sont tombés dans une exagération semblable en s'efforçant d'assigner d'autres points de départ tout aussi problématiques à la race des hommes. L'erreur est tout aussi grande de vouloir lui donner pour berceaux une Lémurie hypothétique ou une Atlantide supposée, ou encore les froides régions du septentrion. Généralement, on n'a tenu aucun compte des populations autochthones, on n'a pas voulu facilement admettre que l'espèce hominienne était née un peu partout, dans des foyers bien divers de production et, loin de chercher à se rendre compte des rapports évidents de civilisation qui eux-mêmes ont entraîné des fusions forcées de races différentes, on a procédé, pour expliquer la présence universelle de l'homme sur notre sphéroïde, par des affirmations absolues, par des théories faites d'un seul bloc qui embrassaient du même coup et la diffusion générale de la race et le développement d'une civilisation première née, sortie d'un centre actif qui, plus tôt que les autres, par suite de circonstances diverses, avait acquis un rayonnement plus puissant. C'est là certainement une grosse cause d'erreur.

Si, au contraire, on admet, d'après tout ce que nous enseigne l'étude des races humaines, que l'homme est apparu dans de nombreuses et diverses stations terrestres, portant, dans chacune d'elles, les indices morphologiques imposés par le milieu où il naissait, il devient bien évident qu'une partie du problème est résolue. Si, d'autre part, en étudiant les langues, les mœurs sociales et morales des peuples, leurs idées religieuses et leurs superstitions, leurs vieilles légendes et leurs coutumes traditionnelles, on est amené à constater que de profondes similitudes existent entre des groupes le plus souvent se différenciant par l'aspect physique et qu'elles prennent leur origine première dans un foyer civilisateur bien défini, on doit bien par force en être réduit à considérer ce foyer comme le point de départ d'une propagande civilisatrice. Et ce n'est pas à dire par là que la race qui a ainsi fait profiter les autres de ses connaissances propres plus tôt acquises ait peuplé le monde de ses enfants, mais simplement qu'elle a su, par l'épanouissement de son génie, imposer ses idées et ses habitudes à des populations moins avancées au moment où ces phénomènes de propagande se produisirent. Pas n'est besoin non plus de supposer la conquête brutale ou l'envahissement en masse; ce n'est certainement pas ces moyens qui furent tout d'abord employés. Une pression lente et progressive, une diffusion qui s'étendait peu à peu ainsi qu'une tache d'huile, si l'on veut, un apostolat civilisateur conquirent les sauvages primitifs à l'influence de l'Inde supérieure. Les grands agents de ce mouvement lent et continu furent les prêtres et sur ce point Hérodote nous donne d'utiles renseignements lorsqu'il nous parle des vierges hyperboréennes Hypéroque et Laodice qui introduisirent le culte d'Apollon et de Diane à Délos, et nous indique comment des objets sacrés du culte étaient transportés de tribu à tribu jusque dans les régions les plus éloignées [1]. Le terrain était préparé par les sacerdotaux nomades des premiers âges, et lorsque l'éducation des races nouvelles était faite, lorsque celles-ci s'étaient pénétrées des idées, des coutumes et des mœurs de leurs éducateurs, elles accueillaient sans répulsion et sans crainte les nouveaux arrivants qui par un afflux continuel mais relativement peu dense, venaient se mêler à elles, accentuant la fusion, surtout au point de vue de la culture, mêlant aussi les sangs, dans une certaine mesure toutefois, à tout prendre, restreinte, apportant à la nation qui naissait de la sorte des caractéristiques matérielles et morales propres à leur race, les amalgamant et aussi perdant une bonne part des leurs à cause des métissages inévitables.

1. Hérodote, *Melpomène*, 33.

C'est ainsi que nous concevons la tâche civilisatrice de l'Inde et c'est dans ces vues que nous croyons qu'elle a bien mérité le nom qu'on lui a donné de « Mère des nations ». Elle fut, en effet, leur mère et non leur conquérante, sa marche en avant ne fut pas brutale, mais bienfaisante [1].

II

LES NEGROÏDES DE L'INDE [2]

Depuis l'Himalaya qui dresse au nord ses cimes formidables jusqu'au cap Komorin au sud, depuis les limites orientales de l'Assam jusqu'à l'Hindou-Koutch et à la mer Arabique, la terre indienne a fourni des colons civilisateurs non seulement à l'Occident du monde, mais encore à d'autres contrées où, bien que moins apparente, on peut cependant constater leur influence. Dans les riches bassins de l'Indus et du Gange, de la Mahâdani et de la Godavéri, dans les campagnes du Dekkan se sont élaborées, dans des temps hors histoire, les destinées morales et sociales de l'humanité dont nous faisons partie. Dans cette fourmillière d'hommes, les germes naissaient sans cesse et tendaient à grandir plus vigoureusement. La vie s'exaspérait dans ces contrées florissantes et les populations

1. « Cependant, si l'on s'en tient à cette thèse, d'après laquelle l'idée primitive de la construction des dolmens et surtout la présence de l'ouverture latérale dénotent un certain état de religiosité, nous serons portés à jeter encore nos regards vers l'Orient plutôt que vers le Nord ou l'Ouest.

« De l'Inde, en effet, où sont nées les plus importantes religions de l'antiquité, a pu partir également le culte des morts, une des plus importantes manifestations religieuses qui ait résisté aux vicissitudes de l'évolution des sociétés humaines. Ce culte nous aurait été apporté en Europe avec tout un cortège d'usages et de mœurs inconnu de nos ancêtres paléolithiques. Il convient d'ajouter que l'Inde renferme le groupe le plus oriental des dolmens et que la plupart des monuments de ce groupe sont percés d'un trou rond à l'une de leurs dalles. Les efforts des paléthnologues devront donc, à l'avenir se tourner dans cette direction » (Ernest Chantre, *Les dolmens du Caucase*. Extrait des *Recherches anthropologiques dans le Caucase*). Abstraction faite de la supposition du culte des morts, l'idée de M. E. Chantre est d'une justesse absolue.

2. Pomponius Méla parle de peuples indiens si noirs qu'on les croirait africains (*De situ orbis*, lib. III, 7).

s'accumulaient, car ce qui est vrai aujourd'hui au point de vue de l'accroissement continuel, malgré la longue série des invasions répétées et des servitudes sans fin, devait être bien plus immédiat et plus actif à une époque où la vie grégaire des hordes humaines, étant sans entraves, devait donner, en toute liberté, à tous les individus mâles et femelles, la possibilité de procréer et de multiplier sans limite les contingents destinés à porter, plus tard, aux peuples exotiques des pays arriérés les bienfaits d'une civilisation naissante[1].

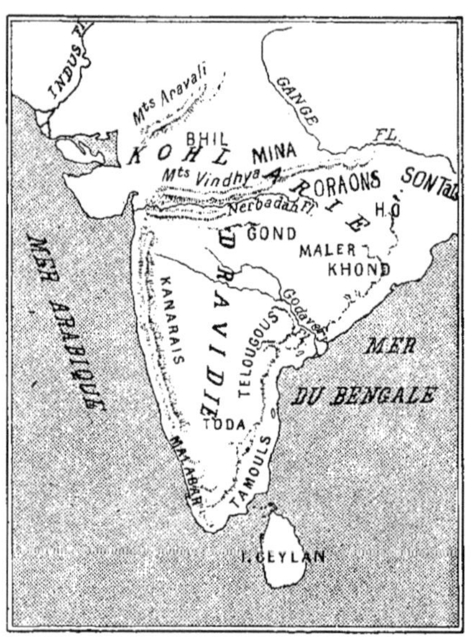

Inde negroïde.

Cet immense territoire était-il primitivement occupé, avant toutes les invasions, par des individus d'une race noire negritoïde autochthone que M. de Quatrefages veut rattacher au même tronc que les Australiens[2], opinion contre laquelle s'élève A. Hovelacque en faisant valoir d'excellentes raisons ethnologiques[2]?

Les populations sauvages actuelles de l'Inde ne peuvent plus exactement représenter la race mélanienne originelle à cause des multiples métissages qui se sont produits. M. de Quatrefages croit cependant en retrouver les derniers représentants dans les Véddah refoulés dans l'île de Ceylan et dans les Minco-

1. Lorsque l'exode des peuples de l'Inde eut pris fin, lorsque les races hindoustaniques ne purent plus déverser leur trop-plein sur le reste du monde, cet énorme développement de la population conduisit presque fatalement à des pratiques de polyandrie encore tout récemment en honneur chez un grand nombre de peuplades autochthones indiennes.

2. De Quatrefages, *Hist. gén. des races humaines*, p. 344.

pies des îles Andaman[1], tandis que le voyageur L. Rousselet se demande à son tour s'il n'a pas rencontré un véritable débris de cette population primitive dans un misérable sauvage d'une rare infériorité physique et morale, au front écrasé, aux bras démesurément longs, à la peau d'un noir roux, très petit, au facies simiesque et qui était un transfuge des populations sauvages et presque inconnues du Sirgoudja, région formée par les massifs les plus abrupts des montagnes du Bogelcund. Les Indiens désignent ces malheureux sous le nom de *bandar-lokh* ou « hommes-singes[2] ».

Il n'y a aucune difficulté à admettre l'infériorité primitive de la race initiale négroïde. Bien au contraire, cette infériorité est rationnelle et en concordance avec tout ce qu'enseigne l'évolution de l'humanité. Les races, à leur naissance, étaient nécessairement composées d'individus que l'on placerait aujourd'hui tout en bas de l'échelle des groupes hominiens, individus qui portaient encore maints indices morphologiques de leur ascendance, mais qui n'en constituaient pas moins un immense progrès accompli dans la succession sériaire des êtres dont ils marquaient le summum au point de vue mental. La nature dans ses enfantements ne se manifeste pas par des productions spontanées et finies d'un coup, mais agit avec une prudence excessive, en allant toujours d'un être inférieur à un autre plus parfait auquel elle donne les armes et les organes nécessaires au milieu dans lequel il vit, tandis que lui-même se perfectionne progressivement par sélection. Pour l'homme la tâche de la Mère Universelle fut simplifiée, car en se présentant sur la scène du monde, il portait en lui les germes de deux agents d'une puissance formidable, la perfectibilité et la raison qui dirige les efforts constants de la tendance vers le mieux.

On doit accepter comme exacte l'hypothèse d'une race mère primitive negroïde occupant la péninsule hindoustanique avant toute invasion, supposition que de Quatrefages déclare être la vérité, que Louis Rousselet accepte[3] et qu'Hovelacque ne repousse pas[4]. M. L. Lapicque, chargé d'une mission dans

1. De Quatrefages, *Hist. gén. des races humaines*, p. 344, 347.
2. L. Rousselet, *l'Inde des Rajahs* (*Tour du Monde*, t. XXV, p. 178).
3. L. Rousselet, *Bull. de la Soc. d'anthrop.*, 1872, p. 619.
4. A. Hovelacque, *Précis d'anthrop.*, p. 377.

le sud de l'Inde et qui a étudié avec le plus grand soin les populations indigènes, partage la même manière de voir et donne à cette race initiale la dénomination de *prédravidienne*[1]. Mais de nombreux croisements sont venus, dès les temps primitifs, transformer cette race et lui faire perdre en partie ses indices propres, ce qui fait que déjà, à des époques bien lointaines, perdues dans la nuit obscure des premiers âges de l'humanité, ces métissages sélectifs avaient commencé leur œuvre de régénérescence, élevant, fortifiant, développant aussi bien les formes physiques que les facultés intellectuelles des négritos Djangali « hommes des jungles », par l'apport de sangs différents. C'est justement ce travail de sélection accompli par des peuples migrateurs qui n'envahirent pas brutalement mais pénétrèrent insensiblement à la première aurore de leur existence sociale, après le rejet des bestialités natives, qui a permis aux négritos autochthones régénérés et fortifiés de grandir rapidement et de rejeter la bassesse originelle que quelques misérables peuplades perdues dans les forêts profondes, abruties par l'esclavage, tenues en dehors du progrès nous montrent encore comme pour nous faire mesurer, par le spectacle de leur abjection, tout le chemin parcouru par leurs frères en travail de civilisation. Les alliances avec les mongoloïdes de l'orient et les populations des régions du nord et de l'ouest, altaïques et aussi, bien probablement, caucasiques, pénétrant, les premières par le nord-est et les secondes par l'Hindou-Koutch et l'Himalaya, contribuèrent puissamment au relèvement moral et physique des Hindoustaniques aborigènes dont les derniers débris figés dans la sauvagerie relative où les ont confinés les appétits de conquérants bien postérieurs, peuplent encore de nos jours certains districts du centre de l'Inde.

Les Djangali, Djouang ou Pattoua, les moins avancés des Kohlariens, sont maintenant refoulés dans la contrée montagneuse qui s'étend entre la haute Brahmani et la Baïtarani. Bien probablement, ils sont les plus authentiques spécimens de la race négritoïde restée pure de tout mélange. D'après ce qu'ils disent ils sont les « premiers des hommes » et racontent que leurs aïeux naquirent aux sources mêmes de la

1. L. Lapicque, *Bull. du Muséum d'hist. nat.*, 1905, n° 5, p. 283.

Baïtarani. L'infériorité de cette race est extrême. Les Djouang ne savent pas fabriquer des poteries, encore moins tisser, et, encore récemment, ils en étaient au stade de la pierre polie. Très petits de taille ($1^m,52$ comme moyenne), ils ont pour armes des arcs et des flèches et aussi et surtout des frondes. On les regarde comme les frères des Mincopies, ce qui donnerait raison à la théorie de M. de Quatrefages. Leurs voisins les Kharria, les Birhor du Singbhoum et les Korwah, aussi sauvages qu'eux, vivent dans les forêts comme les bêtes fauves, dévorent en de hideux festins les vieillards et font leur nourriture habituelle de racines et de fruits sauvages.

« La race négrito est certainement la plus ancienne de l'Orient, dit M. de Quatrefages; cette race a eu ses jours de grandeur relative [1]. » Cela est évident, mais s'applique bien plus exactement, en ce qui a trait à l'état de civilisation, aux négritos déjà métissés par les afflux allophyles. Dans les forêts inextricables du Gondwana, on rencontre des édifices ruinés, des palais et des temples, des vestiges de routes et de canaux, œuvres détruites d'une race déchue [2], mais qui n'en attestent pas moins l'antique civilisation d'un peuple repoussé dans la barbarie par la force brutale.

Si les Gond du Gondwana eurent de grands jours de liberté et de lumière, ils sont aujourd'hui enlisés dans une sauvagerie qui pouvait cependant passer pour une civilisation présentable lorsque l'esprit de l'humanité s'éveillait à peine à l'appel du progrès. Ils n'en sont pas moins restés possesseurs du sol de leurs ancêtres, du moins pour la plus grande part, car ils habitent encore de nos jours, comme autrefois, la vaste région de plateaux qui entoure tout le cours supérieur de la Nerbadah et qui occupe le centre de la péninsule entre 64° et 80° de longitude et 20° 10′ et 24° de latitude. Ce qui prouve cela c'est, qu'à l'encontre des Bhil, ils n'ont aucune idée de migrations primitives [3].

Les Gond ou Koï sont noirs, petits, laids avec des cheveux tombants et épais, d'après L. Rousselet[4]. Elisée Reclus en fait une description plus élevée : « Ceux d'entre eux qu'on appelle

1. De Quatrefages, *Hist. gén. des races humaines*, p. 350.
2. Elisée Reclus, *Géog. univ.*, t. VIII, p. 446.
3. L. Rousselet, *l'Inde des Rajahs* (*Tour du Monde*, t. XXV, p. 183).
4. *Ib.*, t. XXV, p. 184.

Assoul, c'est-à-dire « purs », ont bâti leurs villages dans les régions les plus écartées des grandes voies, au milieu des forêts ; ils évitent avec soin les étrangers et de nombreux Anglais ont parcouru le Gondwana dans tous les sens sans avoir vu les purs descendants de ceux qui furent les anciens maîtres du pays... Toutefois, quand ces Assoul rencontrent forcément les envahisseurs, ils les regardent en face avec une fierté mâle et ne s'abaissent pas à flatter et à mentir comme la plupart des Hindous; ils se distinguent en général par le courage, la droiture et la véracité. Courts et trapus, ils ont presque tous les mêmes traits : un nez plat, de grosses lèvres, une large face autour de laquelle tombent des cheveux noirs en broussailles. »

Les Bhil, qui ont une langue de source dravidienne évidente, ce qui les assimile aux peuples du midi de l'Inde, occupent aujourd'hui une partie des monts Aravali, les montagnes du Baghour au sud-ouest du plateau de Malwa, la région de Kandech au sud de la Nerbadah et la presque totalité des vallées des monts Vindhya. Ces tribus, réfugiées actuellement dans ces forteresses naturelles, n'ont jamais voulu accepter le joug des nombreux dominateurs de l'Inde, depuis les Aryens Jats jusqu'aux Anglais. Ces derniers descendants d'une grande et orgueilleuse population primitive, maîtresse du royaume d'Oudeypour[1] et de toute la partie occidentale du bassin inférieur du Sindh, et peut-être du sud de l'Afghanistan et le Bélouchistan, préférèrent se retirer dans les gorges inaccessibles des « Monts de la Force » d'où ils descendaient, ennemis irréconciliables de leurs vainqueurs, pour piller les moissons et razzier les troupeaux. De nos jours encore l'Hindou de la plaine n'ose s'aventurer dans les cantons retirés qu'ils occupent et s'éloigne avec prudence de leurs assemblées populaires. Gardant leur chère indépendance et le souvenir amer de la patrie perdue, les Bhil insoumis se font une règle de ne point entrer en contact avec les vainqueurs, se refusent à connaître les idées, l'industrie, la religion des conquérants divers et, farouches, se confinent dans leurs montagnes, réfractaires à toute pénétration. De là l'état d'infériorité dans lequel ils végètent aujourd'hui. Quoique dégradée ou plus exac-

1. Louis Rousselet, *l'Inde des Rajahs* (*Tour du Monde*, t. XXIV, p. 190).

tement restée stationnaire, cette race de guerriers, dont le cri des batailles « *Kisri* » avait fait retentir les échos des plaines de l'Indus, est courageuse, prudente et fière, dit L. Rousselet[1]. Élisée Reclus n'en fait pas un moindre éloge. Au point de vue physique, les Bhil ont la peau à peu près noire, le nez aplati, les yeux étroits mais non obliques, les cheveux longs et lisses; ils sont de taille moyenne, moins élégants que les Hindous, mais plus robustes et plus agiles[2].

Les Maler qui habitent les monts Rajdmahal sont, d'après la plupart des anthropologues, d'origine dravidienne, frères des Naïr. Ils sont venus vers le nord à la suite d'une convulsion ethnique dont le souvenir est perdu et comme il s'en produisit tant sans que l'on en puisse définir les causes. Dans l'Inde, les Dravidiens et les Kohlariens se sont pour ainsi dire enchevêtrés à la suite de remous divers, allant du midi au nord, de l'est à l'ouest ou inversement, mais cependant conservant toujours à travers toutes les péripéties, les caractéristiques de leur langage initial comme un sceau d'origine. Comme les grandes races du midi, les Maler sont d'une bravoure extrême, d'un caractère indépendant et fier ; ils sont amis de la vérité et ont le mensonge en horreur.

Les Sontâl, voisins des Maler, aussi braves, sont des Kohlariens. Ils sont remarquablement forts et leurs traits respirent la franchise et l'énergie. Ils ont le facies large, les pommettes saillantes, les lèvres grosses, le front aplati. Leur tempérament moral répond à leur aspect physique qui respire la santé: de belle humeur, agiles, pleins de douceur et de bienveillance ; ils pratiquent largement les lois de l'hospitalité. Devant leur demeure est un siège destiné aux étrangers quels qu'ils soient, qui viennent à passer. Ils l'offrent même aux Hindous qu'ils craignent, même aux Anglais qui ont fait d'épouvantables massacres des gens de leur race.

Les Mina, de haute allure, sont bien supérieurs aux autres populations indigènes de l'Inde : « Les anciens maîtres du royaume de Jeypore sont les Mina, une des grandes races aborigènes. Les Mina du Dhoundhar occupaient un vaste royaume comprenant toute la chaîne des Kalikhô, d'Ajmir à

1. Louis Rousselet, *l'Inde des Rajahs* (*Tour du Monde*, t. XXIII, p. 268).
2. A. Hovelacque, *Précis d'Anth.*, p. 397.

Delhi. Ils conservèrent plus longtemps leur indépendance que les Bhil et ne furent entièrement soumis que vers le XIIIe siècle. Aussi trouve-t-on de nombreux témoignages du degré de civilisation auquel ils étaient parvenus. Refoulés dans les montagnes, ils sont peu à peu retombés à l'état primitif et leurs tribus sauvages se sont étendues jusque dans les montagnes de l'Inde centrale. »

Ces Mina furent les premiers fondateurs de la ville d'Amber, à laquelle ils donnèrent le nom sacré et vénérable d'Amba, « la Mère », ville que les rois du Rajputana se complurent à embellir en y élevant des monuments d'une splendeur incomparable. Mais, en créant Jeypore, en 1728, Jey Sing II abandonna la vieille cité qui, maintenant morne et silencieuse, n'est plus habitée que par des bêtes féroces et des singes[1].

Bien que fixés aujourd'hui dans des pays de la Kohlarie, soit l'Orissa et le Kalahandi, les Khond ou Ku féroces et sanguinaires parlent une langue dravidienne, ce qui leur assigne une origine méridionale. Autrefois, maîtres de tous les pays, depuis le cap Komorin au sud jusqu'à la Mahâdani au nord, ils ont été confinés par les conquérants successifs dans les régions où ils errent aujourd'hui. Ils sont venus à une époque inconnue du sud où habitent leurs frères, les aristocratiques Naïr ou Nayar orgueilleux et superbes, au teint d'un rouge de brique, marins et pillards, les « Maîtres » ainsi qu'ils s'intitulent, et qui, même dès les temps primitifs, possédaient des barques et aussi des bateaux pontés.

Il est, dans l'Inde, un autre groupe humain dans lequel certains anthropologues ont voulu voir les congénères des Celtes européens. Ce sont les Toda, les « Hommes » ainsi qu'ils se désignent eux-mêmes. Grands, de belle prestance, ils ont, a-t-on affirmé, un profil qui rappelle celui des Grecs ou des Romains ; ils savent se draper majestueusement dans leur toge. Peu travailleurs, ils dédaignent l'agriculture et préfèrent l'élevage du bétail, ce qui leur a fait donner par leurs voisins le nom de « Bergers ». Ils ont de la bravoure, et sont réputés pour leur douceur, leur amour de la patrie et leur commerce agréable. M. de Quatrefages va beaucoup plus loin en rattachant les sauvages habitants des monts Nil-ghiri

1. L. Rousselet, *l'Inde des Rajahs*, p. 270 et 276.

à la souche blanche[1] et c'est également l'opinion autorisée de M. L. Lapicque qui les a vus de près. De même que pour les Nair, il en fait des individus de race blanche venus dans le sud de l'Inde se superposer à la race franchement indigène et leur donne le nom de *protodravidiens*. Malgré les affirmations contraires de Caldwell, du lieutenant-colonel Marshall et de Metz[2], qui veulent voir en eux des autochthones indiens, M. de Quatrefages et M. L. Lapicque, en les reliant à la race blanche, paraissent bien être dans la vérité.

A côté de ces diverses populations qui sont le plus en vue, il en existe une foule d'autres de moindre importance, débris de peuples vaincus réfugiés dans des districts montagneux, ou vestiges asservis de races jadis plus nombreuses aujourd'hui réduites et soumises. Comme preuve des défaites et des asservissements passés, elles sont en général méprisées même par leurs frères des races soit dravidienne, soit kohlarienne.

Sans doute beaucoup de populations dont les ancêtres étaient les maîtres des terres indiennes ne représentent plus exactement leur race originelle à cause des infiltrations multiples de peuples exotiques et des persécutions sans trêve des nombreux conquérants. Ceux qui ont préféré se réfugier dans des cantons reculés, comme les Bhil, les Gond, les Khond, les Mina ont pu conserver les indices morphologiques et les usages de leurs pères, mais d'autres, comme les Maler, les Oraon, les Sontâl, ont subi plus ou moins l'influence des envahisseurs successifs que la richesse de l'Inde a attirés peu à peu. Les plus authentiques représentants des peuplades autochthones du sud sont les Koragar, les Iroula ou Ériligarou, les Kouroumba, les Soliga, les Kotah maintenant méprisés au delà de toute expression par les Aryens et par ceux qui ont adopté les idées de ces dominateurs nouveaux ; ils ont abandonné les côtes du Malabar et du Koromandel pour se retirer dans les forêts du Nil-ghiri et dans les montagnes du Côorg et du Maïsour.

1. De Quatrefages, *Hist. gén. des races humaines*, p. 468. — *Étude sur les Todas* (*Journal des Savants*, décembre 1873 et janvier 1874).

2. Caldwell, *Comparative grammar*, appendice V, p. 555 et suiv. — Lt.-col. Marshall, *A Phrenologist among the Todas*. — Metz, *The tribes inhabiting the Neilgherry hills*.

Les noms de tous ces peuples ont des significations qui jettent une vive lumière sur leurs habitudes initiales. Les appellations dont se décoraient les hommes des premiers âges étaient empruntées aux noms des objets dont ils se servaient, surtout à ceux des lieux qu'ils habitaient ou bien encore à ceux d'animaux qui pour eux éveillaient une idée totémique de noblesse ou de grandeur.

Les Gond étaient les « habitants des cavernes », du télougou *guṇḍa*, « caverne », qui est en tamoul *kuṇḍu*. Élisée Reclus donne pour étymologie le télougou *konda* qu'il traduit par « montagne ». Or ce mot n'a pas exactement cette acception, il signifie « monticule » ; Caldwell le traduit expressément par *a small hill*. Le mot *guṇḍa* répond bien mieux à *Gond*. L. Rousselet ne dit pas que le nom de ce peuple a le sens de « montagnard », mais bien celui que nous donnons de « habitant des cavernes [1] ». Les Gond portent aussi le nom de *Koï* qui vient du tamoul *kô*, « princes ». Cela peut indiquer une splendeur passée.

Les Bhil ou Bhilla sont les « archers », du dravidien *vil*, *bil*, « arc, archer ». Ce nom leur convient; aujourd'hui encore l'arc est leur arme favorite.

Le nom des Malers veut dire « montagnards », de la racine tamoule *mal* qui a fait *mala* ou *malei*, « montagne [2] ».

Les Mina sont les « poissons brillants », de la racine *miṇ*, « briller, être resplendissant ». Il est même plus que probable que, suivant l'habitude des indigènes de l'Inde, ils prirent le poisson pour totem héraldique et s'identifièrent avec cet animal « aux écailles brillantes ». La base de *miṇ* est *veḷ*, « blanc », l'*l* se changeant couramment en *ṇ*; exemple : le tamoul et le canarais *kel*, « entendre », devient en toulou *ken*; le tamoul *koḷ*, « prendre », devient en toulou *koṇ*. *Veḷ*, forme originelle de *miṇ*, a pris dans ses succédanés le sens de « ciel ». *Veḷḷi* est le nom de la planète *Vén-us*, « brillante comme l'argent ». Le tamoul *vân-miṇ* signifie « étoile » ou littéralement « être céleste dont les yeux étincellent ». D'après le Dr Gundert, le dieu « étincelant » *Vischnou* est *Viṇṇu* en tamoul [3]. Nous n'insisterons pas sur les substitutions phoné-

1. L. Rousselet, *l'Inde des Rajahs* (*Tour du Monde*, t. XXV, p. 184).
2. Caldwell, *Comp. gram.*, p. 461.
3. Dr Gundert, *On the dravidian elements in sanskrit.*

tiques des lettres, nous bornant à indiquer que lorsque, bien plus tard, après la naissance de la langue dravidienne, le védique s'est formé en Occident, il a tout d'abord emprunté les éléments des substitutions qu'il faisait subir aux lettres, aussi bien aux dialectes indigènes des peuples assimilés qu'aux idiomes dravidiens, à cet instant confondus, qui servaient de bases fondamentales.

Les Malabar ont pris la désignation de leur pays[1]. Navigateurs et pirates sur les côtes[2], mais *montagnards* dans l'intérieur du Malayâlam, ils ont un nom analogue à celui des Maler, lesquels, bien qu'habitant aujourd'hui en Kohlarie, sont originaires du sud, ainsi que le prouve leur idiome de source dravidienne. *Malayâlam*, d'après Caldwell[3], veut dire « pays des possesseurs des montagnes », sanscrit *malaya*, « chaîne de montagnes », dérivé du dravidien *mala*, « montagne », et *âlam* (autre forme *ârma*) de la racine *âl*, « posséder ». Un habitant du pays s'appelle en langue indigène *kêḷam* ou *kêḷu*, contraction évidente pour *kêraḷam*, nom que Ptolémée a traduit par Κηροβοθρος et Pline par *Celobotras*. Nous ferons remarquer l'affinité qui existe entre la première syllabe indienne *keḷ*, le radical grec σελ et le latin *cœl-um*. Or le *kêraḷam* du Malayâlam se change en tamoul en *śêraḷam* et plus communément en *śêram*. Nous retrouvons dans ce mot la racine dravidienne *śêr*, « briller » et le radical sanscrit *sur*, « briller », contraction de *svar*, qui a fait *sura* « soleil[4] », etc. Nous n'hésitons pas à traduire *kêḷam*, *kêraḷam* par « solaire » et cette traduction sera toute rationnelle lorsque l'étymologie du nom de la classe aristocratique et orgueilleuse qui domine au Malabar sera dégagée. Les *Naïr* ou *Nayar* sont effectivement les « Solaires », leur nom venant tout naturellement du

1. D'Anville, *Eclaircissements sur la carte de l'Inde*, Paris, 1753, p. 117. « On donne communément aux Indiens de cette partie de l'Inde le nom de Malabars, en quoi je soupçonnais qu'on a confondu le nom de Mahabar qui est véritablement convenable à ce pays avec celui de Malabar. » La version de d'Anville est insoutenable, elle est démentie par le nom générique de toute la contrée qui est *Mala-yâlam*.

2. Amiral Fleuriot de Langle, *Voyage au Malabar* (*Tour du Monde*, t. VIII, p. 35). « Les natifs de la côte de Malabar qui armaient autrefois les hardis corsaires d'Angria, de Savagi et de Sawant-Nadi, sont tous pêcheurs aujourd'hui. »

3. Caldwell, *Comp. gram.*, Introd., p. 21.

4. Latin *ser-enus*, français *ser-ein*.

mot *nayiru* qui signifie « soleil[1] », les Védiques ont traduit l'appellation par *souryavansi*[2].

Quant à la deuxième syllabe *bar* du nom *Malabar*, Caldwell prétend que c'est un suffixe[3]. Tout d'abord, le nom ne comportait pas ce soi-disant suffixe, il était *Mali* ou *Maliah*. Ce n'est qu'à une époque postérieure à la constitution du vocable indiquant le sens de *montagne* que *bar* est venu se greffer sur la tige originelle et simple. Lassen l'identifie avec le sanscrit *vâra* pris dans l'acception de « région ». Le Dr Gundert pense que *bar* est l'arabe *barr*, « continent[4] », importé par des navigateurs venus du golfe Persique. Le colonel Yule conclut, à peu près, dans le même sens, tout en donnant la préférence au persan *bâr*[5]. Il est évident que *bar* n'est pas dravidien au sens immédiat; il est le sanscrit *bâr*, *bṛ* « porter » ou mieux « colporter en marchant », au sens du grec περάω, lequel d'ailleurs trouve lui-même sa source étymologique dans *bâr*, qui dévoile l'origine première, étant justement le correspondant du dravidien *poRu*, « porter ». *Malabar* veut donc dire le « pays des montagnards colporteurs ». Cette racine *bâr bṛ* a servi de base à un grand nombre de noms de peuples antiques; elle a eu des destinées brillantes, ayant été la caractéristique des appellations dont s'illustrèrent les prêtres primitifs nomades colportant les produits des industries naissantes qu'ils avaient monopolisées en même temps que les oracles de leurs dieux. En réalité, le Malabar était le domaine montagneux de prêtres vagabonds à la manière des Koribantes qui parcouraient les campagnes de l'Illyrie en offrant à l'adoration des foules un phallus dionysiaque, à la manière des prêtresses hyperboréennes qui allaient de tribu en tribu avec l'idole d'Apollon, à la manière des moines russes promenant les icones sacrées. Ils transmirent ces désignations sacerdotales à nombre de peuples divers qu'ils éduquèrent et conduisirent.

1. Comparez le hongrois *nyár*, « été »
2. Le radical de *nayiru* est *uyar*, « élevé, haut », dont la racine est *u*, ce qui est éloigné ». Comp. le grec ἀήρ, « air »; l'arménien *wor*, « haut »; l'ossète *arw*, « ciel » (Caldwell, *Comp. gram.*, p. 475).

Pomponius Méla dit qu'en face des embouchures de l'Indus on rencontre des côtes connues sous le nom de « plages du Soleil » (liv. III, 7).

3. Caldwell, *Comp. Gram.*, Introd., p. 27.
4. Dr Gundert, *Malayâlam grammar*.
5. Colonel Yule, *Map of ancient India*, etc.

III

ÉTAT SOCIAL

Les peuples mélaniens de l'Inde qui sont actuellement les derniers représentants de la race négroïde qui vit le jour sur cette terre favorisée, sont relégués dans des cantons déshérités qui, certainement dans l'origine, n'étaient que des stations secondaires au milieu des contrées diverses occupées par les tribus kohlariennes du Nord et dravidiennes du Midi. Au début, lors de l'apparition de la famille indienne, dans les profondeurs d'un passé si lointain qu'il laisse l'esprit saisi d'étonnement, il n'y avait pas des races hindoustaniques, mais une seule. Elle possédait toutes les terres de la péninsule et les tribus grégaires, hordes matriarcales à peine organisées, dédaignant les travaux des champs et la vie sédentaire, préféraient errer dans les jungles et les forêts, continuellement en quête de territoires de chasse ou de pâturages pour leurs troupeaux de buffles ou de bœufs bossus. Mais peu à peu des règles sociales s'imposèrent, des prédispositions naturelles s'affirmèrent en habitudes qui devinrent le propre de tel ou tel groupe et il s'ensuivit que des démarcations idiosyncrasiques s'établirent qui se trouvent confirmées par les diverses agglomérations existant de nos jours et dont l'histoire de l'Inde ainsi que la dislocation géographique actuelle, établissant les cantonnements définitifs des éléments différentiés d'une même race initiale, nous donnent la compréhension. Sous l'influence de causes bien nombreuses : invasions venues par le nord-ouest et le nord-est, pénétrations brutales ou pacifiques, foudroyantes ou lentes des Mongoliques ou des Nomades des steppes du Turkestan, de la Tartarie et même de la Caucasie, luttes intestines pour l'asservissement des faibles par les forts suivant la cruelle loi du *struggle for life*, batailles pour la possession des plus riches contrées, il se produisit des courants, des migrations continues, des changements profonds dans les conditions d'existence et d'habitat et tout cela amena progressivement des différentiations dans les tribus originairement toutes identiques et particularisa ainsi les divers peuples qui, insensiblement, agissant chacun pour son compte, prirent des marques distinctives et un génie propre. Ce n'est pas à dire par là que dans les temps reculés où les Indiens pour la première fois songèrent à suivre leur dieu-soleil dans sa course quotidienne vers l'Occident, leurs clans occupaient déjà les emplacements où nous les voyons résider aujourd'hui.

Plusieurs peuples ont gardé le souvenir de voyages antiques, mais cela ne suffit pas à désigner d'une façon même approximative les foyers primitifs où ils naquirent. L'étude des langues indigènes peut résoudre le problème d'une façon plus pratique. Elles se divisent en deux groupes bien distincts : l'un comprend les dialectes kohlariens parlés par les populations résidant au nord de la Nerbadah, l'autre les idiomes en usage chez les populations qui habitent les régions situées au sud de cette rivière. Cependant, comme on rencontre dans le nord des langues de source dravidienne méridionale, on est bien forcé d'en induire que des migrations se produisirent, que des guerres éclatèrent qui portèrent vers le septentrion certaines masses des peuples du sud. Quoi qu'il en soit, dans l'impossibilité où l'on se trouve de définir les causes et les phases de ces bouleversements que l'on entrevoit, de suivre la marche de ces courants et de saisir les itinéraires parcourus, on doit se borner, pour essayer de refaire la géographie primitive de l'Hindoustan, à constater les faits actuels en en tirant les conséquences les plus vraisemblables, en s'aidant dans cette recherche ardue et forcément sujette à erreur, de tout ce que peuvent nous apprendre la linguistique et les souvenirs légendaires.

S'il est presque impossible de déterminer les sites des patrimoines originels des divers aborigènes de l'Inde, il est aussi assez difficile de se rendre compte de ce que pouvait être leur état social au moment où ils se préparaient à pénétrer en Occident. Ces temps sont si loin de nous ! A environ un kilomètre de Bhilsa, se trouve l'emplacement de l'ancienne ville de Bessanaghur ou Vessanagara fondée par le roi Bukmandhava pendant le Dwapour-Youg ou âge du cuivre, c'est-à-dire à une époque totalement fabuleuse : suivant la légende indienne, il y a un million trois cent mille ans[1]. Cette hyperbolique évaluation ne peut que donner une idée de la grande antiquité de la cité qui fut une des métropoles de l'Inde aux temps préhistoriques pendant lesquels la civilisation commença à poindre. Et cette évaluation est-elle vraiment si hyperbolique? « A l'est de Goa, dans le Dekkan indien[2], les géologues ont découvert, à demi enfoncée sous une couche de basalte et de latérite, une forêt de palmiers et de conifères transformés en silice et quelques-uns de ces troncs d'arbres changés en pierre portent encore les marques évidentes de la hache qui les a entamés[3]. Ainsi des bûcherons poursuivaient déjà leur industrie à une époque où les coulées de lave s'épanchaient encore des cratères du Dekkan, depuis si longtemps fermés et méconnaissables : ce serait aux âges éocènes, peut-être même au secondaire supérieur, qu'on devrait faire remonter l'existence de ces habitants de l'Inde occidentale. Le temps n'a donc pas manqué aux populations de la contrée pour se mélanger et se fondre diversement, en formant et reformant à nouveau les groupes primitifs. »

Nous ne pouvons saisir le mode d'existence sociale primitif des peuples hindoustaniques que par les traces laissées dans les coutumes actuelles ou par les traditions qui ont pu conserver le souvenir confus d'une période où l'esprit de la race était arrivé à un degré assez élevé pour pouvoir condenser en une légende ses idées, ses appétits, ses mœurs, ses croyances, ses vertus et ses défauts. Mais cette faculté qui permet à un peuple de bégayer son histoire, suppose qu'il a gravi déjà, lentement, les premières marches qui permettent l'accès de l'atrium de la civilisation et que, par conséquent, il a traversé les ténébreuses époques de l'enfance primordiale et le stade de la bestialité. Aussi, si loin que nous remontions dans l'histoire fabuleuse de l'Inde, aussi loin que nous puissions porter nos pensées, nous concevons un âge au delà et nous arrivons par force à admettre que la naissance de l'homme sur cette terre privilégiée date d'une époque éloignée de nous par des durées formidables, dont seules les hyperboles indiennes,

1. L. Rousselet, *l'Inde des Rajahs* (*Tour du Monde*, t. XXVI, p. 279).
2. Élisée Reclus, *Géog. univ.*, t. VIII, p. 94.
3. Marchesetti, *Bollettino delle scienze naturali*, n° 2, an. II. — G. de Mortillet, *le Préhistorique*, tableau, p. 28.

quelque exagérées qu'elles paraissent, peuvent nous donner une idée. Pendant une longue suite de temps, la race évolua en se perfectionnant selon les lois naturelles, affinant ses facultés intellectuelles, apprenant peu à peu à penser et à lutter pour l'existence. Puis le besoin de se soutenir mutuellement pour se défendre, sollicita les individus épars de se réunir et engendra la horde grégaire où la mère était la gardienne de la famille et le père un procréateur qui passait insouciant de son œuvre. Enfin ce dernier eut l'intuition d'un vague devoir, non par amour pour sa compagne d'un jour ou pour sa progéniture, mais par un sentiment égoïste qui le porta à reconnaître sa famille pour en devenir le maître d'abord et ensuite le protecteur par un raisonnement qui puisait sa source dans l'idée de la propriété [1]. Les races du Malabar ont gardé religieusement dans leurs lois l'empreinte indélébile de l'organisation matriarcale, marquant à la femme, mère des anciens jours, le respect des âges évanouis et lui reconnaissant l'hérédité d'une souveraineté qu'elle avait exercée pour la conservation de l'espèce, à l'heure de sa naissance.

On ne peut pas interroger l'histoire de ces époques pendant lesquelles la gestation des idées sociales et morales s'accomplissait. Il faut s'en tenir à ce que peuvent nous indiquer les coutumes encore existantes des peuples les plus près des origines d'après l'état présent de stagnation où ils en sont réduits par des causes diverses, et à ce que peuvent nous laisser soupçonner leurs traditions bien souvent dénaturées. Et

1. Cette évolution qui porta l'homme à affirmer sa paternité se retrouve dans la très antique coutume de la couvade qui consiste dans le simulacre de l'enfantement fait par l'homme après la naissance de l'enfant. Elle existe dans l'Inde chez les Larkas du Bengale (col. Dalton, *Descrip. Ethnology of Bengal*), chez les Tartares asiatiques (Létourneau, *l'Evol. du mariage*, p. 396). Strabon raconte que les femmes d'Ibérie, dès qu'elles ont enfanté, abandonnent leur couche à leur mari qui reçoit tous les soins que nécessite un enfantement (Strabon, liv. III, ch. IV, par. 17). Appollonius de Rhodes (*Argo.*, II) rapporte qu'un peuple de la Tibarénède d'Asie Mineure pratiquait une coutume semblable. Elle s'est perpétuée dans les provinces baltiques et en Hollande (Létourneau, *l'Evol. du mariage*, p. 397). Elle existe aussi dans le Béarn (Lubbock, *Orig. de la civil.*, p. 14), au Groenland (Egede, *Greenland*, p. 196); dans l'Amérique du Nord et du Centre, chez les Lagunero (Bancroft, *Native Races*, t. I, p. 585), en Californie (*ib.*, p. 412). Généralement le mari doit s'abstenir de viande et de poisson, abstention que l'on constate chez les Touaregs. En résumé la couvade se retrouve chez tous les groupes humains qui de près ou de loin ont pu subir l'influence de la civilisation indienne primitive.

encore peut-on affirmer que la situation sociale dans laquelle nous les voyons ait été la même autrefois? Que de causes multiples ont concouru pour rejeter brutalement certains d'entre eux dans une sauvagerie qu'ils avaient sans doute déjà repoussée, lorsqu'ils se présentèrent dans l'arène du progrès! Les souvenirs des sauvages indiens, les vestiges des travaux exécutés par leurs ancêtres nous donnent forcément la compréhension d'une grandeur déchue, et évoquent devant nous une civilisation puissante. Ces peuples jadis forts et fiers dont les frères antiques, aventureux pionniers, allèrent porter un peu partout de par le monde une civilisation nouvelle, après avoir été assez industrieux et vaillants pour produire des générations de propagateurs, sont devenus la proie des envahisseurs et ont été repoussés et dédaignés par une humanité dont ils avaient été les premiers éducateurs.

Les institutions brahmaniques ne peuvent pas apprendre grand'chose sur les règles sociales primitives des peuples de l'Inde. Ces institutions, qui en constituant des castes hermétiquement fermées, ont cristallisé la société indienne, ont été élaborées bien longtemps après l'émigration qui entraîna vers l'ouest les peuples hindoustaniques primitifs. Manou a puisé les idées qui ont présidé à la confection de ses lois, sans doute, pour une bonne part, dans les germes sociaux et moraux que l'Inde noire avait répandus dans le monde occidental, mais aussi et surtout, dans les idées nouvelles, de formation relativement récente, qui étaient nées dans ce monde par suite de l'amalgame qui se produisit sous l'influence combinée des manières de penser des Orientaux envahisseurs et des Occidentaux envahis ou assimilés. L'esprit du code de Manou ne prend pas sa source dans l'Inde, pas plus que dans l'Asie centrale d'où on a voulu faire venir les Aryens, mais bien dans l'Est de l'Europe et le nord-ouest de l'Asie où étaient venus s'accumuler, en se mêlant aux populations autochthones européennes, caucasiques et altaïques, les contingents successifs de l'exode indien. Le tempérament fanatique et naturaliste de l'Orient amoureux du merveilleux et des belles légendes, châtié par les conceptions froides et positives de l'âme des Occidentaux inspira Manou, d'après les idées que les Aryens avaient introduites après leur envahissement dans l'Inde. Mais il comprit mal l'idiosyncrasie des Indiens, appliqua de travers les idées occidentales qu'il prit au védisme ou plutôt les déforma pour le plus grand intérêt de la caste des brahmanes. Les règlements étroits qu'il imposa arrêtèrent net l'élan des races hindoustaniques alors qu'avant, dégagées de tous liens, elles avaient porté droit devant elles le flambeau éclatant du progrès. Bien qu'il reflète une même civilisation prise à un stade plus antique, pour les mêmes raisons, moins tranchées cependant, le Rig-Veda est aussi un livre qui ne peut donner que peu d'éclaircissements. Les hymnes enseignent surtout que les dieux védiques étaient de grands ivrognes et en cela ils prouvent que la conception première de ces entités divines venait bien, pour une bonne part, de l'Inde négroïde où l'ivrognerie était et est encore en honneur. Le Rig-Véda donne des renseignements quelquefois précieux sur des traits de mœurs primitives, mais il avait été très probablement conçu par des prêtres védiques dans cet Orient européen où s'élabora et s'affirma la culture aryenne. Les hymnes qui le composent, d'abord transmis oralement, puis, plus tard, condensés en un recueil, sont inspirés par une civilisation nouvelle qui avait succédé déjà à la primitive importée vers l'ouest de l'Inde par les Noirs Hindoustaniques dès les débuts des temps néolithiques dans les pays de l'Occident asiatique et de l'Orient de l'Europe. Aussi ne peut-il dire que peu de choses.

C'est à l'Inde noire seule qu'il faut demander le secret de ses institutions initiales. Les lois sociales et morales des peuples vraiment autochthones de la péninsule et l'organisation qui règle leur état politique peuvent nous retracer assez fidèlement le tableau des formes gouvernementales des anciens âges, alors que la Mère des nations commença à lancer dans le monde inconnu du couchant les premiers apôtres de sa civilisation. Ces peuples aujourd'hui déchus de leur grandeur première, battus par toutes les invasions, dépouillés et refoulés par les Aryens Jats, les Mongols, les Cosaques Radjputs, les Musulmans, les Portugais, enfin les Anglais, par cela même qu'ils ont été réduits à se réfugier dans des cantons inaccessibles, sur des terres sauvages, ont conservé à peu près intactes, comme un legs vénéré des ancêtres, les institutions des anciens jours. Regrettant amèrement le patrimoine antique dont leurs légendes retracent la splendeur, ils restent réfractaires, pour la plupart, aux idées d'une civilisation soi-disant bienfaisante que, tour à tour, ont voulu leur imposer des vainqueurs abhorrés.

A l'origine, l'absolutisme d'un seul homme, despote souverain, n'existait pas chez les Indiens. Aucun groupement n'a remis ses destinées entre les mains d'un maître. Le système qui a prévalu était celui de la fédération avec, à la base, pour certains groupes, des clans aristocratiques détenteurs des pouvoirs de gouvernement ou, plus simplement, de direction. Cette constitution sociale se retrouve, dans l'occident, chez certains peuples de culture celtique. Cette forme était réellement la plus simple et la plus naturelle lorsqu'elle était pratiquée loyalement, sans compétition, parce que, tout en sauvegardant la liberté de toutes les tribus, elle assurait en même temps la défense commune lorsque un intérêt supérieur de lutte ou d'entreprise voulait un effort général de la confédération. Chez les Khond, les Sontâl, les Maler, les Mina, les Bhil, les Gond, les Malabar, le système confédératif est employé. Les Khond confédérés obéissent à une manière d'assemblée nationale présidée par des chefs appelés *abbaye*. Les Kohlariens Sontâl, divisés aujourd'hui en douze tribus, conservent jalousement l'esprit de clan et plusieurs fois par an, dans chaque tribu, se réunissent autour de l'arbre sacré pour discuter leurs intérêts et ensuite chanter des hymnes en l'honneur des ancêtres. Les Maler sont sous la direction de chefs particuliers, plutôt directeurs que maîtres, mais tout porte à penser que jadis l'assemblée de ces chefs était souveraine et dirigeait les destinées de la nation, avant que les Anglais, après avoir brûlé leurs villages et saccagé leur territoire, n'aient trouvé le moyen de réduire leur dernière résistance en achetant les chefs. Les Bhil reconnaissent la suprématie de certains d'entre eux désignés par les plus anciens. Si aujourd'hui la fédération n'existe plus parmi eux en l'espèce, elle n'en existe pas moins en fait, car pour les expéditions de chasse, de rapine ou de guerre, ils savent se réunir et marcher ensemble. Les Mina forment une confédération de cinq clans *Putchvara*, les « Scorpions », à la tête desquels s'en trouve un, directeur et noble, qui est appelé du nom de *Cutchwaha* les « Tortues ». Les Naïr ou Nayar du Malabar sont répartis en onze classes.

Comme on le voit, le principe gouvernemental qui domine

chez les diverses races initiales de l'Hindoustan est, en résumé, le système fédératif avec, pour le choix des dirigeants, une sélection fondée sur les capacités des individus, système dont on retrouvera l'influence en Occident pour la nomination à l'élection de tous les grands pontifes. La royauté absolue, sans contrôle, était chose inconnue chez les primitifs de l'Inde. Peut-être doit-on rechercher dans cette disposition originelle l'amour de la liberté qui tient au cœur des grands peuples européens éduqués par les antiques civilisateurs ? Le principe des systèmes représentatifs des nations actuelles ne prend-il pas sa source dans l'inclination native pour l'indépendance qu'avaient les mélaniens de l'Inde ? Les âges passent, les siècles s'entassent, les événements, les despotismes et les forces égoïstes jettent un voile noir sur l'âme des nations, mais un beau jour elle s'éveille et repousse violemment l'obscurantisme pour s'épanouir de nouveau au soleil radieux qui éclairait ses premiers essais de liberté. Si c'est là le spectacle que nous offre l'Inde sauvage actuelle, il faut admettre que dans les temps primitifs, cette organisation devait être encore plus simple, plus régulière, que ses rouages devaient fonctionner avec plus de précision et il s'ensuit que cette indépendance des tribus, cette liberté des individus qui les composaient donnaient à tous une allure dégagée d'entraves, un esprit hardi, une tenue décidée, réglée seulement par le libre arbitre et que tout cela devait constituer une somme de forces morales qui, sans aucun doute, a frappé de son empreinte puissante le tempérament des peuples occidentaux auxquels l'Inde est venue apporter son esprit libéral. L'amour de la liberté né dans l'Inde auguste est aussi vieux que la pensée politique des premiers civilisateurs.

Cette organisation, quelque simple qu'elle soit, est cependant le résultat d'une longue préparation. « Les premiers hominiens vivant dans les forêts d'une vie arboricole[1], avaient

1. La Bible représente le premier couple Adam et Eve habitant un jardin délicieux, se nourrissant des fruits des arbres. La tradition chinoise rapporte que, tout d'abord, l'homme a vécu nu, sur les arbres. Les Perses pensaient que l'être humain était primitivement sauvage. Le Bundehest, vieil écrit iranien, dit que les premiers hommes vécurent d'abord de fruits et burent l'eau des sources. Diodore de Sicile parle ainsi des débuts de l'humanité : « Dans leur ignorance des choses utiles à la vie, les premiers hommes menaient une existence misérable ; ils étaient nus, sans abri, sans feu et n'ayant aucune idée d'une nourriture convenable. » (Liv. I, par. 8).

peut-être une existence comparable à celle des anthropoïdes actuels. Le sentiment premier né, qui ne fait point honneur à l'humanité, mais qui cependant était bien véritablement imposé par la lutte pour la vie, fut un égoïsme brutal. Les précurseurs de l'homme devaient savoir, comme le gorille, élever et défendre leurs enfants, les protéger en cas de danger, pourvoir à leur nourriture. Ce ne fut que lorsque ces ancêtres, sous l'influence des changements qui s'opérèrent dans les milieux qu'ils habitaient, et conséquemment dans leur manière de vivre, durent faire appel aux forces latentes qui dormaient dans leur intellect assoupi, pour se plier aux nouvelles conditions de l'existence et s'adapter aux nécessités créées par la vie grégaire, que le premier sentiment humain fit son apparition. Une rétrogression vers la bête se produisit. Les bons instincts acquis par les devanciers immédiats, sous la poussée des besoins nouveaux, s'évanouirent et l'homme, au moment même où il commencait à effacer définitivement les stigmates physiques ancestraux, devint moralement inférieur à ses premiers pères et ne songea plus uniquement qu'à lui.

« A l'aurore de l'humanité, le mâle occupé à trouver son existence, éprouvait par instant le besoin de donner satisfaction à la nature qui veut la vie toujours renaissante ; il s'emparait d'une femelle, la domptait, suivant l'expression antique, et passait, continuant ainsi, sans responsabilité, sa race. La mère seule élevait l'enfant et l'allaitait, pourvoyait à ses premiers besoins, l'abandonnait ensuite dès qu'il pouvait se suffire à lui-même, et, en vertu de l'égoïsme primordial, allait de son côté chercher les moyens de vivre. Cependant un premier revirement s'opéra insensiblement ; l'amour maternel s'implanta dans l'âme de la génératrice. Ayant souffert pour mettre au monde, ayant bercé dans ses bras le fruit de ses entrailles, elle se prit pour l'être qu'elle avait enfanté d'une affection plus durable qui persista après la période d'élevage ; elle s'habitua à considérer comme sa propriété l'enfant issu de son sein et l'aima. Là encore dans le sentiment si pur de l'amour maternel on retrouve l'idée de la propriété. De son côté, l'enfant faible et sans défense contracta l'habitude de recourir à la mère et sa reconnaissance se manifesta par l'obéissance, d'ailleurs maintenue par des moyens de correction violents. Voilà donc, par le simple jeu des habitudes, la première famille humaine constituée, la famille matriarcale. Mais les liens qui l'unissaient étaient fragiles, les mâles en grandissant ne tardaient pas à quitter la communauté, les femelles, enlevées à leur tour, devenaient les noyaux d'autres familles et les vieilles mères abandonnées succombaient ayant accompli leur tâche ingrate et féconde.

« Cependant l'homme, à mesure que son intelligence progressait et que son goût pour le bien-être s'affirmait, devait sentir tous les jours davantage la nécessité d'une compagne servante pour préparer les aliments et faire les grosses besognes basses tandis qu'il se livrait aux courses de chasse et de pêche. Ce besoin le rapprocha de la femme et il abusa de sa force en en faisant la première esclave. Dorénavant il eut un foyer et devenu sédentaire au point de vue domestique, il fonda de la sorte la famille patriarcale. Cette famille s'augmenta bien rapidement. En effet, aucune règle morale n'existait, la promiscuité était complète, l'inceste sous toutes ses formes était pratiqué naïvement. Dans de telles conditions la multiplication devait être considérable ; la famille devint horde. Pas de droits, pas de devoirs, des réciprocités peut-être ; les hommes chassaient et pêchaient, les femmes préparaient la venaison ou le poisson. L'anarchie était absolue et elle pouvait exister sans difficulté, l'humanité suivant encore les règles de la nature qui imposent à chacun un travail quotidiennement renaissant pour subvenir aux exigences de la faim. Les vices, fils des agglomérations, n'existaient pas encore. Bien que les beaux jours de l'âge tertiaire fussent très loin, la terre, au début des temps quaternaires, n'était pas froide et marâtre comme aux époques qui ont suivi ; la vie était facile, les fruits mûrissaient en abondance, les immenses troupeaux de ruminants paissaient les prairies verdoyantes, l'homme n'avait qu'à prendre. Mais la nature changea et du coup les mœurs humaines furent transformées. La règle voulue, la loi sociale s'imposa.

« Du jour où l'existence devint précaire, où il fallut changer de cantonnement pour poursuivre le gibier devenu plus rare et plus craintif, où il devint nécessaire d'inventer une arme pour l'attaquer et se défendre contre les fauves qui, eux aussi, devaient souffrir de la rareté des proies et s'en prendre à l'homme, de ce jour l'anarchie bestiale des premiers âges dut disparaître pour faire place à un autre état. On peut considérer cette évolution comme une des plus fécondes accomplies par l'humanité, évolution faite, comme toujours, par suite des conditions autres d'existence, le milieu terrestre changeant et produisant, par conséquent, des modifications profondes non seulement dans les conditions climatériques, mais encore, par une corrélation continuellement forcée, dans les règnes animal et végétal indispensables à la vie de l'homme. A l'anarchie primitive succéda l'anarchie réglementée et c'est ici que doit se placer la genèse de la loi sociale.

« Du moment qu'un homme façonna la première massue ou tailla le premier silex, il s'en déclara, étant l'artisan, le propriétaire; dès l'instant où, pour capturer un animal comestible, il fallut un effort soutenu, une fatigue, une lutte, le chasseur considéra la proie conquise comme sienne. Mais alors se produisit un phénomène bien humain. Les puissants, les forts, les robustes de la horde grégaire s'emparèrent sans vergogne des instruments et des provisions des plus faibles. Ceux-ci, les plus nombreux, se coalisèrent, s'unirent pour résister à la spoliation des forts, inventèrent le droit à posséder qu'ils décrétèrent équitable, proscrivirent le vol et pour donner une sanction à cette nouvelle institution inventèrent en même temps la justice qui attribue à chacun son bien et qui n'avait, jusqu'à ce moment, existé qu'à l'état rudimentaire, sous la forme initiale de la vengeance. La multitude des faibles devint ainsi plus forte que la minorité des forts et ces derniers durent courber la tête et se soumettre à la loi élaborée par les opprimés.

« Du coup, l'anarchie était anéantie. La théocratie sauvage lui succédait. En effet, tout à coup, un facteur puissant apparut qui vint donner à l'autorité un appui formidable. L'homme inventa Dieu. Immédiatement les prêtres s'imposèrent, confisquèrent la divinité à leur profit, fabriquèrent les religions et se déclarèrent les maîtres et les justiciers. Quand nous disons que l'homme inventa Dieu, nous voulons dire que l'homme organisa les superstitions, leur donna un corps et trouva les règles des religions premières, car, certainement, avant, l'humanité avait tourné ses regards vers un inconnu grossier, mais sa superstition était simple et sans conséquences sociales; elle adorait les supposés propulseurs des effets naturels dont elle ne pouvait saisir les causes ou les êtres malfaisants dont les colères ou les attaques la faisaient trembler [1]. »

L'organisation des sociétés sauvages des temps primitifs fut donc théocratique et par cela même comportait des catégories diverses d'individus aux sommets desquelles les prêtres se placèrent naturellement. « La structure des sociétés sauvages est complexe, écrit Ch. Létourneau, il y a des aristocrates, des prêtres, des prolétaires, des esclaves [2]. » Telle devait être la constitution des nationalités indiennes divisées en clans sacerdotaux, guerriers, artisans, les premiers directeurs, les seconds vassaux soumis à la domination supérieure et les derniers serfs, puis la foule des esclaves anciens prisonniers de guerre ou misérables pouliya fournis par les basses tribus indigènes négritoïdes qui n'avaient pas pu se dégager encore de l'abaissement originel, ainsi qu'il en existe même de nos jours. Dans l'Inde, les prêtres furent les premiers directeurs des jeunes nations. Sans doute, ils ne détenaient pas le pouvoir au sens strict du mot, mais occupaient tous les postes dirigeants. Ils ne constituaient pas une autocratie absolue, mais plutôt une aristocratie directrice et l'exercice de leur suprématie était singulièrement facilité par les moyens de thaumaturgie chamanesque qu'ils employaient. Pour gouverner ils faisaient parler la divinité et, lorsqu'ils donnaient des ordres, ils savaient les présenter à la foule crédule comme des commandements divins. La royauté n'est pas une forme de gouvernement en usage chez les peuples vraiment sauvages de l'Hindoustan restés fidèles aux vieilles institutions de leur race, et si on la trouve aujourd'hui chez certains d'entre eux, par exemple chez les Nayar du Malabar, on doit penser qu'elle est d'établissement relativement récent, importée par des envahisseurs, mais qu'elle n'existait pas dans les temps antiques. Les castes n'existaient pas davantage dans le sein de la tribu dont tous les membres étaient égaux. Le livre saint par excellence, le Rig-Veda, qui est le plus antique monument de la religion des brahmanes et qui pour eux est la révélation divine ne fait pas mention des castes. Les castes sont pos-

1. *La Genèse de l'Homme*, de l'auteur, p. 180 et suiv.
2. Ch. Létourneau, *l'Evol. de la Morale*, p. 183.

térieures aux temps primitifs védiques; elles ne sont plus l'œuvre des Rishis divins mais une œuvre subséquente humaine que l'on trouve dans les lois de Manou[1]. Mais toutefois les tribus diverses n'étaient pas toutes sur le même pied et il y avait celles qui dirigeaient et celles qui obéissaient. En haut de l'échelle, les prêtres et les guerriers qui bien souvent se confondaient formant des clans religieux et militaires. Ceux-là étaient les « Purs », les « Maîtres », les « Solaires », les « Blancs », puis au-dessous, les clans serfs qui étaient les « Noirs ». Enfin les esclaves.

En tête des tribus des Bhil marchaient les « Blancs » ou « purs » qui commandaient aux « Noirs » ou « impurs ». Les Gond avaient pour directeurs les *Assoul* ou *Koï*, c'est-à-dire les « chefs purs ». Les « brillants » Mina formaient, comme nous l'avons dit, une confédération de tribus dénommées *Putchvara* ou les « Scorpions[2] », lesquelles reconnaissaient la suprématie d'un clan sacré, celui des *Cutchwaha* ou les « Tortues[3] ».

On retrouve les traces de cette organisation indépendante des clans chez la plupart des peuples anciens colonisés par les grandes races hindoustaniques. Les roitelets homériques étaient plutôt des chefs de grandes tribus que des rois, leur

1. « Être souverain, veuille nous révéler exactement et, en suivant l'ordre, les lois qui régissent les castes primitives et celles qui sont mêlées. » (*Lois de Manou*, v. 2.)

2. On retrouve ce « scorpion » totémique dans la mythologie des Grecs. Diane, jalouse du beau géant Orion, le fait piquer au talon par un scorpion. Pendant la lutte d'Héraklès contre l'hydre de Lerne, Junon dépêche un scorpion monstrueux chargé de piquer le Titan au talon, mais celui-ci se retourne et l'écrase.

3. Il est bien probable que ces deux thèmes radicaux répondent aux noms des deux patriarches bibliques *Cut* et *Put*.

La mythologie indoue n'a pas manqué de personnifier la tribu des *cutchwaha* et de l'identifier avec un certain *Cuch*, second fils du légendaire Rama, héros universel de l'Inde, ancêtre putatif des grandes familles royales, comme en Occident Zeus fut l'inévitable père de la plupart des dieux et demi-dieux. Les *Mahârajahs* radjputes se déclarèrent naturellement fils de ce fils de Râma. Quant à la masse du peuple envahisseur, imitant l'exemple de ses princes, elle prit, en l'aryanisant simplement, le nom confédératif des *Putchvara*. En donnant à l'appellation des *Putch* un allongement honorifique à la mode scythique, les conquérants devinrent les *Radjputs* ou les « Scorpions royaux », de *râj*, « roi », et *putch* « scorpion », rappelant ainsi, peut-être, par la première syllabe de leur nom que dans le pays hyperboréen ils avaient été les « Scythes royaux ». L'Anglais Tod pense que les Radjputs envahirent l'Inde au VIIIe et qu'ils sont d'origine scythique.

pouvoir était mince et les guerriers ne se gênaient guère pour le discuter et le bafouer. D'ailleurs la Grèce secoua rapidement cette autorité embryonnaire et reprit les véritables traditions, en instituant des gouvernements démocratiques. Après un essai de royauté d'abord guerrière avec Romulus, puis pontificale avec Numa et ses successeurs, Rome adopta la République. Les Gaulois formaient de nombreuses nations indépendantes ainsi que les Celtibères d'Espagne. Et partout on retrouve les vestiges des antiques catégories qui divisaient les clans indiens, les prêtres, les guerriers, et la plèbe [1].

L'organisation sociale qui aujourd'hui peut nous donner la compréhension la plus claire de l'état de la société primitive, est l'organisation lamasique. Au sommet, figés en une grandeur hiératique faite de mystère et de crainte, dominent les grands pontifes lamas, avec, autour d'eux, une légion de prêtres subalternes, officiants, médecins, faiseurs de prodiges faciles. Puis les guerriers, défenseurs des lamas, mais soumis à leurs ordres. Enfin, tout au bas de l'échelle, les artisans, les ouvriers formant la masse populaire, sans droit et sans pouvoir, presque des esclaves, *vulgum pecus*.

L'esclavage tout primitif ne ressemblait en rien à l'esclavage absolu de certaines sociétés antiques auxquelles les excès d'une civilisation raffinée et corruptrice avaient fait perdre le sentiment de l'humanité. On peut s'en rendre compte en lisant ce que dit Tacite de la manière dont les Germains traitaient leurs esclaves : « Les serfs ou esclaves ont leur habitation et ne sont point attachés servilement à la maison du maître : ce sont plutôt des fermiers qui doivent fournir à leur propriétaire une certaine quantité de grains et de bétail. Les Germains n'accablent pas leurs esclaves de travaux au-dessus de leurs forces et s'ils en arrivent à les frapper, ce n'est pas par un sentiment de justice appelant un châtiment exemplaire, mais seulement par colère momentanée [2]. » L'esclavage était doux dans la Grèce primitive, dont les mœurs devaient être un reflet presque immédiat de celle des civilisateurs indiens. « Dans la Grèce héroïque, c'est à peine si la classe servile

1. Voir, au sujet de l'organisme social du monde celtique, *la Religion des Gaulois*, Alex. Bertrand, p. 286 et suiv.
2. Tacite, *Germania*, XXV.

existe; ceux qu'on a pris à la guerre ou achetés sont moins des esclaves que des serviteurs. Alceste mourante tend la main à ses esclaves pour l'adieu suprême. Eumée espérait qu'Ulysse, rentré dans Ithaque, lui donnerait une maison, un champ et une femme, et, s'il rencontre le fils de son maître, il le baise sur les yeux [1]. »

Parmi les tribus dravidiennes et kohlariennes, certaines, vraisemblablement, furent reléguées jusqu'au rang des bêtes impures dans la catégorie des pouliya, cet égoût définitif de la société indienne [2]. On ne peut même faire du paria un esclave puisque tout ce qu'il touche, tout ce qu'il regarde, par cela même, est souillé et devient impropre à tout service. C'est un être hors société, un épouvantail réprouvé, objet de répulsion, à ce point méprisable qu'il ne peut plus compter pour rien et cependant il n'est pas un esclave. Dans la misérable sphère de son existence il est indépendant, puisant même dans l'horrifique mépris qu'il inspire une sorte de liberté pitoyable. Tel est le paria de nos jours. Lorsque les maîtres féodaux des grands clans indiens reléguèrent, par raison politique, dans les castes inférieures les peuplades qu'ils asservissaient, il n'en put être aussi rigoureusement ainsi, d'autant plus que les sociétés primitives étaient très loin d'être gouvernées par un rigorisme aussi strict que celui qui cadenassa plus tard les castes brahmaniques. Les hommes enfants sont moins cruels et despotiques que ceux parvenus à un degré intermédiaire de civilisation morale, lorsque surtout le besoin de donner satisfaction à des passions égoïstes et brutales ne se fait pas sentir et n'impose pas des règles impitoyables à des groupes humains qui foulent aux pieds les lois de l'humanité pour contenter leurs vices et leurs appétits de brutes inactives et sanguinaires.

1. V. Duruy, *Hist. des Grecs*, t. I, p. 163.

2. Au-dessous des tribus aryennes, les hymnes ne connaissent que le *Dâsa Varna*, la population ennemie, qu'ils appellent aussi *Dasyous*. Le nom de Dasyous a été affecté aux couches les plus basses de la population, à celles qui, n'ayant aucune place régulière dans les cadres brahmaniques, sont quelquefois et jusqu'à l'heure actuelle désignées comme *Outcasts*. (*Les Castes dans l'Inde*, Emile Senart, *Revue des Deux Mondes*, t. CXXII).

CHAPITRE II

LA CONQUÊTE CIVILISATRICE

I

L'EXODE

Lorsque les Hindoustaniques s'avisèrent de se porter vers l'Occident du monde antique, ils avaient déjà une civilisation relativement avancée. Ils polissaient la pierre pour en faire des armes et des ustensiles au lieu de la tailler par éclats ainsi que faisaient encore les indigènes européens. Ils connaissaient les moyens de fabriquer la poterie et sans doute de tisser les fibres des plantes textiles; ils possédaient les premiers rudiments de l'agriculture, savaient élever les abeilles et avaient domestiqué les animaux utiles à l'homme ; ils connaissaient la navigation. L'idée de la divinité était née ; la religion était, il est vrai, entourée de pratiques d'épouvante et de superstition mais formait un corps rituel et dogmatique déjà affirmé. Les prêtres thaumaturges, commerçants, en même temps que directeurs des clans nomades, étaient les grands dispensateurs de toutes les conquêtes de la civilisation nouvelle et aussi des propagateurs.

Ce fut, sans aucun doute, parce qu'ils étaient commerçants qu'ils songèrent à élargir le champ de leurs négociations et, tout en répandant le culte de leurs dieux qui pour eux étaient des agents d'influence, ils avaient surtout en vue l'augmentation d'un trafic qui assurait du même coup leur domination et leurs bénéfices. Pour ces raisons, ils furent les promoteurs du mouvement qui entraîna les peuples noirs de l'Inde vers les pays du couchant. Ils trouvèrent même dans la religion la possibilité de justifier la direction qu'ils avaient résolu d'imprimer au courant d'expansion, en déclarant, peut-être, qu'il fallait suivre le dieu Soleil dans sa course, pour atteindre les régions lointaines où le soir il allait se reposer dans les palais d'or de l'Occident. Les prêtres nomades nâts indiens, véritables batteurs d'estrade de la civilisation, débutèrent dans leur envahissement commercial et religieux par parcourir les pays qui étaient à proximité de l'Hindou-Koutch, soit l'Afghanistan et le Bélouchistan où même des tribus dravidiennes, aujourd'hui portant le nom de Brahui, se fixèrent. Puis, peu à peu, par une marche lente sans doute, ils remontèrent au nord pour éviter les déserts de sable du Khorassan, prirent la vallée de l'Atrék, avec les monts du Goulistan sur leur droite, et débouchèrent sur les bords de la Caspienne, dans le Mazandéran, « le Jardin de la Perse »[1]. Mais ils entraînaient avec eux dans leurs excursions intéressées, toujours de plus en plus lointaines, tous leurs clients, tous leurs fidèles et leurs esclaves. Insensiblement toutes les populations de l'Inde depuis l'Himalaya jusqu'au cap Komorin eurent connaissance des découvertes qui s'accomplissaient sous la direction des sacerdotaux. Le bruit que des contrées nouvelles s'étendaient fertiles et belles vers l'Occident se répandit rapidement et, par flots successifs d'abord, par un courant ininterrompu ensuite, l'Inde déversa le trop-plein de sa population vers les terres acquises désormais à l'influence de ses prêtres et l'exode commencé timidement prit des proportions de plus en plus grandes. Il n'en faut cependant pas induire qu'il se soit changé en un envahissement brutal et qu'il ait pris les allures d'une conquête guerrière. Le tempérament naturellement doux des indigènes hindoustaniques répugnait à l'emploi de la violence, et d'ailleurs, les moyens de propagande commerciale et religieuse pratiqués par les promoteurs du mouvement en avant, avaient trop bien réussi pour qu'ils aient songé à les transformer en des actes de spoliation et de force. Ils apportaient à des peuples, dont l'organisation sociale était inférieure à la leur, une morale, une idée religieuse et surtout des instruments perfectionnés et des connaissances pra-

1. « Il est certain, dit Elisée Reclus, que le Chamcherbour est une des routes les plus anciennes de la Médie » (*Géog. univ.*, t. IX, p. 125).

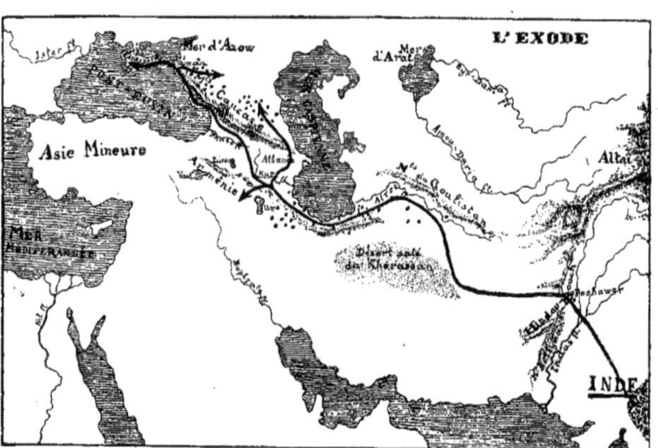

Itinéraire des Dravidiens depuis l'Inde jusque sur les rives septentrionales du Pont-Euxin.

tiques et utiles, ce qui faisait qu'ils étaient accueillis facilement comme des bienfaiteurs. Le monde antique a divinisé ces premiers initiateurs. Ils agissaient par assimilation. Les unions devinrent nombreuses et florissantes; le sang des Noirs orientaux se mêla au sang des Blancs de l'Occident et de la sorte, dès le principe, commencèrent à naître des nations nouvelles qui s'épanouirent ensuite pour, chacune spécialisée,

Dolmen de Katapour dans l'Inde centrale [1].

former les grands peuples de l'antiquité et même les nations actuelles.

On a affirmé et nié l'existence du peuple des dolmens, qui, en réalité, représente les contingents civilisateurs de l'Inde dravidienne. Les uns en font comme une série de races autochthones nées sur les lieux où se dressent les témoins de leur présence et qui, sur les divers points, bien souvent très éloignés les uns des autres, où se montrent les mégalithes, auraient eu, partout, à un moment psychologique de leur évolution mentale, l'idée spontanée de les édifier.

1. D'après les *Monuments mégalithiques* de Fergusson, traduction de l'abbé Hamard.

D'autres font venir ce peuple énigmatique de l'extrême nord[1]; d'autres encore, partisans de l'Atlantis, supposent qu'il est originaire du Nouveau-Monde ou d'un grand continent hypothétique, aujourd'hui englouti sous les eaux et qui aurait émergé dans l'océan Atlantique. Pour soutenir cette thèse, due au désir de voir la race américaine jouer un rôle dans la civilisation antique qui tient les américanistes, ceux-ci se fondent surtout sur les dires obscurs de l'époptès Platon qui, en soulevant un coin seulement du voile des mystères ésotériques, n'a fait que préparer matière à controverse. Le philosophe athénien, d'ailleurs, n'a jamais songé, pour y placer le continent des Atlantes, dont il parle dans le *Critias* et le *Timée*, à l'Océan du couchant si peu connu des anciens[2]. Certains auteurs enfin, considérant que des monuments similaires à ceux que l'on trouve en Occident abondent dans l'Inde, laquelle a mérité le nom de « Mère des nations » en ont induit, avec quelque raison certainement, que le peuple des dolmens devait venir de cette antique et vénérable patrie des hommes qui ont si puissamment contribué à la civilisation du monde occidental en apportant aux populations aborigènes leur industrie, leur langue et leurs idées sociales et religieuses qui avaient germé sur la terre du soleil[3].

Il y a bien des milliers d'années, au temps bien lointain où, dans l'Occident européen, les époques paléolithiques arrivaient à leur fin, le giron de l'Inde se trouva trop étroit pour contenir ses enfants et quelques-uns de ceux-ci formant principalement des tributs sacerdotales, prirent le parti d'aller vers l'Occident chercher de nouvelles patries pour leur commerce et leurs dieux, en suivant le soleil dans sa course. Le grand exode des peuples noirs de l'Hindoustan commença sous la conduite de leurs nâts, prêtres du Soleil.

Les peuples primitifs qui constituaient les contingents émigrateurs étaient pour la plupart des troglodytes, « habi-

1. Le professeur Rudbeck, d'Upsal, a soutenu que la fameuse Atlantide était la péninsule scandinave.

2. Voir *Géographie mythique*, par A. de Paniagua, p. 77 et suiv.

3. M. Salomon Reinach constate que partout, malgré les distances, les monuments mégalithiques et les légendes qui s'y rattachent présentent une similitude frappante. Partout ce sont des géants (pour nous des prêtres de la Terre) ou des nains (des Telchines) qui en ont été les constructeurs et les habitants (*Acad. des Insc.*, 30 sept., 21 oct. et 11 nov. 1892).

tants des cavernes », comme les Sontâl des monts Rajmahâl, les Gond du Bâghêlakound, les Bhil des monts Aravali et Vindhya, les Khond de l'Orissa, les Mina et d'autres encore; aussi continuèrent-ils, et surtout leurs élèves indigènes occidentaux, à habiter les grottes qu'ils rencontraient dans les pays qu'ils découvraient : en Arménie, dans les monts Cérauniens, dans les presqu'îles de Taman et de Kertsch, dans les Alpes

Mégalithes dressés dans les monts Khassias (Inde orientale)[1].

du Valais, dans les collines ardennaises. Lorsque la nature n'offrait pas d'abris naturels, lorsque les excavations faisaient défaut, ou bien ne suffisaient pas pour une population trop dense, ils construisaient des huttes basses ainsi que le faisaient les ancêtres des Finnois dans les plaines altaïques, mais partout et toujours les sanctuaires des dieux et les demeures des prêtres étaient chthoniens, soit creusés par la nature, soit édifiés de mains d'homme. Les éducateurs indiens de l'antique immigration qui se répandirent, en différentes fois, à l'ouest, au sud et au nord de l'Europe, dans l'Afrique

1. D'après les *Monuments mégalithiques* de J. Fergusson, trad. de l'abbé Hamard.

septentrionale et plus loin encore vers l'est, furent les conducteurs du *peuple des dolmens*, les pionniers sacrés de l'âge néolithique, missionnaires de la culture éducatrice indienne.

Cette race dravidienne, ou prédravidienne, présida aux origines de la civilisation européenne néolithique et aida puissamment à la diffusion d'une industrie nouvelle et d'un commerce qui naissaient grâce aux efforts, intéressés sans doute mais au demeurant fructueux pour l'avancement de l'humanité, des confréries sacerdotales de pontifes artisans et commerçants. Sa tâche fut grande, car si elle avait trouvé, en arrivant d'Orient, des populations relativement assez avancées dans l'est de l'Europe, il n'en fut certainement pas de même au couchant et au nord ainsi qu'en Afrique, régions où elle ne rencontra que des peuplades très sauvages qui, au point de vue des règlements sociaux et des idées religieuses, si tant est qu'elles eussent toutes déjà songé à coordonner ces éléments moraux, étaient, dans tous les cas, bien inférieures aux envahisseurs. Ceux-ci leur donnèrent tout leur acquis généreusement, les assimilèrent et aussi se fondirent dans les masses des populations éduquées par eux.

La période dolménique dura bien plus longtemps que l'on peut penser. Tout le cycle mythologique, depuis les origines les plus lointaines jusqu'au mythe de Bacchus inclus, peut être compris dans cet âge. Partout, dans la fable antique, on découvre les preuves que les premiers dieux et les personnages héroïques avaient des habitudes ou des croyances conformes à ce que nous pouvons savoir, d'une manière aussi précise que faire se peut, des coutumes et de la religion du peuple des dolmens. Les Cyclopes métallurgistes et mineurs comme les Lohar Gond, comme les prêtres des Sontâl, habitent les grottes des monts Cérauniens ; les nymphes, épouses ou sœurs des nâts magiciens, diseuses de bonne aventure comme les Hespérides « à la voix sonore » et comme la *sibylla resonans* d'Horace, demeurent dans des cavernes où elles filent le chanvre et tissent la toile ainsi que les prêtres tisserands de l'Inde et comme Minerve Telchinienne, *mille dea operum*, et aussi déesse protectrice des villes dolméniques. Hercule dresse deux menhirs sur les deux rives du Bosphore cimmérien [1] et Bacchus pyrogène est le grand pro-

1. Voir *Géographie mythique*, par A. de Paniagua, p. 68 et suiv.

pagateur de l'idole phallique, simulacre du créateur primordial Pan, plantant sur toutes les routes du monde primitif qu'il parcourt en civilisateur et en conquérant les images lithiques de son dieu géniteur, les ὑόσσαι.

Certes cela serait évidemment une besogne presque impossible que de vouloir établir une chronologie précise de ces âges mystérieux. Cependant quelques points de repère

Dolmen double du pays de Coorg (Hindoustan) [1].

existent, qui peuvent servir, sinon à donner des dates certaines aux faits, du moins à affirmer la très haute antiquité des temps pendant lesquels furent accomplis les gestes féconds des propagateurs de la nouvelle civilisation qui jaillissait de la source indienne, ainsi que les exploits des héros primitifs et pendant lesquels aussi se déroula l'histoire génésiaque des dieux adorés par les hommes dolméniques.

Il n'y a pas à tenir compte des périodes qu'indique Hérodote [2] ; ses calculs ne reposent sur rien de sérieux et ne sont

1. D'après les *Monuments mégalithiques* de J. Fergusson, trad. de l'abbé Hamard.
2. Hérodote, *Euterpe*, 145.

que le résultat des traditions grecques conservées par un peuple complètement ignorant des origines et, de plus, peu enclin au conservantisme hiératique. Par contre, il faut faire grand cas des indications fournies par les prêtres d'Egypte à l'historien qui les relate avec incrédulité d'ailleurs. Les pontifes égyptiens étaient scrupuleusement observateurs des rites anciens et des traditions originelles; tous les rituels leur faisaient une loi d'observer attentivement la nature, les hommes et les faits, et ils n'y manquaient pas, débarrassés des préoccupations de la vie par les privilèges de leur caste, ce qui leur permettait de s'adonner, en toute liberté d'esprit, à leurs travaux d'observation. Ce devoir sacré obligatoire qu'ils observaient scrupuleusement, ils le tenaient de leurs maîtres kaldéens que l'antiquité considérait comme des conservateurs rigides des traditions archaïques, comme des interrogateurs des astres, et enfin comme les plus exacts calculateurs du temps[1]. Donc les prêtres égyptiens apprirent à Hérodote que depuis Hercule jusqu'au règne du roi Amasis (570 ans av. J.-C.) ils comptaient 17.000 ans, depuis Bacchus 15.000 seulement et depuis Pan beaucoup plus. En effet le dieu grec Pan était la réplique du dieu Pandyan-*Pen* des autochthones de l'Hindoustan, et par cela même était une divinité primordiale du grand exode; c'est donc lui qui doit être le plus vieux des dieux et les prêtres de Memphis calculaient juste. Hercule a certainement précédé Bacchus, le dire des Egyptiens est encore exact; Hérodote ne dit-il pas que Dionysos est le plus récent des dieux?

Une période de 19.482 ans nous séparerait du cycle de la Force hérakléenne ; 17.482 années se seraient écoulées depuis la naissance de Bacchus. Enfin la fondation de l'Athènes pélasgique[2], d'après ce que les hiérophantes de Saïs racon-

1. En parlant du conservantisme des prêtres kaldéens, Diodore de Sicile s'exprime ainsi : « La philosophie des Kaldéens est une tradition de famille; le fils, exempté de toute charge publique, en reçoit le dépôt invariable de son père... Chez les Grecs, au contraire, on devient philosophe, sans connaissances préliminaires; on étudie très tard la science philosophique, et souvent, après quelques essais, on l'abandonne. Quant à ceux qui persévèrent, ils s'efforcent toujours d'inventer des systèmes nouveaux et négligent de suivre les préceptes de leurs prédécesseurs. » (Liv. II, par. 29.)

2. Voir *Géographie mythique*, par A. de Paniagua, p. 126 et suiv.

tèrent à Solon, au dire de Platon, remonterait à 13.000 ans en chiffres ronds, dans la pénombre des temps évanouis[1].

Diodore de Sicile rapporte que les prêtres égyptiens enseignaient que depuis Osiris[2] et d'ailleurs, avec plus de justesse, depuis le règne du Soleil « Hélios[3] » jusqu'au règne d'Alexandre le Grand de Macédoine, il s'était écoulé, au dire de certains auteurs, une période de 23.000 ans, et au dire de certains autres, un peu plus de 10.000 ans seulement. Diodore dit encore que les dieux ont régné sur l'Égypte pendant 18.000 ans, puis que les hommes gouvernèrent pendant 5.000 ans jusqu'à la CLXXX^e^ olympiade, soit 57 ans avant notre ère[4]. Cela donne jusqu'à nos jours, 18.000 ans, plus 5.000 ans, plus 1.900 ans, un total de 24.900 ans. Dans des calculs de cette nature, faits par les anciens, la prudence indique qu'il faut s'en tenir à une moyenne relative, sans pour cela vouloir, de parti pris, rejeter comme hyperboliques les chiffres donnés,

Ces chiffres de durée qui, à première vue, peuvent paraître singulièrement fantaisistes et exagérés, sont cependant infiniment probables. Le cycle hérakléen, qui, d'après ce qui vient d'être dit, remonterait à 19.482 ans en arrière de notre époque actuelle, ne fut certainement pas une période de début. Tous les gestes que relate le mythe d'Héraklès, héros qui n'est que la synthèse d'une classe sociale, indiquent une société assise et organisée où deux éléments, l'un religieux, l'autre populaire, se disputaient la suprématie. De tels mouvements sociaux ne peuvent se produire que dans un État qui a des démarcations sociales positives qui, en donnant trop de satisfaction aux uns, éveillent et surexcitent les convoitises et les rébellions des autres. Ce n'est pas pendant un moment d'établissement, pendant un stade de propagande et de fondation civilisatrices que des phénomènes sociaux de cette sorte peuvent se manifester. De toute évidence donc le

1. M. Oppert a lu au Congrès de Bruxelles un rapport duquel il résulte que d'après les observations astronomiques des Egyptiens et des Assyriens, 11.542 ans avant notre ère, l'homme avait atteint un degré de civilisation si avancé qu'il était capable d'observer un phénomène astronomique et de calculer la durée de l'année avec précision.

2. Diod. de Sic., liv. I, par. 23.

3. *Ib.*, liv. I, par. 26.

4. *Ib.*, liv. I, par. 44.

cycle hérakléen a dû être précédé d'un temps encore assez long pour permettre l'organisation d'une société fondée sur les bases que nous laissent parfaitement voir les fables ou plutôt les faits dénaturés du mythe de l'Alcide fils d'Alcmène.

Dans ces conditions, il ne peut plus paraître imprudent de placer à 20.000 ans dans les temps passés l'apparition dans l'Asie caucasique d'abord, dans l'Europe du sud-est ensuite, des premiers avant-coureurs de la civilisation dravidienne.

Ici, nous prévoyons une objection, qui est la suivante. Les découvertes archéologiques les plus sérieusement contrôlées à l'aide de la stratigraphie, ne permettent pas de faire remonter, pour les contrées européennes du couchant, l'arrivée du néolitique au delà de 10.000 à 12.000 ans. Cette évaluation doit être à peu près exacte. Mais ce n'est pas une raison parce que l'industrie néolithique n'est apparue que vers cette date en Occident pour que, née dans l'Inde, elle n'ait pas été importée et ne se soit pas affirmée, bien avant, dans d'autres régions de l'Europe orientale. C'est même forcé. Dans les gisements de nos pays, dès les débuts, elle se montre comme résultant d'un régime industriel déjà complet. M. G. de Mortillet constate un hiatus entre le paléolithique magdalénien et le néolithique qu'il nomme robenhausien. Le grand préhistorien est formel : « La révolution qui sépare le magdalénien du robenhausien, et d'une manière plus générale, encore le quaternaire de l'actuel est tout à la fois physique et industrielle, naturelle et sociale[1]. » On ne saurait mieux dire. On a bien essayé de relier les deux âges et de combler la lacune en faisant intervenir arbitrairement le campignyien et le tardenoisien. C'est un moyen factice, car d'abord il faudrait prouver sans discussion possible, par des arguments nets, que, d'une part, le campignyien ne doit pas être compris, plutôt, comme le dernier facies du magdalénien paléolithique, et, d'autre part, que le tardenoisien ne doit pas être rattaché simplement au robenhausien pur. La lumière est loin d'être faite sur ces deux points.

Finalement, on se trouve en face de la théorie consistant à supposer les races préhistoriques enchaînées à leur berceau natal, cristallisées dans leur habitat originel et, invariable-

1. G. de Mortillet, *le Préhistorique*, p. 480.

ment, évoluant sur place. Que voilà donc une belle conception ! Toujours le même système tendant à soutenir que pendant les temps hors histoire, les diverses industries qui se sont succédées naissaient pour ainsi dire spontanément à un moment précis de l'évolution mentale des divers groupements humains, dans tous les pays où elles se montrent. C'est nier l'existence de foyers civilisateurs plus actifs en certains points privilégiés, ainsi que l'histoire nous en donne le continuel et caractéristique exemple. C'est nier aussi, par force, le rayonnement et la diffusion des civilisations primordiales et, du même coup, toutes les migrations.

Cette théorie a cela de particulièrement bizarre qu'elle est en contradiction flagrante avec tout ce que nous enseigne l'histoire. Le tableau est instructif et complet.

Depuis que cette histoire a pu commencer à inscrire les annales de l'humanité sur ses tablettes, elle nous montre certains peuples plus favorisés que les autres au point de vue de l'avancement de la civilisation, définit des centres de culture plus sélectifs, et enfin présente à notre esprit le spectacle compliqué de remous, de pénétrations et d'invasions ethniques dont la multiplicité nous amène à penser que ce besoin de mouvement est une règle de la vie des nations. Pourquoi donc en aurait-il été autrement dans les temps préhistoriques? Comment le mouvement peut-il donner l'idée de la stagnation? Les hommes des anciens âges étaient des hommes au même titre que ceux qui sont venus après eux sur la scène du monde. Il serait grand temps de renoncer à en faire des êtres à part, n'ayant pas eu des besoins et des entraînements d'expansion et de lutte pour la vie, rudimentaires sans doute, mais rationnellement similaires à ceux des hommes de toutes les époques historiques. Ils étaient des hommes, subissant le joug des mêmes lois naturelles et générales que leurs frères des temps postérieurs. L'humanité est une grande famille au point de vue de la mentalité prise au sens général et des idées directrices qui en découlent ; malgré les diversités profondes imposées par les milieux, elle suit partout et toujours les mêmes voies qui ne diffèrent que par les obstacles plus ou moins grands de la route. Elle est comme un bloc, les ancêtres ont légué à leurs fils tout l'acquit de leur intelligence et ceux-ci l'ont transmis à leurs descendants.

Ce qui fait que le plus sublime génie des temps modernes puise le principe de sa grandeur intellectuelle dans l'œuvre patiente des ancêtres et qu'il doit saluer le premier hominien qui tailla le premier silex comme l'artisan initial de son efflorescence grandiose. En vérité, les préhistoriques n'étaient pas des citoyens de la Lune mais des enfants de la Terre et, comme tels, ils ne pouvaient se soustraire aux appétits, aux besoins, aux espoirs et aux convoitises qui depuis la genèse de la race se sont imposés aux hominiens.

Donc, à notre sens, avant de parvenir dans l'occident de l'Europe, la civilisation dravidienne dolménique s'était introduite, s'était répandue ensuite et finalement imposée au Caucase et dans le sud-est de l'Europe, avant que de songer à envoyer vers le monde occidental des colons guerriers et civilisateurs. Les Indiens amalgamés par métissage avec les populations indigènes de l'Europe orientale avaient déjà largement ébauché les prodromes de la culture néolithique mère de la culture aryaque lorsqu'ils décidèrent leurs grandes entreprises colonisatrices, qu'ils firent vraisemblablement pour obéir à l'esprit d'aventure qui est inhérent aux races que le génie aryen a pénétrées. Renan dit : « Le mode de propagation de la race indo-européenne était l'expulsion de la jeunesse, la formation de bandes hardies et entreprenantes; de là cette foule de noms signifiant *fugitifs*, *errants*, *exilés* [1]. »

La période initiale d'installation fut longue, il fallait assimiler les populations de l'Arménie et de la Transcaucasie, éduquer les nomades pasteurs qui vaguaient depuis les pentes occidentales de l'Altaï jusqu'à la vallée de l'Ister. C'était une grande œuvre qui a demandé bien du temps avant d'arriver à ce point que les hordes caucasiques, altaïques et scythiques fussent assez imprégnées de la civilisation dravidienne pour qu'elles fussent en état moral, social et industriel d'aller porter en occident l'évangile nouveau. Ainsi s'explique facilement la différence de temps entre la date de l'arrivée première des Indiens dans les contrées de l'orient de l'Europe et le moment où ils se lancèrent dans l'inconnu de l'ouest. En cherchant à reconstituer l'histoire de ces époques obscures, il faut bien se garder de vouloir concevoir des évé-

1. Renan, *Hist. gén. des langues sémitiques*, p. 39.

nements réglés par une méthode synchronique. C'est vouloir passer à côté des vérités que nous indique l'histoire, c'est vouloir encore penser qu'à l'époque préhistorique tout se passait autrement que pendant les temps connus. C'est, en un mot, faire des essais de reconstitution à l'envers par une série de contresens.

Donc, il y a vingt mille ans, pour prendre une date moyenne, sinon précise, du moins probable, les premiers batteurs d'estrade dravidiens ayant franchi l'Hindou-Koucht

Pierres levées de Peshawur (Hindou-Koucht).

arrivèrent dans les plaines fertiles du Mazandéran, l'ancienne Hyrcanie, et dans les régions montagneuses de l'Aderbeidschan, dernière contrée où ils s'établirent plus fortement en raison de leur habitude de poser leurs *pal* ou villages aux sommets des collines pour mieux dominer les campagnes environnantes et aussi pour mieux voir l'approche des ennemis. « Mais il arriva, comme ils partaient d'*Orient*, dit la Bible, qu'ils rencontrèrent une campagne, au pays de Sçinhar, où ils habitèrent [1]. »

Lorsque les Indiens pénétrèrent dans le nord de la Perse, ils y rencontrèrent certainement des populations indigènes déjà métissées par l'afflux continuel des peuplades nomades des steppes du nord. Ils les civilisèrent et entraînèrent à leur

1. *Genèse*, ch. XI, v. 2.

suite de nombreuses tribus, désireuses, comme eux, de tenter les aventures de l'émigration. On retrouve les vestiges des enseignements que donnèrent les fils de l'Inde aux autochthones de l'Iran dans quelques antiques coutumes que pratiquent encore les Persans restés fidèles aux usages des ancêtres. Le mensonge est exécré par eux comme il l'est par les indigènes du Dekkan. Chez les Guèbres, le culte du Feu, avec les libations qu'il comporte, rappelle les rites du culte du grand Pan primitif indien dont les idoles étaient arrosées d'huile et de mowah.

Cromlec'h à Deh-Ayeh, près de Darabjerd (Perse) [1].

Le nom des anciens *Mèdes* est un nom voulant dire « faiseurs de libations », mot qui ne fait que traduire le nom des *Mages*, prêtres persiques, désignation tout à fait dravidienne, venant du tamoul *magir* « réjouir » qui a absolument la même signification que la racine sanscrite *mad* qui a produit *Mèdes ;* les *Mages* ou *Mèdes* étaient les prêtres qui « réjouissaient » les dieux en les enivrant de libations[2].

Une curieuse pratique de géophagie est en usage dans une mosquée de Reï où les femmes peuvent *seules* pénétrer[3]. Ne trouve-t-on pas là une réplique de la cérémonie finale des fêtes indiennes du Holi célébrées surtout par les Bhil, cérémonie réservée exclusivement aux femmes, de même qu'à Rome les hommes étaient sévèrement exclus des solennités en l'honneur de la Bonne déesse.

Au moment de la pénétration vers l'ouest des Dravidiens, quelles étaient les principales fractions ethniques de l'exode

1. D'après les *Monuments mégalithiques* de J. Fergusson, trad. de l'abbé Hamard.

2. Dans les hymnes orphiques, les dieux sont toujours *réjouis* par les libations ou les sacrifices.

3. Elisée Reclus, *Géogr. univ.*, t. IX, p. 494.

Dolmen de Chirchir; Talyche persan, province d'Ardébil (D'après un dessin original de M. J. de Morgan).

civilisateur? Beaucoup de peuples et de peuplades dont les noms sont irrémédiablement perdus, sans doute, participèrent au mouvement d'émigration, beaucoup d'aventuriers amoureux d'inconnu par tempérament suivirent le courant, mais trois groupes bien définis se détachent nettement.

Au premier plan, les Mina, grande et forte race qui s'élevait bien au-dessus des autres populations autochthones de l'Inde. Les Bhil, de stature moins élevée, moins beaux de visage, sont de forcenés batailleurs, et aussi de grands pillards, ils aiment à boire et s'enivrent jusqu'à l'extrême limite. Enfin, les Gond, encore plus laids, encore plus petits, doux, pacifiques, étaient les ilotes de l'exode.

Inutile d'insister davantage ici sur les mœurs, les croyances, les aptitudes, les vertus et les défauts de ces trois groupes qui constituèrent les trois principaux éléments de la poussée dravidienne vers l'ouest. Dans les développements qui vont suivre, nous les noterons et signalerons chacun à sa place, comme autant de points de contact et de liaison de culture initiale entre les négroïdes indiens oubliés et dédaignés et leurs élèves orgueilleux.

Au-dessous des Mina, des Bhil et des Gond, grouillait le troupeau des sorciers de bas étage qui n'étaient pas les moins empressés vers la curée que leur promettait la conquête de l'inconnu du couchant : Baïga qui se transformaient en tigres : Eriligarou, « enfants des Ténèbres », qui se transformaient en bêtes, ancêtres des Neures de la Scythie[1] et des loups-garous de nos campagnes ; Kouromba ou « mauvais gars », magiciens redoutés ; Iroula, « tourneurs », qui gîtaient avec les tigres[2], Kotah ou Gôhatar, « tueurs de vaches », danseurs et musiciens, sorciers et saltimbanques, accablés aujourd'hui sous le mépris le plus complet.

Des prêtres conduisaient les contingents de l'exode, car toujours la théocratie se montre à l'aurore de la vie sociale des peuples. Les sacerdotaux Mina, les princes Cutchwaha qui avaient la tortue pour emblême totémique n'ont pas eu de nom spécial qui nous soit parvenu. Bien que l'on saisisse leur action souverainement puissante dans les âges primitifs, soit

1. Hérodote, *Melpomène*, 105.
2. Rowney, *Wild tribes of India.*

qu'ils aient été les précurseurs des Flamines romains, des Druides Semnothées, des Kaldéens d'Ur ou des Hiérophantes de Memphis, soit qu'ils aient construit les grandes métropoles des premiers âges; ils n'ont pas eu de nom et ils paraissent avoir été si grands dans leur œuvre civilisatrice et, osons le dire, philsophique, que comme le Iaveh hébraïque ils étaient

Koribantes assistant Cybèle et Attis [1].

« ceux qui n'ont pas de nom ». Leur grandeur suffisait à les désigner.

La distance était grande entre eux et les autres sacerdotaux directeurs des bandes civilisatrices. D'abord les Koribantes, « enfants de la Terre[2] », la grande déesse primordiale, et prêtres du feu qui participèrent au grand travail de propagande, mais qui finirent par rouler dans la fange après avoir épouvanté le monde adolescent par leurs jongleries, et, plus tard, *Cybelæ balladores*[3], révoltèrent la pudeur romaine par

1. Plaque de marbre gravée du Cabinet des méd. de la biblioth. nat. — D'après le *Dict. des ant. grec et rom.* tom. I, 2e partie, 1541.
2. Strabon, liv. X, ch. III, par. 19.
3. *Corpus Inscript. lat.*, VI, 2265.

leur orgiastique licence. L'histoire, qui les a connus, mais ne pouvait reconnaître en eux les derniers débris de la tourbe sacerdotale qui se joignit aux civilisateurs préhistoriques, rapporte qu'ils étaient de grands vociférateurs ou plutôt des crieurs enragés. Leur nom confirme ces habitudes rituelles de crieurs. Le radical constitutif de Koribante est le dravidien *kori*, *koli* voulant dire « coq », radical ayant pour base ultime la racine *kû*, « crier ». Caldwell, en analysant ce mot *kori*, conclut en disant qu'il est le tronc philologique d'où s'est détaché le latin *gallus*, « coq ». Ainsi *gallus* serait pour *garrus* avec, pour témoins, *garrulus*, « gazouillement », et *garrire*, « babiller ». Et il n'est pas inutile ici de constater que les Romains se bornant, en somme, à traduire le radical *kori*, *koli* de *Koribante*, donnèrent leur véritable nom de « Coqs », *Galli*, aux prêtres phrygiens qui accompagnèrent à Rome la pierre de Pessinunte qui représentait la mère des Koribantes, la grande déesse tellurique. Le complément du nom des *Koribantes* est le védique *ban* « rendre un culte » et le dravidien *ti* « feu ». Le nom entier a donc la signification de « coqs prêtres du feu ».

D'autres prêtres, guerriers sacerdotaux dont la mythologie a conservé le souvenir sous le nom de Kurètes, et qui même, d'après Homère, constituèrent un peuple de l'Étolie, dont les descendants actuels portent le nom vénérable et très antique d'Albanais, participèrent à la grande œuvre civilisatrice. Peut-être conduisaient-ils les Bhil de l'exode et le nom des Albanais, « les Blancs », aussi bien de l'isthme ponto-caspien que du Pinde, en paraît être une preuve. Nous avons dit que les Bhil se divisaient socialement en « Blancs » purs et en « Noirs » impurs. Donc les chefs théocratiques devaient normalement être les « blancs », titre de haute noblesse qu'ils ont transmis à leurs fils en civilisation qui, après s'être pénétrés de leurs vertus guerrières et de leur amour du brigandage, vinrent, aux temps pélasgiques, s'asseoir au pied des hêtres de Dodone. Les Kurètes, pères des Saliens « danseurs[1] », étaient essentiellement guerriers; cela s'explique parfaitement puisqu'ils semblent avoir appartenu à cette race bhil folle de guerre et

1. *Salien*, du dravidien *sêl*, « marcher, sauter » Le sk. donne *sal*, « marcher », le latin *saltatio*, le vieux français *sault*.

de pillage. Comme les *Kori*, ils poussaient des vociférations, aussi étaient-ils les « chiens hurleurs ». La base de *Kurète* est le dravidien *kur*, *kura*, « pousser des hurlements », qui a fait, par redoublement intensif, en sanscrit *kurkura*, « chien », proprement « le hurleur ». Et que l'on ne soit pas surpris de ces qualificatifs imagés : les sorciers de toutes les religions primitives et même des religions sauvages actuelles accompagnent toutes leurs cérémonies de cris discordants et de hurlements le plus souvent épouvantables. Les noms des

Kurètes dansant devant Zeus allaité par la chèvre Amalthée [1].

Kori et des *Kura* ne fait que confirmer la réalité des choses. Et d'ailleurs, les Kurètes semblent bien avoir mérité leur nom de chiens gardiens, car ils apparaissent dans le mythe, malgré tous les déguisements allégoriques mais transparents dont on les a affublés, comme les défenseurs des sanctuaires chthoniens des premières déités et comme les gardiens des demeures sacerdotales. Ils étaient aussi les serviteurs du Feu sacré ainsi que le prouve la dernière syllabe de leur nom *tî* « feu ». Ils étaient donc les « Chiens gardiens du Feu, » comme Cerbère.

Enfin les *Telchines* de très petite stature, probablement, à

1. Bas-relief du musée du Capitole. — *Mus. cap.* IV, 5. — D'après le *Dict. des ant. grec et rom.*. tom., I, 1re partie, p. 1626.

l'origine, des Baïga Gond [1]. Leur petitesse ne les empêcha pas de se parer d'une appellation d'orgueil. Ils étaient les « nains brillants ». *Tel* est le dravidien *tel*, « brillant », et la seconde partie du nom, soit *chine*, est le canarais *kinna*, qui en télougou fait *chinna*, « petit ». Il est difficile d'avoir une étymologie plus simple. Ces prêtres ont laissé une trace indélébile dans l'histoire première et dans les traditions légendaires du monde. On les retrouve dans les Samirs, « gros comme un grain d'orge », des talmudistes, les Patœques des Phéniciens, les Bou-Chébr, « les pères de l'empan [2] », tripolitains, les Pygmées de l'Hyperborée, les Gnomes de la Germanie, les Trolls de la Scandinavie, les Kairions de Bretagne, les Nutons des Ardennes, les Lutins de France, les Kourils d'Irlande, les Sirtjes des Samoyèdes, tous génies uniformément chthoniens habitant les cavernes ou les entrailles de la terre. Ce dernier trait achève l'identification. Les Telchines, artisans industrieux, vulgarisateurs et travailleurs, avaient servi dans l'Inde les dieux chthoniens des grottes naturelles qui étaient aussi les demeures spéléennes du peuple de troglodytes qu'ils dirigeaient ; en Occident, ils continuèrent leur sacerdoce dans les sanctuaires dolméniques, tout en s'adonnant à des travaux miniers pour extraire d'abord des rognons de silex et plus tard, lorsque « la race du blanc acier fut née » à l'âge d'or de Saturne, les métaux que leurs hiérodules forgeaient dans les antres des monts cérauniens.

II

HESPÉRUS

L'imagination reconnaissante des antiques fils, ou plutôt des premiers élèves des apôtres dravidiens, créa un héros, un

1. La taille maxima des Gond ne dépasse pas 1m,40.
2. C'est-à-dire de la taille d'un empan. L'empan est égal à l'espace qui se trouve entre les extrémités du pouce et du petit doigt écartés, soit 23 ou 24 centimètres.

patriarche sublime, Iapet[1] le « taureau migrateur, » pour personnifier l'œuvre formidable en ses conséquences de ces Négroïdes, dont le souvenir fut enseveli dans la nuit des temps par l'ingratitude et l'orgueil des peuples dont ils formèrent l'esprit radieux. Le geste indien changea la face du monde; tous les hommes qui, de près ou de loin, ont été pénétrés par la jeune science dravidienne religieuse, sociale et industrielle, en portent encore les marques persistantes et profondes. Dans l'histoire entière de l'humanité, il semble impossible de découvrir une action plus grande, un moteur plus puissant. Toutes les civilisations indo-européennes découlent de cette forte culture initiale. Il faut s'incliner devant l'œuvre immense que représente Iapet et reconnaître en lui la personnification des premiers éducateurs de l'âme aryenne.

L'Inde jeta vers l'Occident ses cris puissants de civilisation et les échos du monde, à travers le temps, lui en renvoyèrent les notes éclatantes et sonores : Ninive, Babylone, Athènes, Memphis, Karthage et Rome.

Saluons ces noirs de l'Inde, saluons ces promoteurs, saluons-les bien bas. Ils ont été les bons ouvriers de la première heure, et les artisans de nos civilisations toujours grandissantes grâce à l'impulsion primordiale qu'ils ont donnée. Ils ont été très grands, non seulement par ce qu'ils accomplissaient, car ils ignoraient la splendeur future de leur œuvre, mais aussi et surtout par les résultats grandioses de cette œuvre magistrale. Ils ont créé le monde antique et préparé le monde moderne.

Iapétos eut deux fils, Hespérus et Atlas. Le premier représente la civilisation néolithique dravidienne en Arménie et en Transcaucasie, civilisation qui, en franchissant les monts Cérauniens, peut-être par la passe de Darial, pénétra dans le « pays de la nuit », le pays qui s'étendait au delà de la barrière de montagnes qui marquait « l'extrémité du jour ». *Hesperus*, fils d'*Asie*, suivant la fable, est le nom védique aryen du représentant des nomades vulgarisateurs de la culture de l'Inde, qui tentèrent de franchir les cols neigeux des monts de la Foudre ; il fut celui qui parvint le premier dans l'inconnu du

1. *Iapet*, Ιαπέτος, des racines védiques *gâu* « taureau », et *pat* « marcher » grec, πετ-ομαι. Donc, le nom du protagoniste de la pénétration civilisatrice signifie « le taureau émigrant ».

nord hyperboréen si redoutable pour les enfants du Soleil; aussi est-il le héros de « l'extrémité du jour ». C'est la signification de son nom, Hespérus « *extremum diei*[1] ».

L'extrémité du jour était aussi pour les primitifs l'extrémité de la terre. Dans la tragédie de *Prométhée enchaîné*, dès le début, Eschyle fait ainsi parler la Force et la Violence : « Nous voici *aux extrémités de la terre, dans les montagnes de la Scythie*. Vulcain, tu dois exécuter les ordres de Zeus en attachant avec des chaînes de diamant, sur la plus haute cime, l'audacieux Prométhée qui a dérobé l'attribut de ton pouvoir, le feu du ciel pour en faire présent aux mortels. »

Menhir de Tövöl dans le Lenkoran, au sud de l'Araxes.
(D'après un dessin de M. J. de Morgan).

Les Mina occupèrent l'Arménie, qui prit leur nom, la terre des « nobles Mina », des radicaux dravidiens *aru*, « noble », et *mina*[2]. Ces grands fondateurs de villes qui devaient par la suite élever Amba-Amber dans l'Inde et, dans l'Asie antérieure, placer les premières assises de Ninive et de Babylone et peut-être de Suse, commencèrent à planter une série de *pals*[3] sur la rive occidentale d'un grand lac situé au sud des monts Karadagh, au centre de l'Aderbeidschan ; ce fut la « ville » d'*Ur-mia*, du dravidien *ur*, « ville ». Les fondateurs de cette première cité néolithique étaient les grands pontifes,

1. Voir *Géographie Mythique* de l'auteur : *L'Arménie*, *l'Æthiopie*, etc., ch. I.

2. Pour tout ce qui concerne la géographie des temps primitifs, se reporter à l'ouvrage de l'auteur : *la Géographie mythique*.

3. Chez les indigènes de l'Inde, le *pal* est la demeure d'une famille; il est entouré d'une palissade défensive. La réunion de plusieurs *pals* éloignés les uns des autres de 100 à 200 mètres constitue un village.

cutçhwaha ou « tortues », conducteurs des tribus mina[1], qui plus tard, avec les *Assul* ou *Assur* des Gond, allèrent créer sur les rives de l'Euphrate les empires *cutch-ites d'Assur* et fonder une nouvelle cité, *Ur* de Mésapotamie. Un de leurs surnoms et l'histoire elle-même, nous révèlent leurs aptitudes de constructeurs et de mathématiciens[2]. Ce surnom est celui de Kaldéens, « les *Kaldéens* d'Ur », dit la Bible. Or, *kaldéen* veut dire « celui qui compte ou mesure ». Le sanscrit a la racine *kal*, qui signifie « mesurer le temps, compter », mais la racine première est le dravidien *kâl*, « pied ». De tout temps, le pied a été une unité de mesure pour les longueurs. En France, avant l'adoption du système métrique, le *pied de roi*; en Allemagne le *pied du Rhin*, en Autriche le *pied*, en Espagne, en Angleterre, partout le pied est un étalon de mesure de distance. Dans l'antiquité le pied, comme mesure, était employé par les Romains ; les Grecs usaient du pied olympien. D'ailleurs chez les anciens, aussi bien que chez les modernes, sa longueur est fort variable.

Nous allons essayer de remonter vers la source. Des nombreuses et sagaces observations faites par le Dr Marcel Baudouin sur un rocher gravé de la Vendée, la table du mégalithe de Gatine, dans l'île d'Yeu, il résulte clairement que les gravures qu'elle porte ne sont autre chose que des figures

1. Le nom dravidien des *Mina* a la signification de « blanc », mais aussi celle de « poisson » à cause de l'éclat argenté des écailles. Copiant le dravidien, le sanscrit a *mîna*, « poisson ». Le poisson fut le totem national de la race noble des Mina. — M. S. Reinach remarque judicieusement (*Orpheus*, p. 29), que l'interdiction de manger certains animaux, édictée par les codes religieux antiques, prend rationnellement sa source dans le respect qui subsistait pour les anciens totems des peuples primitifs. Nous trouvons en Assyrie, chez les peuples coutchites, des preuves frappantes de la justesse de cette observation. Parmi les tribus syriennes, quelques-unes s'abstenaient de manger de certains poissons, d'autres entretenaient des poissons sacrés dans des étangs et les mangeaient pour se sanctifier. Dans un étang voisin du temple de la déesse syrienne d'Hiérapolis, Atergatis ou Dercéto, on entretenait des poissons sacrés que les prêtres seuls pouvaient manger rituellement (*Ib.*, p. 63).

Sémiramis est la fille de cette déesse poisson. Vénus, lors de la titanomachie, se transforma en poisson.

2. Les Kaldéens étaient des astronomes et des mathématiciens (Diod. de Sic., liv. II, par. 29, 30, 31). En l'année 11542 avant notre ère, les Kaldéens avaient établi un système de cycles lunaires qui concordait avec celui des cycles zodiacaux des Egyptiens. Ils avaient divisé déjà l'année en 365 jours (Ignatius Donnelly, *Atlantis*, p. 29).

astronomiques. La figuration du pied humain y joue un rôle important d'indication météorologique voulue. Il est la base du système représenté et si, en prenant son axe comme point de départ, on va toucher le centre des cupules qui l'entourent et sont placées en des points définis toujours en relation avec ce pied qui est l'indicateur initial, les distances mesurées donnent une longueur uniforme de 14 centimètres ou des multiples de cette longueur.

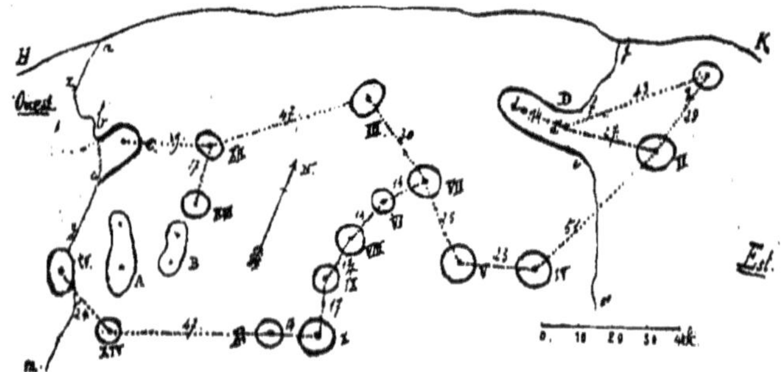

Face supérieure de la table du mégalithe de Gatine à l'île d'Yeu (Vendée).

Légende : I à XV, cupules. — A, B, empreintes pédiformes typiques. — K, cassure est du rocher. — *g, f, e, e'*, ligne de détachement d'un feuillet de granit à l'est. — *a, x, b, c, y, m*, ligne de la cassure H, à l'ouest, d'un feuillet de granite. — C, D, sculptures de nature indéterminée. — Les chiffres arabes indiquent les distances intercupulaires en centimètres.

Les distances mesurées de foyer à foyer donnent le tableau ci-après[1] :

On est donc tenté d'adopter cette mesure de 14 centimètres, comme une unité de mensuration usitée dès les temps préhistoriques.

Mais allons plus loin. Les Kaldéens furent les fondateurs de Babylone; or la mesure de longueur la plus ancienne connue est celle qui est extraite de l'étalon babylonien, le talent I ou talent des maçons, qui donne 13cm,31 1/2. Ce n'est pas tout à fait la longueur de 14 centimètres présentée par les gravures de la Vendée, mais il faut remarquer que la mesure

1. Ce tableau et la reproduction des gravures de la table du mégalithe de Gatine sont empruntés au travail du Dr Marcel Baudouin, *Les sculptures sur rocher de la table du mégalithe de Gatine* (Congrès de l'A. F. A. S., Dijon, 1911).

NUMÉROS des CUPULES	DISTANCES	MULTIPLES de 0m,14	DIFFÉRENCE en centimètres	OBSERVATIONS
I-II......	0,28	0,14 × 2 = 0,28	0	Régulier.
I-D (d_2)..	0,43	0,14 × 3 = 0,42	+ 1	Régulier.
II-D (d_2).	0,27	0,14 × 2 = 0,28	— 1	Régulier.
D [d_2-d_1].	0,14	0,14 × 1 = 0,14	0	Régulier.
II-IV....	0,51	0,14 × 4 = 0,56	— 5	Approximatif. [Grande distance]. — Erreur maxima.
V-D (d^2).	0,42	0,14 × 3 = 0,42	0	Régulier.
IV-V....	0,23	0,14 × 2 = 0,28	— 5	Différences dues peut-être aux différences des rayons des cupules.
V-VII....	0,25	0,14 × 2 = 0,28	— 3	
VII-VI...	0,14	0,14 × 1 = 0,14	0	Régulier.
VI-VIII..	0,14	0,14 × 1 = 0,14	0	Régulier.
VIII-IX..	0,14	0,14 × 1 = 0,14	0	Régulier.
IX-X.....	0,17	0,14 × 1 = 0,14	+ 3	Cupules de grandeurs très différentes.
X-XI.....	0,14	0,14 × 1 = 0,14	0	Régulier.
XI-XIV...	0,47	0,14 × 3 = 0,42	+ 5	Erreur maxima. [Grande distance].
XIV-XV..	0,24	0,14 × 2 = 0,28	— 4	Erreur [Cupule XV := Ovoïde].
XV-C....	0,41	0,14 × 3 = 0,42	— 1	Régulier.
VII-III...	0,30	0,14 × 2 = 0,28	— 2	Presque régulier.
XII-XII..	0,47	0,14 × 3 = 0,42	+ 5	Erreur [Cupules dif.].
XII-XIII.	0,17	0,14 × 1 = 0,14	+ 3	Erreur légère.
XIII-C...	0,29	0,14 × 2 = 0,28	+ 1	Régulier.

de Babylone était destinée à mensurer des murs en briques. Les architectes ayant extrait cette unité de distance du talent I, unité de volume et de poids, la raccourcirent intentionnellement et légèrement pour tenir compte des joints des briques en place. En réalité, la mesure était de 14 centimètres comme dans la Vendée néolithique.

D'après le docteur Lapicque, chargé d'une mission dans le sud de l'Inde et qui a pris les mesures sur place, le pied des Kader donne 25,5; le pied des Malasser, 26,1; celui des Iroula, 27,9; celui des Koroumba, 26, ainsi que celui des Andamanais. Étant données certaines variations et les difficultés d'une mensuration absolument précise à une époque primitive où une base manquait encore et où on devait s'en tenir à l'empirisme, on peut très bien admettre 28 centimètres comme mesure maxima du pied indien.

Après ces multiples explications, nous pensons être en droit de tirer les deux conclusions suivantes : d'abord que le *pied* est une mesure importée de l'Inde dravidienne, et ensuite, que cette mesure, fixée à 14 centimètres, était celle que les dolméniques employaient pour définir les longueurs, divisant la longueur du pied, soit 28 centimètres, en deux, pour obtenir un étalon de 14 centimètres, ainsi que firent les premiers Kaldéens pour extraire une mesure linéaire du talent des maçons, tout en se conformant d'ailleurs à la mesure adoptée par leurs ancêtres de l'Inde.

Pendant que les Mina occupaient plus ou moins solidement l'Arménie, d'aventureux guerriers, montagnards Bhil pillards et Khond féroces, les *Kura* allèrent avec leur *gens* planter leurs pals dans les montagnes du *Kur-distan*, désignation dans laquelle on retrouve le radical de leur nom de *kura*, et les chefs nobles les « Blancs » jetèrent les bases de la « blanche » *Van*, cité sœur orientale de la « blanche » *Gwenned-Vannes* d'Armorique. Les Kurdes ont gardé les habitudes guerrières et farouches de brigandage qu'avaient leurs pères ou éducateurs. Certainement aujourd'hui, au point de vue ethnique, ils ne peuvent plus représenter purement les Indiens de Dravidie ; c'est un mélange d'Arméniens, de Turkmènes, de Tartares et de Persans, mais tous les nouveaux venus se sont assimilés à l'idiosyncrasie primitive, en vertu de cette loi historique qui veut que les vainqueurs soient absorbés par les premiers occupants du sol, et noyés dans la masse de la population conquise ou pénétrée ; les allophyles asiatiques, au fur et à mesure de leur arrivée, s'imprégnèrent donc complètement de la mentalité de ceux qui les avaient devancés.

Les Kurdes ont conservé une ancienne coutume qui leur vient sans aucun doute de l'Inde noire : ils se teignent les cheveux et la barbe en rouge [1]. C'est la couleur royale, la couleur du sang chez les Bhil guerriers, c'est aussi la couleur qui plaît à leurs dieux; ils barbouillent d'ocre rouge le sommet des troncs d'arbres mal équarris qui les représentent. Les Khond, pour le combat ou pour la danse guerrière, se peignent le visage en noir et en rouge.

En dehors des stations d'étape de Van et d'Érivan qui ne décèlent leur origine dravidienne que par l'étymologie de leur nom, les propagateurs de la civilisation indienne ne laissèrent pas beaucoup de traces de leur passage dans la Haute Arménie qu'ils baptisèrent d'un nom mina, mais où ils n'eurent pas la tentation de se fixer. Cette région sauvage, tourmentée, abrupte et peu fertile ne pouvait retenir des hommes qui voulaient la richesse des terres et la luxuriance de la nature. On ne trouve pas d'instruments et de monuments de l'âge néolithique dans la Haute Arménie ; c'est une preuve que les pionniers de la culture hindoustanique n'y rencontrèrent pas des sites à leur convenance. Ce dur pays de montagnes devint, dans les temps suivants, un pays de refuge pour les races vaincues et refoulées. On ne découvre rien avant le bronze.

Dans la belle et plantureuse vallée du Rion [2], patrie d'origine de presque tous nos arbres fruitiers et de la vigne [3], région qui fut l'Éden paradisiaque, les Néolithiques s'arrêtèrent, ou plutôt y installèrent leurs serfs, alors que, suivant les inéluctables tendances de leur race, ils allèrent planter leurs *pals* seigneuriaux sur les contreforts formant les pentes culminantes du Petit Caucase. C'est de ces hauteurs que les suzerains, maîtres au demeurant, débonnaires, descendaient pour surveiller leurs vassaux attachés à la glèbe

1. Elisée Reclus, *Géog. univ.*, t. IX, p. 346.
2. Strabon, liv. XI, chap. IV, par. 3.
3. Elisée Reclus, *Géogr. univ.*, t. IX, p. 8.

de leur *jardin* d'où ils tiraient les fruits nécessaires à leur existence. « L'Éternel prit donc l'homme et le plaça dans le jardin d'Éden pour le cultiver et le garder [1] ». Après la chute d'Adam, qui n'est qu'une allégorie reflétant les tentatives d'émancipation des serfs entraînés par les prédications ardentes des hiérodules d'enthousiastes [2], tentatives qui devaient amener l'expulsion libératrice, l'Éternel dit, parlant au pluriel, ce qui est ici particulièrement caractéristique : « Voici que l'homme est devenu comme *l'un de nous* [3]. » Et plus loin, en un autre épisode, l'Éternel « voyant les hommes bâtir la tour et une ville, *descendit* et dit : *Venez donc, descendons*, et l'Éternel dispersa les hommes qui cessèrent de bâtir la ville [4] ».

Après avoir poussé vers le nord dans la partie occidentale de l'ithsme ponto-caspien, peut-être même simultanément, les civilisateurs franchirent le Cyrus ou *Kura*, fleuve auquel leurs chefs Kura donnèrent leur nom de *chiens hurleurs*. Ils allèrent plus loin vers le nord-est et les « Blancs », qui conduisaient le mouvement d'émigration, fondèrent un établissement le long de la mer Caspienne dans cette merveilleuse et féconde *Albanie* dont Strabon nous fait une si mirifique et si exagérée description [5], contrée qui fut peut-être le canton suzerain des maîtres de l'Eden [6]. Ils s'établirent sur les crêtes des monts Cérauniens, et dans la presqu'île d'Apchéron, où ils trouvèrent un sanctuaire igné pour leur dieu Pan-feu. Là, les maîtres dressèrent leurs châteaux forts d'où ils dominaient « leur jardin [7] », dans lequel vivaient doucement des vassaux qui furent plus que probablement les ancêtres des Israélites.

Les Albanais caspiens historiques, qui formaient une forte et belle race, présentaient des traits de caractère communs avec leurs frères Kurdes. Comme ces derniers, qui « sont

1. *Genèse*, ch. II, v. 23.
2. Strabon, liv. XI, ch. IV, par. 7.
3. *Genèse*, ch. II, v. 23.
4. *Genèse*, liv. XI, v. 5, 7, 8.
5. Strabon, liv. XI, ch. IV, par. 3.
6. La contrée qui fut véritablement l'Albanie Caspienne ou plutôt la partie apchéronienne est loin de répondre, par sa fécondité, à la description qu'en fait Strabon. Par contre, ce qu'il dit s'applique fort bien à la vallée centrale arrosée par le Cyrus et le Phase.
7. *Genèse*, ch. II et III.

plus honnêtes et plus sûrs que leurs voisins d'autres races[1] », ils étaient d'une grande franchise. Encore comme les Kurdes qui dédaignent le commerce et sont essentiellement guerriers, les Albanais transcaucasiques étaient « aussi peu marchands que possible », dit Strabon ; c'était un peuple de guerriers qui était en conflit constant avec les nomades de la Ciscaucasie.

Les contingents de l'exode qui se composaient des marins des côtes du Malabar et du Koromandel, obéissant à leur instinct, se rapprochèrent de l'Euxin. Ceux dont Ptolémée devait, après de longs temps, retrouver les congénères au cap Komorin, les Κόλχοί, les Cholches, s'établirent dans la vallée du Phâse et se répandirent, le long de la « mer intérieure », des deux côtés de l'embouchure de ce fleuve. Nous retrouvons en eux les *koli* « coqs » sacerdotaux. Ne venaient-ils pas de cette région malabaraise où s'élève encore cette ville de *Kalikut* ou *Kalli kotta*, la « ville des coqs » ?

Au sud, la côte qui forme aujourd'hui le Lazistan fut le domaine des superbes Nayar du Malayalam. Ces « fils du Soleil » étaient beaux comme le sont encore leurs frères restés dans l'Inde. Ils furent, au Caucase, les *Lazes*, c'est-à-dire, d'après le védique, « ceux qui possèdent les trente-deux signes de la beauté physique », comme la déesse Laxmi, de la racine *lax*. Les Lazes, en effet, dont la parenté est évidente avec les Grousiens de Géorgie, fils des anciens Ibères, sont « élégants, gracieux et beaux[2] ». Ce sont, encore maintenant, comme leurs frères des côtes malabaraises, de hardis et aventureux marins et jadis, encore comme les anciens forbans du littoral occidental de la péninsule hindoustanique, ils se livraient à la piraterie.

La partie centrale de l'isthme ponto-caspien fut envahie par les autres bandes de l'exode. Les différentes fractions qui s'établirent entre les Albani à l'est et les Colches à l'ouest avec les Mina au sud et, au nord, la grande barrière des monts du Caucase, prirent le nom d'Ibères[3], c'est-à-dire de « colporteurs[4] ». Ne furent-ils pas en effet les colporteurs d'une in-

1. Elisée Reclus, *Géog. univ.*, t. IX, p. 349.
2. Elisée Reclus, *Géog. univ.*, t. IX, p. 339.
3. Strabon, liv. XI, ch. III.
4. Voir pour la signification de cette désignation, ch. I, p. 59.

dustrie nouvelle, de dieux nouveaux, de règles sociales nouvelles, et leurs prêtres primitifs n'étaient-ils pas des nomades colportant leurs dieux et leurs prophéties comme, encore de nos jours, ces Bohémiens qui se disent originaires de la Colchide ? Ces Ibères, dont les fils Grousiens ont encore un teint rouge brique qui rappelle le teint des aborigènes du Malayalam, furent aussi, dans l'antiquité, avant que la peau de leur visage se soit progressivement éclaircie par métissage, les

Temple archaïque du mont Cynthe, à Délos (D'après M. A. Lebègue, *Recherches sur Délos*).

Ægyptides, « ceux qui ont la peau fauve comme le plumage du vautour[1] ». Ils habitaient la primitive Égypte transcaucasique d'où ils partirent, bien plus tard, pour aller implanter une civilisation toute faite sur les bords du Nil[2], après avoir porté, jusqu'aux confins méridionaux de l'Europe occidentale, avec leur nom d'Ibères, la bonne nouvelle de la civilisation néolithique.

Et dans certaines de ces régions, les Néolithiques dravidiens ou les populations qu'ils éduquèrent, édifièrent des

1. Grec γύψ, αἰγυπίός.
2. A. de Paniagua, *Géog. mythique*, p. 15 et suiv.

monuments que le temps n'a pu détruire et qui sont comme les témoins irrécusables d'une des plus puissantes civilisations : menhirs-idoles et dolmens-temples chthoniens des déités archaïques[1]. Strabon attribue l'édification de ces derniers édifices aux anciens dynastes de la contrée[2], et en cela il a raison, tout en faisant observer toutefois que ces « hommes puissants » doivent être entendus comme des chefs théocratiques des âges dolméniques. Le géographe ajoute, sans en être cependant bien certain, que ces monuments qu'il appelle *Jasonia*, du nom du grand héros flibustier qui laissa un souvenir si vivace en Transcaucasie, ont été construits sur le modèle du temple de Jason, bâti à Abdères par Parménion[3], et plus vraisemblablement encore suivant le mode cyclopéen du temple d'Apollon édifié sur le flanc du mont Cynthe, à Délos, temple de transition qui rappelle en même temps le mode de construction mégalithique, et le mode pélasgique[4].

Ce qui est important à retenir dans le récit de Strabon, c'est qu'il considère expressément ces édifices comme des *sanctuaires*[5].

III

ATLAS

La Transcaucasie étant conquise à l'influence dravidienne, les Néolithiques se répandirent vers l'ouest en suivant les rives de la mer sur l'étroite corniche qui forme le littoral abkhasique, tout en poussant des randonnées de pénétration vers le nord scythique à travers la chaîne du Caucase. A partir de cet instant, le rôle d'Atlas commence. De même qu'Hespérus, « *extremum diei* », est une expression géogra-

1. A. de Paniagua, *les Monuments mégalithiques : destination, signification*.
2. *Dynaste*, δυναστής, « homme puissant ».
3. Strabon, liv. XI, ch. XIV, par. 12.
4. A. de Paniagua, *la Divinité néolithique*.
5. Voir les *Monuments mégalithiques*, par A. de Paniagua.

phique s'appliquant aux contrées civilisées depuis les campagnes de l'Aderbeidschan jusqu'à la muraille du Caucase qui séparait la terre de l'aurore, la terre d' 'ηώς, de l'empire de la nuit, et qui semblait se dresser dans le ciel comme pour marquer une limite orographique entre les Souryavansi du sud et les Tchandravansi du nord, suivant les expressions védiques; de même le nom d'Atlas est aussi une expression géographique qui s'applique à l'action indienne s'exerçant vers l'ouest. Il est fort remarquable que ce système de représenter une partie

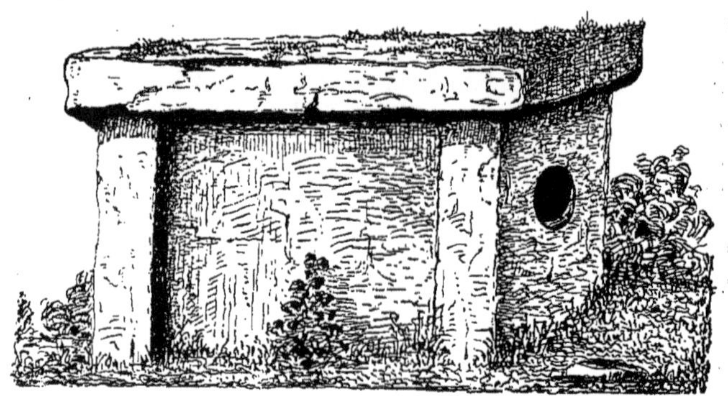

Dolmen de Saint-Nicolas, près de la rivière d'Atakhoum [1].

géographique par un héros, est le système suivi par le rédacteur de la Genèse biblique : les tableaux généalogiques que nous offre le livre hébraïque contiennent des séries de noms de patriarches qui, pour la plupart, sont des désignations géographiques.

Atlas est avant tout un « émigrant »; son nom en fait foi, contenant tout d'abord le radical dravidien *aṭ*, « marcher »; quant à la seconde syllabe *las*, elle est védique et signifie « jouer, embrasser »; elle a fait le latin *lascivus*. Les explications nécessaires pour justifier le sens de cette deuxième partie du nom d'Atlas seraient trop longues et trop compliquées; d'ailleurs leur place n'est pas ici.

Cette apparition d'un radical védique venant se greffer sur

1. D'après Dubois de Montpéreux.

une racine dravidienne, nous fournit une indication, qui tout en donnant l'impression de la marche lente de la pénétration orientale, nous indique la direction de l'est à l'ouest de son itinéraire. Le védique et le sanscrit sont deux dialectes, l'un antérieur, l'autre postérieur d'une même langue; mais, pris en bloc, ils sont la résultante de l'amalgame forcé qui se produisit entre la langue dravidienne des civilisateurs et les dialectes perdus des indigènes de la Transcaucasie et de l'Europe orientale. Il a fallu nécessairement un long temps pour que cette fusion puisse se faire progressivement, et lorsque nous trouvons des noms propres ou géographiques qui portent la marque de l'alliage dravido-védique, ou même la marque védique seule, nous devons en induire qu'ils sont par force de formation relativement plus jeune que les noms relevant uniquement du dravidien. Or c'est au Caucase et en Arménie que l'on trouve surtout des noms bâtis de cette dernière manière et, en avançant vers l'ouest, c'est alors que l'on découvre les mots hybrides. Deux conclusions : d'abord, la marche de la civilisation dravidienne vers le couchant, et ensuite le long espace de temps que cette civilisation a mis à venir se fixer assez solidement dans les régions euxiques et mœotiques centrales, pour pouvoir poser les bases initiales de la culture aryenne qui présente nécessairement sa langue comme la plus évidente de ses manifestations. Or le védique s'est formé dans les pays hyperboréens et cimmériens, et dans les régions cérauniennes proches de la mer Noire.

Homère dit : « Le farouche Atlas qui connaît les abîmes de la mer et soutient, à lui seul, les hautes colonnes qui séparent et le ciel et la terre[1]. » Paroles très véridiques!

Le domaine des fils immédiats d'Atlas était le territoire du massif de l'Elbrous et tout le littoral abkhasique. C'était la terre des Atlantes[2], le berceau des dieux, la primitive « divine Élis », le canton sacré du Soleil Hélios, où s'installèrent les pères des Pélasges Hellènes qui devaient, plus tard, coloniser l'Attique en ne manquant pas de donner aux sites de cette nouvelle patrie les noms de la métropole où les dieux naquirent. Le littoral de la mer Axène était occupé

1. Homère, *Odyssée*, ch. I, v. 52.

2. « Les Atlantes habitent le littoral de l'Océan, et un pays très fertile. » (Diod. de Sic., liv. III, par. 56.)

par une population de corsaires Achœi dont les camares sillonnaient les flots pour courir les aventures de guerre et de pillage. C'est pourquoi Atlas, patron de ces hardis marins, « connaissait les abîmes de la mer ».

Hérodote[1] et d'autres auteurs tout aussi bien informés, s'en référant sans doute aux fantaisies géographiques des Phéniciens et des Phocéens, placent Atlas en Afrique septentrionale et en font une chaîne de montagnes.

Atlas soutenant le ciel[2].

Le protagoniste de l'infiltration orientale était devenu le gardien et le défenseur des colonies dravido-européennes et l'imagination ardente des fils du Midi ne put mieux exprimer sa confiance qu'en l'identifiant avec la chaîne des monts de la Foudre qui défendait leur région contre les nomades encore sauvages des steppes hyperboréens. Atlas devint donc la chaîne caucasique, et les « deux colonnes qui séparaient le ciel et la terre » étaient simplement les deux plus hauts pics de cette chaîne : l'Elbrous et le Kazbek. Si, laissant de côté les documents grecs et romains, ainsi que les fables des poètes et des mythographes des époques relativement récentes, alors que les légendes primitives étaient devenues méconnaissables, nous interrogeons les monuments archaïques, nous revenons à la vérité. Pour n'en citer qu'un : un vase grec très ancien représente Prométhée enchaîné et déchiré par un aigle ; à côté de lui se tient Atlas supportant le ciel. Jamais on n'a placé Prométhée exilé et enchaîné pour avoir dérobé le feu du ciel ou, beaucoup plus simplement, pour avoir inventé

1. Hérodote, *Melpomène*, 184. L'historien ne manque pas de placer le peuple des Atlantes à côté de l'Atlas africain et il ajoute que ces Atlantes ne mangeaient rien qui ait eu vie. Ce détail rétablit un peu la vérité, en nous ramenant en Scythie où Strabon (liv. VIII, ch. III, par. 2) nous montre les Mysiens qui agissaient de même.

2. Passeri ; *Picturæ in Etrus.*, III, 249. — *Dict. des ant. grec. et rom.* de Ed. Saglio, tom. I, p. 478.

l'instrument à produire le feu, ailleurs qu'au Caucase. Si donc l'artiste sincère des vieux temps, qui était plus près du mythe originel, a figuré Atlas à côté du Titan prisonnier, c'est que Atlas était bien au Caucase.

L'Elbrous et le Kazbek sont des montagnes saintes. Le premier de ces monts est, pour les Tcherkesses descendants des Kerkétes eux-mêmes fils des Kurètes de l'exode, la « cime des

Atlas et Prométhée [2].

Bienheureux » où, au milieu de la blancheur des neiges éternelles, « trône le maître du monde, roi des Esprits [1] ».

Les Hellènes, colonisateurs de la Grèce pélasgique, en allant planter leurs huttes à l'ombre des hêtres de Dodone, ayant emporté les divinités et les croyances de leur patrie scythique, choisirent une montagne neigeuse de la Thessalie pour placer à son sommet l'empyrée où résidait dans la splendeur de sa majesté divine « le maître des hommes et

1. Elisée Reclus, *Géog. univ.*, t. VI, p. 118.
2. Vase archaïque. — Gerhard; *Auserles Vasenbilder*, II, 86, p. 20. — *Dict. des ant. grec et rom.* de Ed. Saglio; tom. I, p. 527.

des dieux » entouré de sa cour titanique. *Olympe* traduit la désignation de « cime des Bienheureux que les Tcherkesses donnent à l'Elbrous. Ὄλυμπος vient de ὄλμος ἵππους [1] et signifie « montagne des aswins », c'est à-dire « des dieux ». *Âçwa* en sanscrit veut dire « dieu » et « cheval ». Ainsi s'explique dans ὄλυμπος le radical ἵππος, « cheval ».

Le Kazbek est aussi vénéré que l'Elbrous. Il n'a pas de légendes mythologiques grecques, car il ne fit pas partie, étant beaucoup plus à l'est, du domaine sacré des Atlantes Hellènes, mais cependant il en a d'autres qui, sous des apparences chrétiennes, remontent, au moins aussi haut dans les

Dolmen de la Djouba [2].

temps passés, que celles qui concernent l'Elbrous. Dans ses flancs se creuse la grotte fameuse d'où les ermites pouvaient monter, en s'aidant d'une chaîne de fer, jusqu'à la cime du mont « berceau de Jésus-Christ » où se trouvait la « tente d'Abraham [3] ». Le véritable nom du Kazbek est Chair-van-Zwéri. Il est encore actuellement un lieu de pèlerinages qui remontent à la plus haute antiquité, pèlerinages qui s'achèvent en une orgie licencieuse qui semble comme une survivance des ébats lubriques des nymphes lascives [4].

Avant d'occuper le littoral abkhasique et les vallées du massif de l'Elbrous, les Néolithiques civilisateurs avaient occupé la Mingrélie, c'est-à-dire le pays compris entre le

1. Dans cette formation, la syllabe médiane υμ de 'όλυμπός procède, en même temps, de la syllabe terminale de 'όλμος et de la syllabe initiale de ἵππος.

2. D'après E. Chantre, *Les dolmens du Caucase*.

3. Elisée Reclus, *Géogr. univ.*, t. VI, p. 122.

4. F. Bayern, *Contribution à l'archéolog. du Caucase*, p. 51.

Phase et l'arête des monts cérauniens, soit le bassin de l'Ingour : c'est le territoire que Suidas désigne sous le nom de *Libya supra Colchos*[1], où régna Ammon, « roi de Libye », qui rencontra *au pied des monts Cérauniens* une fille de merveilleuse beauté qu'il rendit mère de Bacchus[2]. *Mingrélie* est un nom qui, comme celui d'Atlas, contient un radical dravidien, *mîn* « brillant », et un radical védique qui est *gṛ* « pleuvoir, répandre de l'eau ». Cette dernière racine indique que les chefs théocratiques qui s'établirent et dominèrent dans cette région furent des guerriers *Kura* ou des Kurètes qui adoraient le dieu indien *Sôran* ou *Sôro*, lequel était en même temps le dieu de la pluie bienfaisante, le dieu de l'orage et le dieu rouge[3] de la guerre. *Sôran*, dont le nom se retrouve très purement conservé dans l'appellation du Dieu *Soran-us* des Sabins du Latium, vient de la racine tamoule *sôr*, « pleuvoir[4] ». Cela peut paraître bien compliqué et pourtant cela devient clair et évident en voyant que les anciens donnaient aux Kurètes l'épithète d'*imbrigeni* et qu'Ovide dit d'eux : « *satos Curetas ab imbri*[5] ». Les magiciens-nats Baïga de l'Inde[6] aussi bien que les chamanes du Nord[7] sont les « maîtres de la pluie » qu'ils font venir ou éloignent par leurs incantations.

Les Kurètes princiers réduisirent en esclavage les autochthones et bien probablement aussi les basses classes dravidiennes qui avaient participé au grand voyage vers l'ouest et en firent les ouvriers de leur industrie, les confinant dans les cavernes des montagnes où ils taillaient et polissaient les silex et, bien plus tard, forgeaient l'airain et le fer de Vulcain, lorsque « la race du blanc acier fut née » au cycle kronien. La Mingrélie fut le pays des Cyclopes monoglénosiques[8].

1. Suidas; *de Macrocephalo*.
2. Diod. de Sic., liv. III, par. 68. D'après Thymœtès.
3. Il pourrait bien se faire que ce soit en son honneur que les montagnes qui dominent, au nord, les plaines de la Mingrélie, aient reçu le nom de « Montagnes rouges ».
4. Quant à la dernière syllabe de *Mingrelie*, se reporter à ce qui est dit plus loin au sujet de la dernière syllabe du nom *Italie*.
5. Ovide, *Métamorph.*
6. Elisée Reclus, *Géog. univ.*, t. VIII, p. 448.
7. *Ib.*, t. VI, p. 684.
8. Diodore de Sicile (liv. III, par. 12) explique l'œil unique des Cyclopes. « Les mineurs égyptiens, dit-il, pour travailler dans les galeries souterraines, portaient un flambeau attaché au milieu du front. »

Ces esclaves réduits au dernier degré de la servitude, dans leur épouvantable condition, s'exaltaient et, chez beaucoup, l'âme ne trouvait un moyen de s'affranchir que dans une exacerbation mentale aboutissant, par un mysticisme fait de révolte comprimée, à la folie enthousiaste du prophétisme. Ce fut l'exemple que donnèrent leurs frères en servitude courbés sous la domination des maîtres Albani Kaspiens. Lorsque le grand prêtre qui, après le souverain, était le personnage le plus important de la nation, s'apercevait qu'un des hiérodules attachés à la glèbe errait solitaire et comme possédé par un démon sacré, il le faisait arrêter et charger de chaînes. Pendant un an l'esclave hostie, dont le sort rappelle celui des Mériahs sacrifiés par les Khond de l'Inde [1], attendait la mort. Alors *oint* de parfums, il était conduit à l'autel de la déesse Lune et là un sacrificateur lui perçait le flanc avec une lance [2]. Cette façon de tuer la victime fait invinciblement penser à la lance qui, sur le Golgotha, perça le flanc de Jésus. Eh bien, les Mingréliens étaient les habitants de la *Libya supra Colchos*, donc des *Libyens*, donc des « oints », comme les hiérodules de l'Albanie, de la racine védique *lip lib* « oindre ». C'est de la masse de ces peuples asservis que se dégagèrent, à un moment donné, les tribus israélites révoltées qui devinrent les Hébreux, *οἱ περάται*, « ceux qui vont au delà » lorsqu'elles furent libérées après avoir, sous la conduite de Tharé, mis l'Araxès entre elles et les maîtres qui les avaient pendant si longtemps tenues en servitude, dans leur « Jardin » qui était une dépendance de l'*Éden*, « la terre du feu » : *edà*, « feu » en sanscrit. D'autres peuples sortis du même pays d'esclavage, pour les mêmes raisons d'exaspération mentale, à l'imitation des hiérodules Albani et des Israélites, présentèrent des traits tout à fait semblables d'exaltation et d'enthousiasme religieux et prophétique.

Le prudent Ulysse visita le pays des Cyclopes. Nous allons le visiter avec lui, et mettre en regard de l'aspect du pays et des mœurs de ses habitants qu'il retrace dans son récit à Alcinoüs, l'aspect des régions mingréliennes et les mœurs modernes des hommes qui y vivent. Nous suivons la narra-

1. Major John Campbell, *les Mériahs* (*Tour du Monde*, t. X, p. 340, 350).
2. Strabon, liv. XI, ch. IV, par. 7.

tion homérique [1]. Les Cyclopes sont fiers et indépendants, ils ne cultivent ni ne labourent, tout vient chez eux sans être semé, ils ont du blé, de l'orge et du vin en abondance. Ils n'ont pas de lois, ils habitent le sommet des montagnes, et gouvernent leur famille sans se préoccuper les uns des autres. C'est là un tableau très exact de la vie des Svanes « princiers [2] » qui habitent dans les hautes vallées de l'Ingour. Ils n'ont ni seigneurs, ni maitres, les prêtres même n'ont aucun pouvoir sur eux ; dans les conseils, tous ces montagnards ont voix égale. Ils sont peu agriculteurs, et quant au commerce, ils l'abandonnent aux Juifs. Ils habitent des maisons fortes perchées sur des cimes rocheuses et capables de soutenir un siège. Le chef de la famille est tellement puissant qu'avant la conquête russe, il pouvait faire périr les filles nouvellement nées pour éviter un trop grand nombre de bouches à nourrir et que, couramment, il vendait ses enfants.

Ces mœurs certainement n'étaient pas celles des Cyclopes esclaves pas plus qu'elles ne sont aujourd'hui celles des misérables habitants des plaines. Mais dans le récit d'Homère nous découvrons facilement les mœurs telles que devaient être celles des farouches Kurètes « blancs », ou purs, donc Cyclopes « princes » dominateurs des Cyclopes hiérodules, pénétrés de l'esprit guerrier des Bhil et des Khond, leurs frères Indiens encore cruels et pillards, qui pratiquent la vendetta férocement de même que les Svanes et comme eux juchent leurs pals aux cimes des monts.

La description que fait Ulysse du pays plantureux qu'il découvrit en débarquant chez les Cyclopes, si elle ne répond pas à la partie montagneuse, répond parfaitement à la partie basse de la contrée. Là, la terre est d'une grande fertilité et produirait avec prodigalité justement, ainsi que le dit Ulysse, du blé, de l'orge et du maïs, si l'indolence des Imères et des Mingréliens des basses terres, résultat d'un abrutissant état de servitude millénaire, ne la laissait pas à peu près en friche.

1. Homère, *Odyssée*, liv. IX.
2. Elisée Reclus, *Géog. univ.*, t. VI, p. 175 et suiv.
Svanes est un nom purement védique, et veut dire les « retentissants » de *svan* « retentir ». Donc les *Svanes* étaient des Kurètes : « Princes illustres, qui retentissez au bruit des armes d'Arès, chante Orphée. Kurètes retentissants » (Orphée, *les Parfums*, hym. XXX et XXXVII).

Homère dit aussi que les Cyclopes élevaient beaucoup de chèvres; le géant Polyphème habitait une grotte, comme les Cyclopes cérauniens forgerons, qui était remplie de claies chargées de fromages et de vases débordant de lait. Aujourd'hui les chèvres abondent en Mingrélie et leur lait, formant avec du maïs ou du millet une misérable bouillie, est à peu près le seul aliment des pauvres habitants de la plaine. Ce sont ces derniers qui descendent des hiérodules cyclopéens, travailleurs des cavernes et des mines courbés sous la main de fer des Kurètes montagnards. Ils portent encore tous les stigmates de la servitude ancestrale. Le servage, dans les temps historiques, fut la règle en basse Mingrélie et il atteignit les extrêmes limites de l'oppression. Le maître princier pouvait enlever les femmes, vendre les enfants des malheureux ilotes qui croupissaient lamentablement en une inexprimable malpropreté, couverts de haillons, gîtant dans des huttes sordides faites de bois ou de branchages. Leurs pères ne furent-ils pas ces Phthirophages, « mangeurs de poux », d'une saleté repoussante, voisins des *Soanes*, dont parle Strabon [1] ?

Les Dravidiens, peu à peu, bien que les relations avec l'Inde se soient conservées pendant toute l'antiquité grâce aux caravanes commerciales des Aorses caucasiens, des Povindah afghans et des Banjaris indiens, avaient perdu le contact direct avec la mère patrie, le courant d'infiltration ayant insensiblement diminué pour finir par se tarir. La langue des civilisateurs, en se fusionnant avec les idiomes occidentaux, perdait son originalité. Les dieux initiaux se métamorphosaient lentement, de nouveaux naissaient, bref les Indiens négroïdes, perdant petit à petit leur teint foncé, après avoir été les « fauves comme le plumage du vautour », devenaient de plus en plus clairs de peau sous l'action des métissages, car « ayant vu que les filles des hommes étaient belles, ils les prirent pour femmes ».

Les temps marchaient, la civilisation toujours inébranlablement fondée sur les mêmes bases sociales et religieuses, et malgré quelques innovations, toujours semblable à elle-même, continuait son œuvre.

1. Strabon, liv. XI, ch. II, par. 19.

Après avoir posé les dalles fondamentales du foyer religieux rayonnant, toujours plus actif et plus fécond, qui fut le premier domaine du Soleil, au pied de la montagne sainte de l'Elbrous, foyer constituant, tout ensemble, un repaire sacerdotal sévèrement gardé, un *manteum* où retentissaient les voix « sonores » des prêtresses, et un « jardin de plaisir » où régnèrent l'antique Pan, Vénus issue de la grande Mên primordiale et le jeune Bacchus, les Néolithiques initia-

Dolmen de Gaspra, sur la côte de Krimée (D'après Dubois de Montpereux).

teurs poussèrent encore plus vers l'ouest. Ils avaient ouvert les portes fleuries du jardin de la vie, ils voulurent créer l'empire de la mort. Cet empire « obscur de la nuit infernale » s'étendit dans la presqu'île déchiquetée par les flots et volcanique de Taman (sanscrit *tama*, nuit), et dans les marais azowiens et de la basse Kouban[1].

Là encore on retrouve les Kurètes Cerbériens[2], « chiens » vigilants qui défendaient l'accès des enfers redoutables, « abhorrés des mortels et des dieux eux-mêmes, » où des prêtres croque-mort accomplissaient les rites funéraires.

1. Voir *Géog. mythique* de l'auteur, p. 109, et *les Mon. mégal.*, p. 43.
2. « *Cimmerios Cerberios Crates appellabat* » (Pline, ch. v).

Enfin, sans doute, les superbes pontifes « tortues » Mina, que l'antiquité nommera les « rois miniens », les grands entre les grands, les serviteurs sacrés du dieu princeps Pan, « flamme immortelle », précurseur de Zeus [1], parèdre de la grande divinité tellurique, la « brillante » Mên, fatigués des excès des sorciers, voulurent se séparer nettement de magiciens compromettants que leurs excès avaient fait comparer à des « loups », et ils franchirent le Bosphore cimmérien. Pour la première fois l'Asie débordait en Europe [2]. La presqu'île de Kertsch devint le lieu saint où régnèrent les grands pontifes du Soleil Pan; elle fut Panchéa, selon la vision géniale d'Evhémère, la « retraite cachée » du dieu du Feu, Παν et χεια qui résidait dans l'antre de *Panticapée : Pan, tî*, « feu »; *kappû*, « grotte », en dravidien. Elle devint ainsi la noble et sainte patrie des « Solaires blancs », les Λευκοσυροι, frères des hommes de même nom, que Gésénius signale en Cappadoce et dans le Pont. Obéissant à leur génie de fondateurs de cités, ils élevèrent dans cette nouvelle terre conquise à leur influence la première ville dolménique européenne qui fut cette Panticapée dont la déesse polliade était l'Athéna pélasgique [3]. L'œuvre de l'initiation civilisatrice de l'Inde se poursuivait et, comme pour bien marquer le chemin suivi par les dolméniques, les monuments mégalithiques se dressent sur les emplacements des gîtes d'étapes. Ils abondent dans la presqu'île de Taman et dans celle de Kertsch.

IV

L'HYPERBORÉE

Jusqu'ici nous avons surtout envisagé les travaux accomplis par les grands prêtres Mina, dynastes théocratiques, ces rois « sur la langue desquels les Muses, filles de Zeus, mettaient

1. « Vrai Zeus cornu », dit Orphée (*les Parfums*, hym. X).
2. Pour les anciens, le Bosphore cimmérien et le Tanaïs séparaient l'Europe et l'Asie.
3. Voir la *Géographie mythique* de l'auteur, p. 126.

une douce harmonie, et dont la bouche laissait couler des paroles suaves[1] ». Ils rendaient les grands oracles de la divinité souveraine. Leurs descendants, héros *Miniens*, seront les Argonautes compagnons de Jason et aussi quelque peu flibustiers. Ils coloniseront la divine Théra[2]. *Ménès*, le premier roi, après le cycle des dieux, devait initier les Égyptiens au culte de la divinité et leur donner les éléments de la civilisation; *Minos* sera le législateur de la Krète.

Minerve et Bacchus combattant contre les Géants [3].

Nous avons indiqué le rôle guerrier et autoritaire des « Chiens » Kurètes chargés de maintenir les peuples asservis et de veiller à la défense des régions conquises ainsi qu'à la garde des sanctuaires chthoniens et des demeures sacerdotales. Toutefois ces deux groupes principaux : les grands pontifes suzerains et les soldats sous leurs ordres, n'étaient pas seuls à accomplir la grande œuvre de civilisation. Ils étaient secondés par des légions de sorciers nâts subal-

1. Hésiode, *Théogonie.*
2. Strabon. liv. VIII, ch. III, par. 18. D'après Callimaque.
3. Gerhard; *Auserles. Vasenbilder*, tom. I, pl. LXIII. — D'après le *Dict. des ant. grec. et rom.* de Saglio.
Il est remarquable que toutes les figurations archaïques représentent les Géants avec une stature ordinaire, pas plus élevée que celle des autres personnages figurés.

ternes que le mythe nous permet d'entrevoir comme se subdivisant en deux catégories. D'abord, les plus nombreux, les « Coqs » Koribantes « fils de la terre[1] », les « Géants[2] » : prêtres populaires, vagabonds, et pour employer l'expression romaine, *Cybelæ balladores*, qui étaient chargés de toutes les besognes secondaires du sacerdoce. Plus que les grands pontifes des hautes classes pontificales qui, ainsi que les grands lamas du Thibet, étaient, de par leur grandeur, inabordables pour la foule, les *Kori*, « Coqs », étaient en contact avec la masse du peuple qu'ils terrorisaient par leurs miracles faciles, amusaient par leurs jongleries, leurs danses et leurs chants, et dont ils flattaient les goûts et satisfaisaient les besoins en échangeant avec elle les produits d'une industrie nouvelle qu'ils avaient confisquée à leur profit.

A côté des Koribantes, les Telchines. Si les premiers s'abandonnèrent à une licence effrénée que la mythologie et l'histoire nous donnent clairement à comprendre, les seconds restèrent purs de toute contamination et se révèlent comme de grands initiateurs. Relégués tout d'abord au second plan, à l'encontre des Koribantes, ils surent se garder de toute déchéance et poursuivirent avec énergie et persévérance leur œuvre de progrès. Ils furent les directeurs intelligents de la classe laborieuse des Titans que l'on ne peut mieux comparer qu'à celle des vaïchyas dans la classification de la société brahmanique. Il est fort probable que les premiers de ces Telchines qui ont laissé dans le mythe une trace si profonde de leur génie inventeur et vulgarisateur, étaient de la race des Baïga qui fournit encore aux Gond de l'Inde leurs magiciens craints et respectés. Ces Baïga sont, en effet, avec les Kader,

1. Strabon, liv. X, ch. III, par. 19.

2. Nous croyons devoir reproduire ici une note d'un de nos précédents ouvrages, *la Géographie mythique*, p. 60. « *Géant* n'a pas eu primitivement le sens de *grand;* ce n'est que plus tard que le mot prit cette signification, par suite des idées de puissance et de grandeur qu'éveillait le sacerdoce. L'acception originelle est celle de « fils de la Terre », c'est-à-dire de la divinité primordiale tellurique que servaient les magiciens primitifs. L'étymologie vient confirmer cette manière d'entendre la signification de *géant* au sens initial. Ce mot vient du sanscrit *gô*, *jan*, « terre et enfant ». En grec γῆ, γεν, d'où γηγενής, en latin *gi-gans*. Il est curieux de retrouver, dans le nord de la France, le nom antique védique se perpétuant inconsciemment dans la mémoire populaire pour désigner un colosse, le légendaire *Ga-yant*, mot plus pur que *géant* dans sa forme.

« seigneurs des monts », les plus petits de tous les autochthones de l'Inde et précisément l'essence du nom des Telchines démontre que ces primitifs nâts, passés à l'état de génies civilisateurs, étaient des « nains », proprement, les « brillants petits[1] », dont toutes les traditions populaires ont gardé le souvenir impérissable : Gnomes, Lutins, Kairions, etc. des légendes vivaces.

Sans que les grands prêtres Mina, à un moment, se soient

Dolmen de Tzarkaya (Ciscaucasie)[2].

complètement désintéressés du travail de civilisation après l'effort des premiers établissements, leur action sur les populations de l'Hyperborée, bien qu'apparente en divers points, semble bien avoir été moins active et, moins précise, qu'aux premiers temps de la pénétration, partant moins efficace. Au contraire, tout indique que les Koribantes et les Telchines furent les principaux agents propagateurs de la civilisation de l'Orient dans les régions hyperboréennes. D'ailleurs la tâche des nâts indiens dut être singulièrement facilitée par le concours des chamanes touraniens ouralo-altaïques qui pullulaient dans les pays du nord[3]. Les pratiques

1. Des radicaux dravidiens *tel* « brillant » et *chinna* « petit ».
2. D'après E. Chantre, *Les dolmens du Caucase*.
3. Hérodote, *Melpomène*, 6.

thaumaturgiques des uns et des autres devaient être à peu près semblables, mais cependant les méridionaux, en apportant des secrets nouveaux de sortilèges inédits, se firent bien accueillir de leurs confrères du nord dont ils augmentaient, par cet apport, les moyens d'action, de terreur et de domination sur les foules ignorantes. Les Ériligarous et les Baïga, qui savaient se changer en bêtes, apprirent aux Neures scythiques à se métamorphoser en loups [1]. Les dieux de l'Inde et ceux de l'Hyperborée, issus des mêmes sentiments de crainte et des mêmes raisonnements de causalité, sans être pareils en tout, avaient des liens de parenté divine. Aussi les chamanes ouvrirent à deux battants, aux dieux des nâts, les portes de leur panthéon.

Le champ de propagande était immense, il s'étendait depuis les derniers contreforts occidentaux de l'Altaï jusqu'à la vallée de l'Ister et même jusqu'à l'Adriatique. C'était la Scythie, immense empire des nomades galactophages, *Scytharum gens antiquissima*, qui par trois fois tentèrent d'envahir l'Asie, *imperium Asiæ ter quæsivere* et auxquels pendant quinze cents ans, les peuples de l'Asie antérieure payèrent un tribut que supprima Ninus : *his Asia per mille quingentos annos vectigalis fuit; pendenti tributi finem Ninus rex Assyrorum imposuit* [2]. Primitivement, alors que les pays portaient les noms des dieux, cette immense région était le royaume d'Ouranos, qui, suivant l'affirmation hyperbolique de Diodore de Sicile, s'étendait sur toute la terre [3]. La Scythie entière était bien vraiment la terre d'*Ouranos* ou, pour être réellement dans la vérité, la terre de *Touran*. Replaçons devant Ουρανος un T initial disparu et laissons de côté la terminaison grecque négligeable, nous trouvons Τουραν. C'est bien le nom indiqué pour ce dieu du Nord, dédaigné des Grecs, mais vénéré par les Pélasges Roms, « chevelus », qui, venus des steppes scythiques, plantèrent orgueilleusement, pour suivre les traditions des premiers ancêtres dravidiens, leur *pal* sur ce mont *Pal-atin* qui fut le foyer originel de la grandeur romaine. *Touran* est le même dieu que le Thor des Scan-

1. Hérodote, *Melpomène*, 105.
2. Justin, *Trogi-Pompei historiarum epitoma*, liv. II, 1-4.
3. Diod. de Sic., liv. III, par. 56.

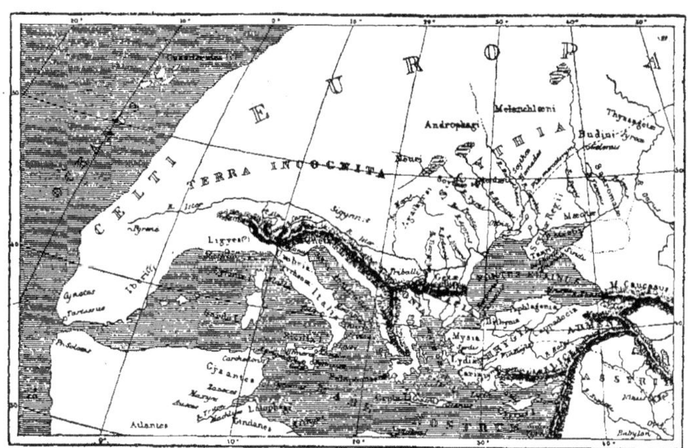

Les régions hyperboréennes.

dinaves dont la demeure était le ciel, maître de l'air, des orages et des tonnerres. Ouranos, le ciel personnifié, que les Latins nommaient *Cœlus* et auquel ils donnaient pour parents l'Ether et le Jour, était aussi le Tourm ou Touroum des Ostiaks, « grand dieu trônant dans le septième ciel, revêtu de la lumière de l'aurore et parlant avec la voix du tonnerre et de la tempête[1] ». Faut-il ajouter le Tora des Tchouvaches et enfin le Tarann gaulois porteur d'un marteau avec lequel, en frappant, il produisait les grondements du tonnerre, et dont

Dolmen de Dakhovst (Ciscaucasie)[2].

les Romains firent un Dispater en l'adaptant aux conceptions religieuses latines contaminées dans la suite des temps?

Οὐρανός-*Touran*[3] porte en son nom la signification de ses fonctions divines, il est le « feu tonnitruant » : *Tou* ou *tu* est le toulou, *tû* « feu », en finnois *tùli*, et *ran* est la racine orientale onomatopéique ayant le sens de faire du bruit[4].

1. Élisée Reclus, *Géog. univ.*, t. VI, p. 683.
2. D'après E. Chantre, *Les dolmens du Caucase*.
3. Le nom latin du renne *tarandus*, grec τάρανδος, signifie « animal de Tarann » ou de Touran. D'après ce qui est dit ici, *tarann* est connu ; quant à *dus*, il est le suffixe védique *da* latinisé et spécifie l'origine (Burnouf, *Dict. sansc.-franç.*, p. 764). Le mot français *renne* est une abréviation.
4. Selon Hallenberg, l'origine de ce radical est orientale. « In linguis orientalibus, nomen soni atque clamoris expressum fuit litteris *rn*, *rnh*, *rnm*, quod idem etiam factum est nomen visus, tum oculorum, tum mentis ; samaritice : *rn*, *rnn*, « murmuratio » ; hebraice : *ranan*, *ranah*, « clamare, sonare ». *rinnah*, « clamor, cantus, precatio » ; chaldaïce : *rnàn*, « clamare », *rinnanah*, *rinnum*, « murmuratio, cantus », syriace : *rno*, « meditatus est », *reno*, « meditatio » ; arabice : *ranna*, « clamare », *ran-*

A un moment donné, les divers et multiples éléments ethniques de la Scythie qui vaguaient partout dans le steppe suivant des habitudes hamaxœques et nomades, se particularisèrent et occupèrent des territoires à peu près délimités. Les Scythes ne pouvaient pas former une nation homogène, les hordes qui parcouraient les steppes avec leurs troupeaux de rennes et de chevaux étaient de races différentes, ainsi que le fait très justement remarquer Bogdanov[1]. Des Altaïques divers, des Thraces, des Gètes, des Ouraliens, des Belcæ[2], des Mongoliques même vivaient dans les plaines du nord. Mais des dolichocéphales étaient proches de brachycéphales et il en résultait des unions et des métissages qui modifiaient la forme des crânes et aussi la mentalité, et insensiblement cette fusion continuelle tendait à la formation d'un conglomérat humain de plus en plus homogène. Lorsque le travail sédimentaire fut terminé, le bloc aryen fut constitué. Ce fut la gloire de la civilisation néolithique des Dravidiens d'unifier l'intellect de ces peuples en leur faisant accepter, comme un bienfait, une culture nouvelle qui, peu à peu et après un long temps, devait produire un tout social assez fondu et assez fortement organisé pour pouvoir envoyer un peu partout dans le monde antique les bandes pélasgiques. Il faut dire simplement un tout social, parce que, au point de vue ethnique, l'unité aryenne n'a jamais existé. Pas plus qu'il y a eu *une* race scythique, pas plus *une* race aryaque. Il y eut uniquement la culture néolithique scytho-dravidienne qui se transforma progressivement en culture aryenne.

Le mouvement séparatiste ou distributif qui cantonna les éléments ethniques des grands steppes dans des régions approximativement délimitées, paraît avoir refoulé à l'est, vers l'Altaï, les tribus finnoises qui, plus tard, allèrent s'établir dans

nim, « sonus », *ranna*, *ranaa*, « vocem edere ». — Nous ajoutons pour le français *raine*, « grenouille coassante », wallon *rainn*, provençal *rana*, et aussi *raire*, qui se rapproche du sanscrit *ræ*. qui se dit du cri du cerf en vénerie.

1. A. Bogdanov, *Quelle est la race la plus ancienne de la Russie centrale ?* — Le même auteur démontre que dans la Khersonèse, ont existé primitivement deux groupes bien distincts : l'un dolichocéphale extrême, l'autre brachycéphale extrême (*les crânes de la Krimée, de la Chersonèse*, etc. — *Exp. anth. de Moscou*, t. IV, p. 123).

2. Pomponius Méla, liv. III, par. 5 : *Inde Asiæ confinia Scythici populi incolunt, fere omnes etiam in unum, Belcæ appellati.*

l'extrême nord, en Finlande[1]. Le Kalévala[2] chante qu'Osmotar[3] ayant brassé la bière, employait beaucoup d'ingrédients, tous très baroques, afin de la faire mousser, mais sans pouvoir y parvenir. Elle jette dans la cuve des pommes de pin et des pointes de branches de sapin qu'un écureuil blanc né magiquement est allé cueillir; la bière ne mousse pas. Une martre à la poitrine d'or bondit et rapporte de la bave

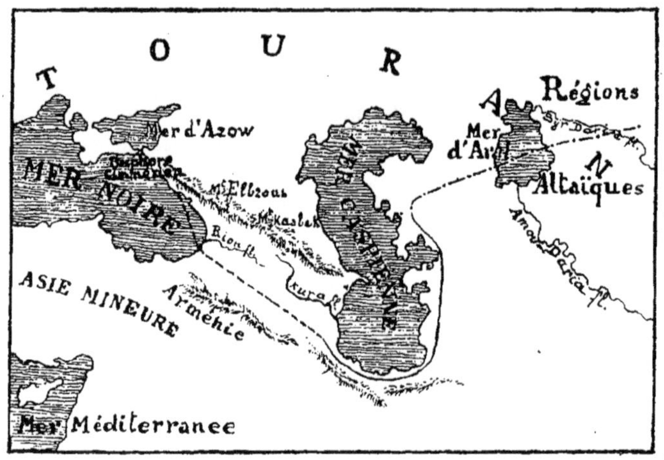

Itinéraire de l'abeille du Kalévala.

. — . — . — . — l'abeille traverse une mer,
———————— en longe une autre,
— — — — — — en coupe de biais une troisième.
(*Kalévala*. Runo, XX).

d'ours : peine encore perdue, la bière ne mousse toujours pas. Enfin, d'une cosse de pois, naît une abeille qui va chercher la précieuse plante d'or qui doit faire mousser la bière. L'abeille prit son essor, et vola comme l'éclair sur la longue route : *traversant une mer, en longeant une autre, en coupant de biais une troisième, elle parvint à l'île située dans*

1. Ces émigrants emportèrent dans leur nouvelle patrie les règles qui régissaient la société dravidienne. Les *Fin* sont les « blancs », *fin* étant une forme finnoise de *vîn ;* les *Karéliens* sont les « noirs », du dravidien *karû*, *kar* « noir ».

2. *Kalévala runo* XX. Trad. Léouzon-le-Duc.

3. La belle Osmotar était une fille de Kalévala. Dans ce mot, nous retrouvons le radical dravidien *kalam*, « noir », sanscrit *kalâ*, grec κελαινος.

le détroit. On peut chercher dans tout le monde connu des anciens, on ne trouvera qu'un seul itinéraire répondant au tracé finnois du voyage de l'abeille d'Osmotar. Le point de départ est la contrée limitée à l'est par l'Altaï, au nord par la Sibérie, à l'ouest par l'Aral et au sud par l'Oxus [1]. Suivons l'abeille : elle traverse une première mer qui est la mer d'Aral, elle longe, en la contournant, une deuxième mer qui est la mer Caspienne, et enfin, après avoir franchi l'isthme ponto-caspien, elle atteint le Pont-Euxin qu'elle *traverse en biais* pour atteindre le but de son voyage, l'île[2] située à côté du détroit, c'est-à-dire la côte abkhasique, à côté du Bosphore Cimmérien, île qui était le *Jardin* antique où trônait Bacchus, dieu inventeur de la bière et propagateur du vin.

Du même coup le chant des runoiat nous indique la patrie première des Finnois et le pays où fut inventée la bière si chère aux Celtiques du nord.

La terminaison *vala* est le suffixe des langues de l'Inde *wala* ayant le sens de : « les gens de... ». *Kalévala* signifie donc « le pays des gens de la caste noire ». Cette interprétation est confirmée par le nom de la *Karélie*, de *karâ*, « noir », pays des runoiat finlandais.

1. Voir Louis Rousselet, *Tableau des races de l'Inde septentrionale*.

2. Les primitifs n'étaient nullement fixés sur la valeur des termes géographiques ; les continents ou des presqu'îles étaient souvent pris pour des îles.

CHAPITRE III

LES COLONIES

I

LES CELTES

La durée de l'infiltration et de l'établissement des Dravidiens dans la Transcaucasie et dans les contrées littorales du Pont-Euxin, au nord, avait été longue. Si les indigènes de ces pays avaient accepté avec facilité une industrie nouvelle de la pierre polie, bien supérieure à celle qu'ils possédaient, et même si, subjugués par les merveilleux moyens d'une active propagande religieuse thaumaturgique, ils avaient adopté les dieux Indiens et les avaient même confondus avec leurs divinités propres, il n'en est pas moins vrai qu'ils devaient offrir une certaine résistance à plier leur mentalité à l'enseignement intellectuel des fils du Soleil. Cette résistance n'était pas une répulsion; elle était la conséquence d'un phénomène psychologique très naturel. L'homme ne se dépouille pas, du jour au lendemain, de ses vieilles idées et de ses souvenirs vivaces et cimentés dans les profondeurs de l'âme, comme d'un manteau qui a cessé de lui plaire. Bien au contraire, il lui faut faire subir une éducation laborieuse pour l'amener à échanger des habitudes désuètes contre des améliorations évidentes. C'est un conservateur par tempérament, aussi bien attaché au bien qu'au mal si l'un ou l'autre font partie du bagage ancestral. L'œuvre des Dravidiens fut donc rude et longue, surtout parce que son but et son moyen étaient de modifier la façon de penser et d'agir de peuples simples et sans malice qui n'opposaient pas une résistance calculée à la culture des initiateurs, mais simplement une force d'inertie dont ils puisaient la raison inconsciente dans les manières d'être des pères de leurs races.

Dolmen des Pierres-Plates à l'extrémité de la presqu'île de Locmariaker (D'après le Dr de Closmadeuc).

Et cependant, grâce à l'esprit de persévérance des civilisateurs, grâce aussi à la réclame constante, énergique et vagabonde des prêtres, grâce enfin aux épouvantements et aux prestigieux miracles que ces magiciens primitifs savaient produire avec à-propos, tout s'unifia et les germes du génie aryen purent naître dans l'âme des peuples néolithiques de l'Europe orientale, de l'Altaï et du Caucase.

L'esprit aryaque, qui devait de plus en plus se développer et que les Pélasges, lorsqu'il fut en pleine floraison, eurent l'honneur de répandre sur la terre antique, en était à ses premiers vagissements lorsque les Celtiques entreprirent de conquérir le monde de l'Occident. Ces aventureux furent de grands précurseurs, ils écartèrent les pierres de la route que devaient parcourir, plus tard, les Kymris Gaulois vers le couchant. Ces Néolithiques furent des guerriers armés de la hache polie et des civilisateurs qui portaient dans le pan de leurs robes faites de peaux de bêtes, les rudiments d'une civilisation dont nous, Français de l'occident européen, sommes, pour la part qui nous concerne, les tributaires sans mémoire. Nous devrions avoir une reconnaissance infinie pour ces Celtes qui trouvèrent si belles les forêts et les landes du pays que nous habitons qu'ils s'y accumulèrent et dressèrent sur le sol qui est notre patrie les sanctuaires et les simulacres de leurs dieux, plus nombreux que partout ailleurs.

Sous la conduite des « coqs » Kori pyrophores et des « chiens » guerriers Kura, les « Célestes » formèrent un essaim puissant qui, se détachant de la ruche ouralo-altaïque, prit son vol dans la direction de l'ouest.

Prenant le départ dans les plaines qui s'étendent entre l'Altaï et la Volga, les Celtes se mirent en marche. Ayant traversé les steppes de la Ciscaucasie, ils franchirent le Tanaïs et le Borysthène après avoir puisé dans la Celtique hyperboréenne, entre ces deux fleuves, la plus forte partie de leurs contingents. Puis, poursuivant leur itinéraire à travers la Khersonèse, ils prirent la direction du sud pour arriver à l'embouchure de l'Ister, et suivre, en la remontant, la vallée de ce fleuve qui est la route historique des grandes invasions[1].

Au cours de ce voyage déjà long et qui devait l'être plus encore, les émigrants avaient grossi leur horde formidable de

1. A. Hovelacque, soupçonnant un rattachement des Celtes à un peuple asiatique, suppose que la race celtique, ayant contourné le nord de la mer Noire, vint envahir la Gaule, mais il ajoute que les preuves de cet itinéraire font défaut (A. Hovelacque, *Précis d'anthrop.* p. 588).

nouveaux et nombreux groupes qui venaient s'agglomérer. Le mouvement d'émigration, comme, plus tard, le fit la croisade de Pierre l'Ermite en allant en sens contraire, entraînait avec lui tous les amoureux d'aventures, tous les assoiffés de pillages, tous les chercheurs d'inconnu. Son action, parmi les populations que la colonne cheminante trouvait sur son passage, peut être comparée à l'attraction qu'exerce un aimant puissant sur les parcelles de fer qui tombent dans la zone soumise à son attraction. Ces peuples trouvèrent tout à coup l'énergie nécessaire pour secouer la torpeur native et s'élancer vers la cohésion qui fait les humanités conquérantes. Vêtus de peaux de chèvres [1], la tête couverte d'une dépouille de loup, d'ours ou de cheval, aux oreilles dressées comme en portent les Ostiaks et les Vogoules altaïques [2] et comme en portaient les Thraces [3] et les Éthiopiens d'Asie de l'armée de Xerxès [4], ils marchaient pleins d'espoir à l'assaut du monde occidental. La hache polie pendait à leur ceinture, sur leur épaule le faisceau de flèches avec l'arc, et en main la lance à pointe de silex, l'arme noble par excellence des preux, qui donna son nom aux

Hadès et Perséphone [5] (en Etrurie : Eita et Phersipnai). Hadès est coiffé d'une dépouille d'ours ou de loup, à la manière cimmérienne.

1. Hérodote, *Polymnie*, 67 : « Les Caspiens marchaient vêtus de peaux de chèvres ».
2. Élisée Reclus, *Géog. univ.*, t. VI, p. 675.
3. Hérodote, *Polymnie*, 75.
4. Hérodote, *Polymnie*, 70.
5. Peinture murale des tombes Golini à Orvieto. Conestabile et Golini, *Pitture murali scoperte presso Orvieto*, pl. XI. D'après le *Dict. des ant. grec. et rom.* d'Ed. Saglio, t. IV, p. 702.

rudes et farouches Doryens[1] helléniques et fut, plus tard, avec une pointe de fer ou de bronze, l'arme préférée des cavaliers défenseurs des libertés gauloises qui suivirent jusque

Bonnet des Ostiaks.

Figure au revers d'une drachme des Parthes[2].

Bonnet des Amazones.

Bonnet des femmes de Basse-Normandie[3].

dans la mort la fortune adverse de Vercingétorix, le grand Celte arverne.

1. Les Doryens étaient les « lanciers », de la racine védique *dṛ*, *dâr*, « fendre », *dâru*, « qui fend », et « bois refendu » qui a fait δόρυ, « bois de lance ». Un autre sens de δόρυ est « force des armes ». A ce propos il convient de rappeler l'inscription d'Élis : « Ætolus conquit la terre des Kurétes par l'effort redoublé de sa lance». (Strabon, liv. X, ch. III, par. 3). L'éléen Ætolus était de race doryenne.

2. D'après J. de Morgan; *Observ. sur le monnayage des premiers Arsacides de Perse.*

3. Ce bonnet est surtout porté par les femmes normandes du pays du Bocage où la race à tête ronde s'est le mieux conservée et où sont nombreux les monuments mégalithiques.

Ils allaient ainsi vers les pays ignorés où leur dieu Soleil-feu, sa course diurne étant achevée, disparaissait dans un éblouissement d'or. Ils rêvaient, dans leur adoration naïve, de forcer les portes étincelantes du palais vespéral de l'astre du jour. Dans une héroïque aventure, ils cherchaient à pénétrer le secret ultime de leur Grande Mère tellurique, et la divine Mên, amante des forts, protégea l'entreprise hardie de ses fils valeureux. Et pourtant nous ignorons presque l'action bienfaisante et puissante de ces premiers fondateurs de notre nationalité. Dans notre ingratitude, nous ne faisons pas état du travail gigantesque de ces pionniers qui, à une société sauvage heureuse d'être vaincue, indiquèrent la voie d'un progrès barbare qui devait, après des périodes millénaires, s'épanouir en une apothéose grandiose. Les Celtes posèrent les premières assises de l'édifice de lumière et de splendeur où réside immuable l'âme profonde de la France.

Donc 12.000 ou 14.000 ans avant notre ère, les « Célestes adorateurs du feu », partant des régions scythiques, se mirent en marche vers l'ouest. Quels étaient-ils, au point de vue ethnologique, quelle était leur industrie, quels étaient leurs dieux, quelle était leur langue, quelle était la signification de leur nom?

Les Celtes occidentaux ont la tête globuleuse, ils sont brachycéphales. Bien entendu, ici, nous les prenons dans leur pureté morphologique et ne voulons pas tenir compte de la multiplicité des métissages. Toutes les populations ouraliennes altaïques et finnoises, pour employer les expressions de l'ethnographie moderne, Tatars de la Volga, Kirghis des plaines de l'Aral, Ostiaks repoussés au nord dans la froidure sibérienne, Magyars qui ont complètement abandonné leur berceau pour venir s'installer dans la vallée du Danube, Mordwa, la plus ancienne population finnoise de la Russie du sud, « fils des Abeilles », Tchouvaches parents des Tatars, enfin les Belcæ ouraliens de Pomponius Mela et d'autres inconnus, dans les temps hors histoire, formaient un bloc celtique unique. Certains de ces peuples portent la marque de la mésaticéphalie ou de la sous-dolichocéphalie, deux termes qui signifient sensiblement la même chose, mais à quelles unions modificatrices n'ont-ils pas été soumis? En revenant vers les origines et en faisant la large part des influences allophyles, on peut et doit poser ce principe d'ethnologie que dans les temps primitifs les races *aborigènes* du sud de la Russie et de l'Altaï étaient franchement brachycéphales, les unes brunes, les asiatiques ; les autres blondes, les européennes. Mais il faut tenir compte aussi de l'apport du sang mongolique. Les hommes des vieux âges s'embarrassaient peu des subtiles classifications des savants modernes, ils passaient dans la vie en procréant, en s'unissant entre races diverses, mais voisines, sans se préoccuper en quoi que ce soit des problèmes qu'ils préparaient à résoudre pour les anthropologues de l'avenir.

Quoi qu'il en soit, il apparaît bien que ces populations primitives avaient un crâne globuleux, et qu'elles étaient les unes brunes, les autres blondes et enfin que quelques individus portaient les indices évidents d'un métissage mongolique. Eh bien ! ce sont justement les caractéristiques d'un tel état ancestral que nous pouvons voir encore chez les Celtiques de l'occident. Les Grisons, certains groupes du Wurtemberg, les Tchèques, les Piémontais, les anciens Roumains, les Bretons, les Auvergnats, les Savoyards, les Wallons, les Irlandais, les Écossais ou plutôt les Scots dont le nom n'est qu'une déformation de celui des Scythes, sont brachycéphales. Les uns sont blonds, d'autres sont bruns ; enfin nous en connaissons qui, par la largeur horizontale de la face, rappellent les ancêtres de hasard mongoliques. On peut le voir, les races celtiques d'occident reproduisent les races celtiques du berceau oriental [1].

La religion des Celtes du couchant était la religion des peuples de la Scythie entendue au sens géographique étendu du mot. Les Indiens éducateurs avaient introduit le culte du Soleil Pan qui devint l'époux divin de la Terre, à laquelle ils

1. « Des ossements recueillis dans la grotte funéraire de Vendrest portent des traces évidentes d'une décarnisation *post mortem*. Les Mordves finnois de Russie n'enterrent leurs morts que le quarantième jour après le décès, c'est-à-dire lorsque la décomposition a détaché les chairs des os. — Beaucoup de crânes exhumés à Vendrest présentent une déformation artificielle annulaire. Or, bien avant la découverte de l'ossuaire de Vendrest, P. Broca avait soutenu que cette déformation, résultant d'une compression circulaire du crâne, ne devait être autre que celle des macrocéphales *Cimmériens* que cite Hippocrate. » (*Les Mon. mégal.* de l'auteur, p. 7.)

donnèrent le beau nom de *Mên* « la brillante »[1] déjà adorée dans le nord, sous un nom inconnu[2]. Pan se confondit ou pour ainsi dire s'unifia avec le dieu tonitruant maître des éclairs des Septentrionaux, l'antique divinité du Touran l'Ouranos grec, dieu altao-scythique par excellence. Enfin les élèves européens des négroïdes dravidiens avaient appris de ces derniers à élever des temples chthoniens où retentissaient les voix divines, et à représenter le fécondateur universel par une pierre dressée simulacre du phalle créateur.

Nous retrouvons ces témoins lithiques le long de la route suivie par les envahisseurs celtiques et, surtout, dans l'extrême occident, où ils créèrent des établissements durables, occident qui fut le terme de leur course, lorsqu'ils arrivèrent devant le grand océan de l'ouest qui déroulait devant leurs yeux déconcertés l'étendue infinie de ses plaines marines, qu'ils ne pouvaient franchir.

L'Arcadie du Péloponèse où une bande de Néolithiques « mangeurs de glands » vint s'installer et édifier les *megara* souterrains de la déesse Terre, les seuls que la Grèce possède, portait le nom de *Pania*[3], la terre de ce Pan né sur le mont Lycée et qui fut le dieu suprême de l'Arcadie[4]. Les Alpes *Pennines* portent son nom et les anciens Valaisiens l'adoraient. Les *Appennins* furent ainsi appelés du nom de la divinité que vénéraient les édificateurs des dolmens de Saturnia. Les idoles de *Kerpenhir* et de *Penmarch* le représentent; il est associé à son éternelle épouse, à *Penmên*, dans l'Armorique des Celtes de France. Son idole colossale, l'Irmensul se dressait sur les bords du Weser westphalien où les Romains la rencontrèrent. Il devint une entité divine des peuples

1. Il est à remarquer que les noms principaux de la déesse Terre ont cette signification de « brillante » et tirent leur origine du dravidien. *Mên* vient de *mîn* « briller », *Céres* vient de *sér* « briller », *Tellus* vient de *tel* « brillant ».

2. Les Ostiaks et les Vogoules adorent une divinité dont le sanctuaire est dans une vallée reculée de l'Oural; son nom est la *Vieille d'or*. En occident, nombre de mégalithes sont dénommés « vieille grand'mère », notamment en Bretagne et dans les Ardennes belges.

3. Hesychius, *Pan*. — Dion. d'Halic., I, 32. — Steph. de Byz. 'Αρκαδία. — Ovide, *Fast.*, 269.

4. Bérard, *Cultes arcadiens*, p. 333.

rhénans, qui eut son temple à Éresbourg et Charlemagne dut faire abattre son image lithique pour abolir son culte vieux de milliers d'années. Pan franchit le Pas-de-Calais et donna encore son nom aux montagnes *Pennines* de la « blanche » Albion, patrimoine des grands prêtres, flanquée au nord par le pays des *Noirs* vassaux, la *Kalédonie*.

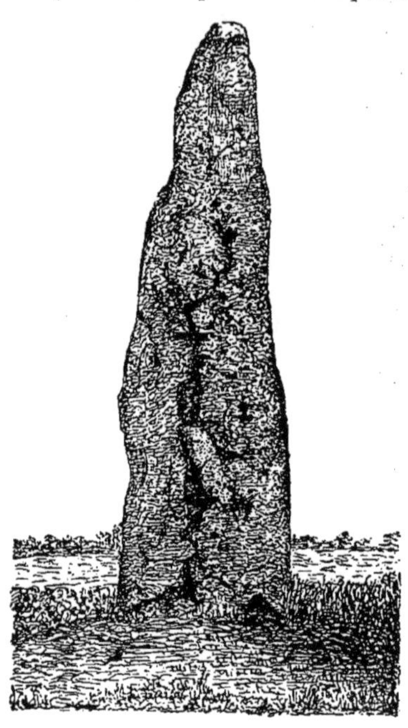

Menhir de Pen-er-huern dans l'île de Groix[2].

Pour n'envisager que les appellations de la terre française, nous retrouvons en de multiples lieux les traces des deux démarcations sociales indiennes : les « *blancs* » ou purs » et les « *noirs* » ou « impurs ». Dans le Languedoc, *Albi* n'est pas éloignée de la *montagne noire;* dans les Landes, on trouve l'étang *noir* qui est proche de l'étang *blanc ;* dans le Médoc, *Vendays* est voisin de *Carcan*[1]. La « blanche » *Vendée* est flanquée par l'île de *Noirmoutier*, et *Vannes* « la blanche », en breton *Gwenned*, n'est pas loin de *Karnak*, contraction pour *Karnatagam*, « territoire des Noirs ». Dans les environs de Gérardmer, où on a constaté l'existence de monuments mégalithiques se trouvent, à proximité l'un de l'autre, le lac *blanc* et le lac *noir*[3]. Rencontres fortuites du hasard, voudra-t-on dire. Dans ce cas, le hasard fait joliment bien les choses, car ce n'est pas seulement en France que l'on peut trouver un

1. En dravidien, *vĕn* « blanc », *kar* « noir ».

2. Ce menhir est connu dans l'île sous un nom très démonstratif mais obscène et impossible à écrire. Le latin bravant l'honnêteté donne *penis*.

3. *Géographie mythique*, par A. de Paniagua, p. 5.

pareil accouplement symétrique d'antithèses éponymiques, mais *dans tous les pays* où les Celtiques ont passé ou résidé ou bien encore où les Pélasges se sont établis, et nous ferons remarquer, à propos ici, que ces Pélasges sont partis plus tard, mais du même foyer initial ethnique que les Celtes, et que, par conséquent, quoique plus avancée, leur culture n'en

Menhir sur le Katzenberg (Basse-Alsace)[1].

puisait pas moins son origine dans le même fonds éducateur.

La langue des Celtes est sœur du védique. C'est donc qu'à la période de l'enfance des races celtique et gétique, cette dernière étant le principe des Aryens Djats de l'Inde, les hommes qui parlent ou parlèrent ces deux langues se trouvèrent réunis dans un centre commun, au moment où les idiomes issus de la fusion du dravidien avec les idiomes des peuples de l'Europe orientale, du Caucase et de l'Altaï, se diversifièrent. Donc, lorsque les Celtes quittèrent les pays

1. D'après une aquarelle de M. le Dr Ballet, de la *Soc. préh. française*.

hyperboréens de l'Europe orientale, l'âge de la pénétration hindoustanique était assez avancé pour avoir laissé aux langages le temps de prendre des allures différentes. Mais, d'un autre côté, comme le celtique semble être plus près de la langue dominatrice des Indiens de Dravidie que le latin, le zend, le grec, etc., il devient évident qu'il a dû se détacher plus tôt du tronc philologique que ces langues qui continuèrent leur évolution dans des sens de plus en plus séparatistes, tandis que lui restait dans un état stationnaire plus voisin de la source[1]. De plus, beaucoup de noms géographiques que les Celtes imposèrent dans les pays où ils s'établissaient sont purement dravidiens, ce qui indique clairement que leur parler était très près d'une langue qui ne s'était pas encore tellement déformée, au point de devenir par la suite à peu près méconnaissable.

De là résulte la conclusion que les Celtes durent se mettre en marche de très bonne heure. Pas si tôt cependant qu'ils n'aient pas eu le temps de se pénétrer de la culture indienne qui se montre dans leur religion et, justement, dans leur langue. Le temps ne comptait pas pour les primitifs, ils ignoraient l'activité affolée des grands civilisés ; ils durent mettre des siècles à s'initier avant de se décider à l'aventure qui les entraînait vers l'ouest. Dans ces conditions, comme nous avons supposé que les débuts de la pénétration dravidienne doivent vraisemblablement remonter à 20.000 ans avant notre ère, c'est à une époque variant entre 12.000 ou 14.000 avant cette ère qu'il faut placer le départ des Celtiques pour leur grand voyage vers l'ouest. D'ailleurs ces dates concordent avec les indications que peuvent nous fournir des investigations stratigraphiques. Dans des tourbières de la Flandre maritime, à une certaine profondeur, on a trouvé des monnaies romaines, puis, beaucoup plus bas, des silex polis. Prenant pour base la couche de tourbe qui existe entre la surface et l'horizon des monnaies romaines, couche dont on connaît la durée de

1. « A une époque inconnue, les Celtes se séparant de leurs frères asiatiques prirent à l'ouest et marchèrent dans cette direction tant qu'il y eut de la terre pour les porter... Ils ne conservèrent nul souvenir de leur première patrie et se crurent eux-mêmes nés dans la Gaule, mais ils gardèrent, en preuve de leur origine asiatique, un idiome qui est parent du sanscrit, la langue sacrée dans laquelle sont écrits les livres religieux de l'Hindoustan. » (Victor Duruy, *Hist. des Romains*, t. III, p. 77 et 82.)

formation d'après les dates des monnaies, on a calculé, par une simple multiplication, le temps qu'il a fallu pour la formation de la tourbe qui s'entasse entre le plan où se trouvaient les pièces portant l'effigie d'empereurs romains et celui où gisaient des instruments néolithiques. On est arrivé au chiffre d'environ 7.400 années[1]. Ce chiffre étant exact à peu de chose près, étant données les conditions positives de l'observation, il faut faire remonter à une époque antérieure l'arrivée des Celtes dans l'occident, car il est évident que leur premier soin, en pénétrant dans nos contrées, ne fut pas d'aller placer des haches polies dans les tourbières de la Flandre pour faciliter les études des paléthnologues de l'avenir.

Les très remarquables travaux du Dr Marcel Baudouin, corroborés et soutenus par les savants calculs de M. Guy, travaux ayant pour objet de déterminer l'âge chronologique des gravures néolithiques sur rocher, à l'aide de la précession des équinoxes, viennent confirmer le chiffre que nous donnons pour le séjour en occident des Néolithiques. Il faut sous-entendre que ces gravures n'ont pu être faites qu'après la période troublée d'occupation et d'établissement. Le Dr Marcel Baudouin, d'une manière qui ne laisse pas place à la réfutation, tant elle est précise par le calcul et la dialectique, arrive à démontrer, au moyen d'une série d'observations aussi concordantes que possible, que la figuration d'une roue solaire que l'on peut

1. A. Rutot, *Sur les antiquités découvertes dans les parties belges de la plaine maritime*, p. 4 : « De nombreuses trouvailles archéologiques ont été faites dans la tourbe, tant de la plaine maritime que du fond de nos vallées. Ces trouvailles sont absolument concordantes et elles montrent que les 30 centimètres supérieurs sont, en certains points, très riches en objets de toute nature de l'époque gallo-romaine, aussi bien caractérisés que possible ; des médailles ou des monnaies romaines accompagnent les objets recueillis. Elles vont depuis Jules César jusque peu après l'empereur Posthume, ce qui nous conduit à la fin du IIIe siècle. Les médailles datées nous montrent donc que les derniers 30 centimètres de tourbe, contemporains de la période gallo-romaine, se sont formés en trois cent cinquante ans environ.

« Appliquant ce chronomètre à la durée nécessaire pour former l'épaisseur maxima constatée de 7 mètres, on arrive à environ 7.400 ans pour la durée de la formation de la première couche de terrain moderne qui est la tourbe. » A la base de cette couche on a trouvé des silex néolithiques. La conclusion de durée tirée par M. Rutot s'impose donc. Des observations semblables et menant à la même conclusion ont été faites dans les tourbières du département de la Somme par M. Debray, de Lille.

voir sur un support du dolmen de Petit-Mont (Morbihan) a été gravée il y a 8.000 ans avant notre ère. En avançant dans le temps, il prouve que les nombreuses cupules que portent les rochers de l'île d'Yeu remontent à 7.000 ans avant Jésus-Christ. Puis, par le même procédé purement scientifique, il démontre encore que l'admirable tableau lithique figurant tout un système cosmographique, qui se développe sur

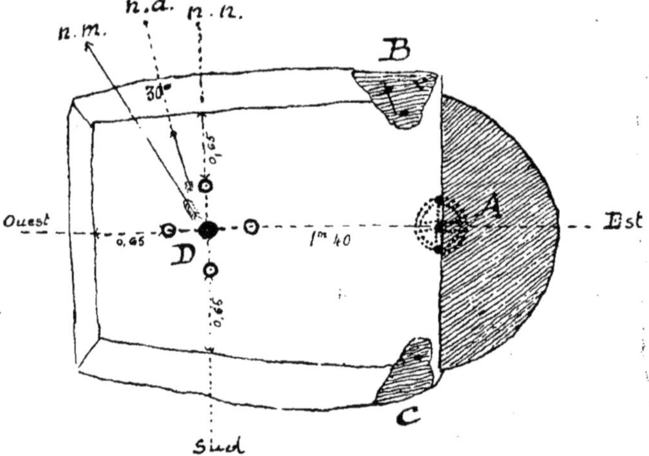

Gravures et sculptures du rocher de la Roue, aux Vaux de Saint-Aubin-de-Baubigné (Deux-Sèvres).

A, fauteuil sur le dossier duquel, au centre, est gravée une roue à quatre rayons. — B, bloc gravé au nord-est. — C, bloc gravé au sud-est. — D, cupule et cercles. — *n, m*, nord magnétique. — *n, a*, nord astronomique actuel. — *n, n*, nord astronomique néolithique.

une table rocheuse à Saint-Aubin-de-Baubigné (Deux-Sèvres) aussi exactement rigoureux qu'une figure géométrique, avait 6.500 ans au début de notre ère. Il rend évident, par les mêmes observations déductives et les mêmes calculs précis, que les artisans et astronomes néolithiques, fils d'Hespérus et d'Atlas, frères des Kaldéens d'Ur, creusèrent, 4.000 ans avant la naissance de Jésus, les bassins à canaux de liaison qui existent encore sur la pierre des Amporelles, à l'île d'Yeu (Vendée), comme une preuve irrécusable de la science astronomique de nos pères celtiques.

« Partant de cet idée, qui paraît d'ailleurs justifiée, que les mégalithes en général ont été des lieux de culte consacrés au soleil, et ont été orientés, au moment de leur construction, d'après des données solaires quotidiennes et annuelles, qui changent au cours des temps de façon connue, d'où il résulte que l'on peut, d'après l'orientation, dire à peu près à quelle époque le monument fut édifié, M. Marcel Baudouin vient

Blocs-Statues du monument des Vaux de Saint-Aubin-de-Baubigné.
A, bloc gravé du sud-est (divinité féminine tellurique ?). — B, bloc gravé du nord-est (divinité masculine solaire ?)

d'examiner l'époque d'édification des alignements de Bretagne.

« On comprend le principe. Le phénomène astronomique de la précession des équinoxes, qui présente un rythme donné, fait que, dans la suite des temps, il y a déviation des lignes méridienne, équinoxiale et solsticiale. Les monuments ayant dû être édifiés à des moments divers du phénomène, il est facile de les dater, d'après leur orientation même.

« Par ce procédé, auquel sir Norman Lockyer a consacré des travaux importants, M. M. Baudouin arrive à la conclusion que l'alignement du Menec (Morbihan) date d'environ 12.000 ans. C'est donc un des plus anciens de Bretagne. Celui de Kerlescan ne daterait que de 6.000 ans; celui de Kermaria, de 8.000 ans environ.

« Le petit alignement de Menec-Vian, dans le Morbihan, remonterait à 13.000 ans; celui de Sainte-Barbe, à 9.500 ans; celui de Saint-Pierre, à 12.000 ans[1]. »

Celte, grec Κελτα, latin *Celta*, signifie « Céleste du Feu » ou plus explicitement « Céleste adorateur du Feu ». Le grec dans Κελτα a durci l'initiale, de même qu'il a fait pour κέλης, « coursier », venant du dravidien *sél*, « courir », tandis que le latin, toujours plus près de l'origine, a fait *celer*, « rapide ». Le radical de la première syllabe de *Celte* est le dravidien *sér*, « briller », qui a produit le nom d'un dieu initial des Dravidiens, *Sêr-an*[2], « le ciel », brillant des irradiations solaires ou, dans l'apaisement des nuits, éclairé par les lueurs stellaires. Le radical *cel* est de la même famille que le radical grec σελ qui, après la chute de l'initiale σ, a produit Ηλιος, après avoir donné σελας « éclat du jour », et est connexe au sanscrit *swâr*, contracté en *sûr*, « ciel », considéré comme brillant[3]. Dans *Celte*, comme dans σελας, mots venant tous les deux de *sêr*, l'*r* finale du dravidien s'est muté en *l* suivant un mute des deux semi-voyelles excessivement fréquent dans les langues occidentales. Quant à la seconde syllabe de *Cel-te*, elle est tout simplement le dravidien *tî*, « feu ».

Les Celtes, en effet, adoraient le Soleil-Feu, dieu dont le nom dravidien *Pan* ou *Pen*, « fécondateur, créateur » s'est répandu dans le monde archaïque véhiculé par les civilisateurs. Ils adorèrent aussi, sous le nom de *Mên*, la terre « brillante » déité touranienne, sous l'angle de la mère universelle et de la *nourrice* du genre humain ».Ces deux entités divines furent intimement réunies dans une même pensée et dans une même adoration et les Celtes, le plus souvent, devant l'entrée des sanctuaires chthoniens où retentissaient les voix

1. H. de Varigny, *Revue des sciences* du *Journal des Débats*, 9 juillet 1914.

2. Cette racine *sêr* a une nombreuse famille : grec, σείριος; latin, *serenus* et *Sirius*; français, *serein*, etc.

3. F. Bopp, *Gram. comp.*, t. I, p. 295.

fatidiques, dressèrent des images ithyphalliques de pierre figurant tantôt le principe mâle, tantôt le principe femelle [1].

Partout où ces monuments s'élèvent, on peut dire que le souffle religieux des dieux celtiques a passé. « *Pan et Mên, Salut* » : c'est l'inscription gravée sur la margelle d'un puits de l'Attique, elle fut le credo de nos pères Celtes.

Les Celtes s'engagèrent dans la vallée de l'Ister. Bientôt une fraction se détacha et piqua droit au sud pour aller s'établir dans la presqu'île qui devait devenir la terre de Pélops. Ils avaient un nom dravidien, ils étaient les Arcadiens, « nobles guerriers farouches et cruels [2] », étant conduits par des soldats pontificaux Kura, ancêtres des Kurètes pillards *Albani* « blancs » qui, à l'époque de l'expansion pélasgique, occupèrent l'Épire et donnèrent aux montagnes de cette patrie nouvelle le nom de leur grand dieu *Pan ou Pen*, en les appelant les monts du *Pin-de*. Le pays où s'installèrent les Arcadiens néolithiques était bien choisi ; les grottes abondent dans cette région où les Lélèges Achœens devaient fonder la « caverneuse Lacédémone [3] » et où les nymphes Anigriades tournaient leur fuseau dans les antres des montagnes de Lépréum et de Macistos [4]. Là ils construisirent des dolmens et plantèrent les xôana de leurs dieux ενδενδροι.

La masse émigrante continua à remonter le cours de l'Ister. Les Celtes n'ont pas laissé de monuments mégalithiques, comme trace de leur passage, dans la vallée de ce fleuve. Ils laissaient cependant des colonies tout le long de la route suivie. En Roumanie existent des grottes naturelles dans lesquelles on constate des traces d'habitation préhistorique. Leur exploration scientifique est encore à faire [5]. Cependant si les Celtes n'ont pas laissé de monuments dans la vallée du

1. Voir *la Divinité néolithique*, par A. de Paniagua.
2. Radicaux dravidiens : *arû*, « noble », et *kadu*, « être féroce ».
3. Homère, *Odys.*, ch. III, v. 347.
4. Strabon, liv. III, ch. II, par. 18, 19.
5. Les recherches entreprises jusqu'à ce jour en Roumanie n'ont pas permis d'y constater l'existence de monuments mégalithiques. Jusqu'à aujourd'hui on ne peut affirmer y avoir trouvé des dolmens ou des menhirs. Il est vrai que l'archéologue Bolliac l'a affirmé, mais il n'a pu le prouver. Il avait soutenu que la grotte qui se trouve à la source de la Jalomitza avait un dolmen, mais il a été constaté que l'affirmation manquait de fondement (*Communication* faite par M. J. C. Negruzzi, membre de l'Académie de Bucarest).

Danube, ils y ont du moins laissé des vestiges nombreux de leur industrie. On trouve à profusion des haches polies en Hongrie[1]. Nous savons aussi par les auteurs anciens, notamment par Strabon et Dion Cassius, autant que par des sources provenant des monuments, la colonne Trajane entre autres, que les Daces et les Gètes habitaient des grottes en Bessarabie et dans la Dobroudja. Or Strabon[2] nous apprend que les Daces s'appelaient primitivement Daœ ou Daves ; ce nom est sanscrit *dêva*, « divin », de *div*, « ciel », c'est-à-dire les « Célestes », ce qui paraît faire de ce peuple des Celtes. De plus Strabon dit encore[3] que des nomades de la Parthie portaient le nom de *Daœ Parni*. Ne sont-ils pas les frères de ces Daces Roumains, étant désignés par la même appellation, et cette similitude des noms n'est-elle pas une indication prouvant l'origine orientale des *Daœ* de la vallée de l'Ister, en spécifiant le berceau primitif de leur nation? La Roumanie ou *Romania* est le pays des « *Roms* », qui sont plus que vraisemblablement les descendants des guerriers et des magiciens migrateurs, et pour qu'ils se trouvent en aussi grand nombre dans cette contrée, il faut nécessairement que leurs pères y aient laissé une colonie importante et prolifique, et ceux-ci ne peuvent y être venus qu'à l'époque inconnue de l'invasion celtique puisque l'histoire n'a pas gardé le moindre souvenir du moment où ils sont arrivés. Hérodote ne dit-il pas que les sorciers abondaient en Scythie?

Si les Celtes n'ont pas laissé de grands monuments en Hongrie[4], c'est que les monts Karpathes offraient à leurs tribus assez d'abris naturels pour qu'elles n'aient pas eu à se donner la peine de construire des abris souterrains. Les clans impurs qui cultivaient les plaines basses arrosées par le Danube habitaient des huttes. Ici encore les noms géographiques viennent jeter une vive lumière sur la question. Les

1. Alex. Bertrand, *la Rel. des Gaulois*, p. 44.
2. Strabon, liv. VII, ch. III, par. 12.
3. Strabon, liv. XI, par. 2.
4. Les Magyars d'origine pure sont Finnois. « Ni Huns, ni Turcs, les Magyars, dit Élisée Reclus, se seraient séparés de la souche finnoise à l'époque où ils vivaient encore de la chasse et de la pêche et où ils ne connaissaient que le chien et le cheval comme animaux domestiques : C'est là ce qu'indiquent les radicaux de leur dialecte et des langues finnoises. » (Élisée Reclus, *Géog. univ.*, t. III, p. 334.)

monts Karpathes avec les montagnes de la Transylvanie, à l'est, de la Slavonie au sud et les dernières rampes alpestres à l'ouest forment un immense cercle qui circonscrit à peu près l'ancienne *Pannonie* ou « pays de l'or[1] ». Or *Karpathes* signifie littéralement « enceinte des noirs », des mots dravidiens *karû*, « noir », et *patta*, « enceinte », de *pat*, « enceindre, entourer ». Il apparaît bien que les maîtres « Blancs », pour dominer et contenir leurs serfs confinés dans l'enceinte des Karpathes, avaient établi des colonies nobles, comme des postes d'observation : à l'est la Valachie[2] « la blanche », du dravidien *vel*, base du sanscrit *valaksa*, « blanc », et à l'ouest les *Vendes* « blancs » qui devaient élever Vendobona, la Vienne actuelle, sœur de la Vannes-Gwenned d'Armorique.

Mais le soleil couchant fuyait toujours devant les Celtes. Ils s'acharnèrent à sa poursnite. La colonne, diminuée de tous ceux qui s'étaient arrêtés pour fonder des établissements que nous retrouvons pour la plupart, était cependant puissante encore et prête à de nouvelles semailles de peuples. Elle était alors en face de la barrière des Alpes du Tyrol. Là, les Celtes hésitèrent. Quel chemin prendre ? Une fraction fonça résolument, et s'engagea dans les montagnes Rhétiennes. Elle les traversa laissant sur sa route les premiers Tyroliens ancêtres des Rasénas qui plus tard devaient suivre la fortune des Pélasges italiotes lorsque ceux-ci allèrent s'installer en Toscane et sous le nom de *Thyrréniens*, qui n'est qu'une autre forme de celui de *Tyroliens*, continuèrent les traditions thaumaturgiques de leurs conducteurs magiciens. Leurs fils Etrusques, peuple que conduisaient les magiciens Lucumons, donnèrent à Rome les rois pontificaux qui régnèrent après Romulus et fournirent les grands augures et les aruspices des époques

1. Du tamoul *pon*, « or », télougou *ponnu* qui a fait le pakrit *panno*. La Pannonie comprenait la Carniole, la Croatie, l'Esclavonie et une partie de l'Illyrie, contrées où, suivant Polybe, se trouvaient de nombreux gisements d'or. Le Danube lui-même roule des paillettes d'or et des orpailleurs travaillent encore aujourd'hui sur ses rives à tamiser les sables aurifères. Un des affluents du fleuve, l'*Araba*, porte un nom indien : *âRu*, « rivière », et *bâ*, « s'épandre ».

2. Si on peut s'en rapporter aux dénominations ethnographiques, les « Blancs » de la Valachie ont dû appartenir à la grande race mina des Cutchwâha, « tortues ». On trouve en Moldavie, en Bulgarie et même en Macédoine, une race fière et spéciale dont l'origine est un problème. Ce sont les *Koutz*, dont le nom reproduit le radical de *Cutch-wâha*.

qui suivirent la fondation de la cité dominatrice. On trouve la trace du passage des Celtes dans les régions helvétiennes : en Suisse, à Hermatsweil [1], et aussi dans la contrée montagneuse qui fait suite à l'ouest, comme pour indiquer, toujours, l'ardente aspiration des Néolithiques vers l'occident : les mégalithes du Jura et de la Savoie, à Champey, au Vernois, à Auvernier. Enfin, nous l'avons dit, les migrateurs laissèrent aux montagnes qu'ils traversaient le nom impérissable de leur grand dieu du feu, Pan, qu'adoraient les anciens habitants de la vallée où coule le Rhône supérieur, en les appelant les alpes *Pennines.*

Une autre fraction pointa vers le midi et vint s'établir sur les bords de la mer, dans des lagunes marécageuses où grandira, dans les âges futurs, la superbe Venise. Dans le pays vénitien, l'influence civilisatrice de l'Inde rdavidienne est indéniable, car presque toutes les désignations topographiques sont dravidiennes de manière très apparente. Le Pô, le grand fleuve lombard, trouve l'étymologie facile de son nom dans la racine *pô*, « s'écouler », dont l'impératif *pôgu* a produit *pôdu*, « placer », et *pavû*, « s'étendre ». Le latin empruntant *pôdu* a fait *Padus* et aussi *Padoue*, « placée » sur le fleuve Bacchiglione qui va se perdre dans les lagunes de la côte adriatique. *Pavie* est sur le *Pô*, vers son cours supérieur; elle a pris pour sa désignation la forme *pâvu*. Quant à *Venîse*, bâtie dans les marais qui bordent la mer et sont en contre-bas des terres, elle porte le nom de ses fondateurs « blancs » et l'indication du pays bas où elle s'élève ; elle est la cité « blanche », du dravidien *vin*, « blanc », et du celtique *is*, « en contre-bas ». Il serait difficile de trouver une étymologie plus exactement descriptive. L'orgueilleuse reine de l'Adriatique a donné à la mer qui la baigne en tous sens un nom emprunté à la langue de ses fondateurs. L'épouse des doges qui, montés sur le *Bucentaure*, lançaient dans ses flots l'anneau symbolique des fiançailles, est l'Adriatique, c'est-à-dire le « grand réservoir d'eau », de *âRu* [2], « couler ». La racine tamoule est *êri*, « réservoir d'eau naturel ». On retrouve *âRu*

1. Hermatsweil est au nord-est du lac de Zurich.

2. La lettre dravidienne représentée par R se prononce *dr* ou *tr* suivant les dialectes. *ARu* doit donc se prononcer *adru*.

dans le nom qu'Eschyle donne à la mer Adriatique : Ῥέας κόλπος [1].

Et tout en Vénétie rappelle les origines scythiques des colonisateurs néolithiques. Les Vénètes de l'Adriatique étaient d'habiles cavaliers comme les Hénètes-Paphlagoniens, maquignons comme eux et dont les chevaux étaient recherchés pour les courses de chars [2]. Ils vénéraient Diodème l'anthropophage de la Celtique hyperboréenne, qui faisait manger les étrangers par ses féroces cavales ou bien plutôt les servait en de hideuses orgies sur la table de ses concubines, car en grec ἡ ἵππος a la double signification de « jument » et de « femme de mauvaise vie ». Ce cannibale était chez eux l'objet d'un culte spécial et on lui immolait des chevaux blancs [3], le cheval étant, chez les Celtes, un animal solaire et sacré pour les grands sacrifices, comme chez les Finnois de l'Altaï [4]. Plusieurs points arrêtent la pensée, et par la communauté des aptitudes maritimes et des goûts propres aux membres des stations vénètes, on est forcément conduit à les considérer comme les fractions d'un même groupement ethnique ayant une même culture originelle. D'abord, ils choisissent pour leurs établissements les bords de la mer et sont d'habiles navigateurs. Les Paphlagoniens montés sur leurs camares faisaient la course sur l'Euxin [5] ; les Armoricains fendaient les flots de l'Océan sur leurs vaisseaux à la proue et à la poupe élevées comme ceux des Vikings scandinaves qui ne firent certainement que copier les nefs antiques des Vendes de la Baltique, sans doute leurs maîtres dans l'art de la navigation. Quant au goût pour les expéditions maritimes, commerciales et guerrières qui tenait les Vénitiens, il est trop connu pour qu'il soit utile d'insister. Tous les peuples « blancs » sont belliqueux, aussi bien les

1. On retrouve la racine *âRu, êri* dans un très grand nombre de noms de fleuves et de rivières de l'Occident. La nomenclature en serait trop longue. Citons quelques vocables communs : français, *rivière, ruisseau ;* espagnol, *rio ;* latin, *rivus ;* le grec, ῥοή.

2. Strabon, liv. V, ch. I, par. 4.

3. Strabon, liv. V, ch. I, par. 9.

4. Les Aryens donnaient un même nom au cheval et aux dieux : en védique, *açwa* et *açwin* signifient « cheval » et « être divin ».

5. Les Dravidiens dès la plus haute antiquité se servaient de grandes barques et même de vaisseaux pontés (Élisée Reclus, *Géog. univ.*, t. VIII, p. 94).

Asiatiques que les Européens : les Paphlagoniens [1] sont en lutte perpétuelle avec leurs voisins d'Asie-Mineure ; les Vénitiens tiennent sous leur domination la Méditerranée; les Vénètes de Bretagne, qui détenaient tout le commerce de la presqu'île armoricaine, livrent à César un combat naval dans lequel, malgré leur valeur, ils sont vaincus, moins par la force des Romains que par le génie inventif de leur général [2] ; enfin les Vendes de la Baltique, pirates et négociants, se défendirent énergiquement contre les incursions des écumeurs de mer Northmen. L'amour du cheval est identique chez tous, les uns l'élèvent, les autres en font l'animal sacré des grands sacrifices. Tous étaient commerçants et cela certainement sous l'influence primitive de leurs prêtres.

D'autres Néolithiques descendirent plus au sud et vinrent dresser les monuments mégalithiques de Saturnia qui s'élèvent à une trentaine de kilomètres du rivage de la mer Tyrrhénienne. Ce sont ces Celtes dont parle Scylax, établis entre les Tyrrhéniens et les Vénètes [3]. Ces hardis migrateurs, possédés, comme leurs frères, par la passion de connaître le grand secret de l'Ouest, montés sur des embarcations creusées à l'aide du feu et du silex, dans les fûts énormes des arbres géants, voguèrent vers les palais nocturnes du soleil. Ils abordèrent ainsi dans l'île de Corse où ils élevèrent, pour marquer leur prise de possession, des sanctuaires dolméniques à leurs divinités chthoniennes, des *stazzona*, et plantèrent l'idole de leur dieu Soleil. Ils ignorèrent la Sardaigne, car les monuments archaïques que l'on y voit ne relèvent en aucune façon du mode de construction des Celtes, et accusent, au dernier point, la manière postérieure des Pélasges. Les « blancs » de Venise et de Saturnia [4] donnèrent son premier nom à la péninsule

1. « Parmi les migrations primitives, on peut citer celle des Hénètes venus des rivages de la Paphlagonie aux bords de l'Adriatique », dit Strabon (liv. I, ch. III, par. 21).

2. Cœsar, *De bel. gal.*, liv. III, par. 13. — Strabon, liv. IV, ch. IV, par. 1.

3. Scylax parle des Celtes établis entre les Tyrrhéniens et les Vénètes, disant qu'ils étaient les restes d'une expédition ou d'une invasion : Μετὰ δὲ Τυῤῥήνους εἴσι Κελτοὶ ἔθνος ἀπολειφθέντες τῆς στρατείας.

4. *Saturnia* est un nom bien postérieur à l'invasion des Celtes. Il ne peut avoir été donné à une région de la Toscane que par les Pélasges, conduits, dit le mythe, par Saturne détrôné.

qui forme aujourd'hui l'Italie. Avant leur venue, les populations indigènes n'avaient pas dépassé le stade du paléolithique inférieur : chelléen, acheuléen, et, peut-être, mousté-

Dolmen de Saturnia (Toscane).

rien. L'industrie de l'âge du renne, représentée par l'aurignacien, le solutréen et le magdalénien, fait probablement défaut en Italie. Cela prouve que les autochthones de ce pays, ou se

Dolmen de Cauria (Corse)

sont arrêtés tout à coup et sans raison dans leur évolution industrielle ou, plus rationnellement, que se trouvant très en dehors des voies d'invasion vers l'ouest, ils n'ont pu avoir connaissance d'une industrie nouvelle apportée en Extrême-Occident par une pénétration allophyle venant de l'Orient européen dès l'époque médiane du paléolithique, soit à la fin du moustérien. Quoi qu'il en soit sur ce point, un fait est certain, c'est que, en Italie, le néolithique se superpose immédiatement, sans transition, au moustérien, très rare, d'ailleurs. Les allogènes néolithiques qui s'établirent dans la péninsule prirent ou portaient le nom de : « émigrants chiens lécheurs »

Menhir de Capo di Luogo (Corse) [1].

ou *Italiens*. Nous pensons bien que cette interprétation sera considérée comme une fantaisie et qu'elle prêtera plutôt à rire. On peut rire à l'aise, nous n'en avons cure et nous la maintenons parce qu'elle est vraie. Nous avons montré le rôle important joué par les guerriers Kurètes [2] qui étaient les « chiens vociférateurs », prêtres gardiens du grand dieu pri-

1. D'après H. du Cleuziou, *La création de l'homme et les premiers âges de l'humanité*.
2. *Kurète*, « chien hurleur du feu », dravidien *kûra*, « hurler », qui a fai le sanscrit *kurkura*, « chien », et *tî* « feu ».

mitif Pan-feu-soleil. Mais, si le chien *aboie*, il *lèche* aussi ; ce sont deux traits caractéristiques de la race canine qui devaient s'imposer facilement à l'observation des premiers hommes qui s'embarrassaient peu de l'étrangeté d'une appellation pourvu qu'elle fût représentative et imagée. Cela est si vrai, qu'en dravidien un des noms du chien a cette source démonstrative : *nāy* veut dire « chien » et a, pour racine archaïque, *nā*, signifiant « lécher ». Proprement *nāy* a donc le sens de « lécheur [1] ». Le sanscrit a traduit *nā* par *lih* [2] « lécher ». Nous trouvons en cette racine sanscrite la dernière syllabe du nom *Ita-lie*. De très nombreux monuments antiques représentent des têtes de Gorgones avec la langue pendante [4]. Or Strabon place le territoire des Gorgones, *Gorgipia*, à côté de la Sindiké sur le littoral abkhasique de la Scythie [5], pays d'où venaient les contingents envahisseurs celtiques. Quant au premier membre du nom *Ita*, c'est un succédané de la racine *i* ou *î*, qui a la

Masque de Gorgone provenant de Kertsch [3].

1. Cette manière imagée de former un mot pour désigner un animal est dans les habitudes philologiques dravidiennes. *Kaduvay*, « tigre », signifie, mot à mot, « bouche tranchante », de *kadu*, « être tranchant », et *vay* « bouche ».

2. Grec λείχω, latin *lingo*, anglais *lick*, français « lécher » et plus purement en bas langage « licher ».

3. Ouvaroff, *Ant. de la Russie mérid. Compte rendu de la com. archéol. de Saint-Pétersbourg*, 1865, pl. III, 6. — D'après le *Dict. des ant. grec. et rom.* d'Ed. Saglio, tom. I, p. 748.

4. Au Thibet, on salue en tirant la langue en signe de respect. (Sven Hedin, *le Tibet dévoilé*, trad. Rabot, p. 64.)

Franklin rapporte que les Eskimaux lèchent les objets qu'on leur offre pour faire acte de propriété (Franklin, *Journeys* 1819-22, t. I, p. 32). — Les Eskimaux de l'Archipel polaire témoignent de leur respect envers un vieillard qu'ils considèrent comme un arbitre vénéré, en léchant la terre devant lui. Ils agissent de même devant les Européens. (Elisée Reclus, *Géogr. univ.*, t. XV, p. 178.)

5. Strabon, liv. XI, ch. II, par. 12.

signification d'« aller » et qui a produit *iti*[1], « voyage en pays étranger ». Après ces prémisses explicatives, on trouvera peut-être moins hasardeuse la traduction de *Italié* par « pays des émigrants lécheurs » ou, si l'on veut interpréter au sens réel, en connexité avec les causes déterminantes de cette étymologie, « pays des Kurètes ». Les Kura guerriers ont tenu un emploi capital pendant la migration et pendant la période de premier établissement des Celtes. Pour mener à bien une entreprise d'une telle envergure qui pouvait, et certainement a dû, souvent, se transformer en une action de vive force, il fallait des chefs redoutés et forts ayant le courage, la décision et les aptitudes des guerriers meneurs de hordes.

Persée et les Gorgones[2].

Comme une longue traînée de feu qui en avançant allume sur son trajet des incendies de tous les côtés, ainsi la colonne celtique avait jeté des semences ardentes de peuples sur sa

1. Comparez le français *itinéraire*. Le latin a *itinerarius*, venant d'*iter*, « chemin ». La base est le verbe *ire*, dont le supin est *itum*. Mais *ire* a pour frère le sanscrit *ir* « aller », connexe au védique *i*.

2. Lécythe du cabinet des médailles ; *Cat. des vases de la bibliot. nat.*, n° 277. — D'après le *Dict. des ant. grec. et rom.* d'Ed. Saglio ; tom. IV, 1re part., p. 403.

route, qui furent comme autant de foyers de civilisation. Ayant laissé derrière elle les premiers Italiens, elle continua à marcher vers l'ouest, et vint se heurter à la gigantesque barrière des Alpes. Elle chercha un passage qu'elle trouva à l'extrême sud de la chaîne et elle pénétra alors dans la terre qui fut la Gaule et qui est la France.

Peut-être le peuple des Ligures dont les origines sont si discutées et toujours si mystérieuses, n'est-il simplement qu'un groupe celte de l'invasion qui se serait fixé sur les rives de la Méditerranée. Dans ce cas, leur nom de *Lĭgures* devrait être reconstitué en *Likures*, ce qui est tout à fait conforme aux lois de la phonétique. Il aurait alors le même sens que celui que nous avons donné pour celui des Italiens. Il voudrait dire les « lécheurs kurètes », de *lih* et de *kura*. Les Égyptiens donnaient aux Ligures le nom de *Lêku*. Ce nom se rapproche davantage des sources : *lé* est pour le védique *lih* et *ku*, « crier », est la racine fondamentale de *kura*.

Gorgonéion de Sparte [1].

Il y a une raison qui semble péremptoire pour que les Ligures ne soient pas des autochthones de la Gaule mais plutôt des Néolithiques allogènes, une fraction composée de clans celtiques qui portaient un nom particulier emprunté aux sacerdotaux guerriers qui les conduisaient. Les Ligures se cantonnèrent dans le sud-est du pays, sur la région côtière de la Méditerranée du nord, dans le Piémont et dans les Apennins. S'ils avaient été des aborigènes établis dans ces diverses régions avant l'invasion celtique, nécessairement ils auraient eu, à un moment donné, l'industrie particulière à l'âge du renne. Or si l'on trouve cette industrie dans le sud-est de la Gaule, il

1. Acrotère de marbre trouvée à Sparte. — *Archeol. Zeit.*, XXXIX, 1889, pl. XVII, 1. — D'après le *Dict. des ant. grec. et rom.* d'Ed. Saglio, tom. II, 2e partie, p. 1624.

semble bien, par contre, qu'elle manque en Italie. Faudrait-il donc supposer une poussée des Ligures, soi-disant indigènes, vers le centre de la péninsule italique, justement au moment où cette race, si elle avait été fille de la terre d'occident, aurait eu à subir l'assaut des envahisseurs néolithiques? Les Celtes-Ligures venant de cette Celtique hyperboréenne où habitait un peuple d'aoïdes joueurs de cithare, on peut saisir la raison

Dolmen de San Miguel, à Arrichinagua en Biscaye [1].

qui leur fit donner par les Grecs le nom de Λίγυες évidemment tiré de λιγύς « mélodieux ». Et en effet les Ligures, comme leurs frères scytiques, étaient un peuple de musiciens. Le scholiaste de Platon rapporte que dans les batailles qu'ils livraient, une moitié de la troupe était seule engagée, l'autre moitié faisait de la musique pour attirer la protection des dieux [2].

Les Celtes traversèrent le Rhône et bientôt une scission

1. D'après les *Monuments mégalithiques* de J. Fergusson ; trad. de l'abbé Hamard.
2. Voir Camille Jullian, *Hist. de la Gaule*, t. I, p. 143.

nouvelle se produisit, un flot dirigé par des prêtres *Ibères* « colporteurs, » piqua droit vers le couchant, franchit les Pyrénées très probablement dans leur partie médiane, ainsi que l'indique la succession des édifices mégalithiques et poursuivit la route vers l'ouest en suivant le versant méridional de la chaîne. Les Celtes Ibériques continuèrent en longeant les régions cantabriques et asturiennes. Tout le long du chemin, ils plantèrent des jalons de témoignage qui sont les monu-

Dolmen d'Arroyolos (Portugal).

ments dolméniques que nous retrouvons sur ce parcours. Arrivés devant le grand océan occidental, au cap Finistère, dans l'impossibilité d'aller plus avant, ils descendirent vers le sud dans l'espoir de trouver l'avancement des terres qui leur permettrait d'aller vers la demeure sainte où, le soir venu, allait dormir l'astre du jour, leur dieu. Dans leur vaine poursuite, en suivant une route qui traversait le territoire portugais du nord au sud, ils parvinrent au cap Sacré sur lequel ils dressèrent des menhirs, idoles phalliques, autour desquelles les dieux se réunissaient la nuit [1]. Les *Ibères* partis du Caucase donnèrent leur nom à l'*Ibérie* occidentale.

1. Strabon, d'après Artémidore, liv. III, ch. I, par. 4.

Leurs frères du Nord, les Celtes de France, après la traversée du Rhône, se dirigèrent vers le nord-ouest. La marche vers la terre d'Armor est indiquée sur une large zone bien définie où les monuments mégalithiques abondent plus que sur les marges de cette bande dolménique. Enfin l'Armorique et la grande mer, et aussi la fin du rêve celtique. Le soleil était toujours à l'horizon dans un océan inaccessible. Les Celtes s'arrêtèrent et firent de la Bretagne une nouvelle patrie.

La migration était terminée, l'œuvre sédentaire de civilisation commença. Cette œuvre ne fut pas toujours pacifique, on

Tertre surmonté d'un dolmen entouré par trois cromlec'h, au Bosquet (Aveyron).

trouve en maints endroits les indices des luttes que les envahisseurs durent soutenir. Mais tout s'apaisa, soit par la force, soit par la propagande des « coqs » Kori ou Koribantes.

Dans la pénombre de ces temps préhistoriques, on perçoit très bien qu'une transformation politique se produisit. Pendant l'activité de la migration, pendant la période de la conquête, on distingue la prépondérance de l'élément guerrier kurète, surtout par la fréquence des dénominations géographiques auxquelles leur nom de « chiens », leur qualité « d'émigrants » servirent de base. Mais, aussitôt qu'à un état troublé on peut concevoir qu'un état de tranquillité sociale a succédé, on se rend compte que les Kura rentrèrent dans l'ombre d'un repos bien gagné et que les « coqs » magiciens et les « nains » Telchines industrieux entrèrent définitivement en scène et s'imposèrent. Ils sont les ouvriers de la paix; on les retrouve un peu partout. Ils sont les Koribantes, προπολοι du dieu feu, les amuseurs et la terreur des foules. Les vieux Bretons voient passer la nuit, dans une farandole terrifiante, les Korigans et leurs épouses fantastiques battent, à grands coups de leur battoir, le linge sacré des dieux oubliés, dans les mares de la lande solitaire. Les Telchines revivent dans ces nains Kairions noirs [1], aux longs cheveux tombants, qui sont tailleurs comme leurs pères titans néolithiques étaient

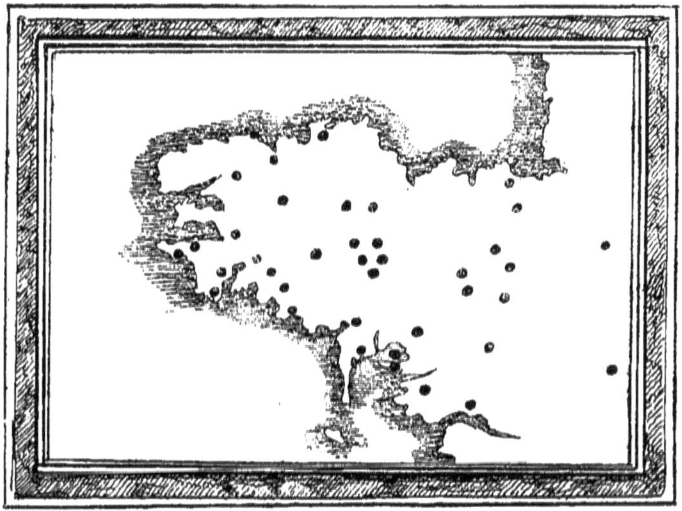

Carte de Bretagne indiquant les monuments mégalithiques auxquels sont attachées des légendes relatives aux *Nains* [2].

tisserands et, pendant la nuit, mènent une ronde fantastique autour des sanctuaires dolméniques, vides désormais. Ne peut-on voir dans cette survivance légendaire comme un souvenir de cette race négritoïde de nains dont on a constaté la présence à l'époque néolithique [3] ?

1. *Kairion*, dravidien *kar*, *karû*, « noir ».
2. D'après G. Guénin, *Les rochers et les mégalithes de Bretagne*.
3. G. Engerrand, *Six leçons de préhistoire*, p. 218. — G. Hervé a découvert dans un dolmen breton des crânes féminins qui présentent toutes les caractéristiques des crânes négroïdes (Hervé, *Crânes néolithiques armoricains de type négroïde. — Bull. de la Soc. Anth. de Paris*, 1903, p. 417). — On a mis au jour des ossements de nains parfaitement conformés dans plusieurs sépultures néolithiques de France. A. Schenk en a décrit provenant de Chamblande, près Lausanne, en Suisse.

Les Kurètes « blancs » s'établirent dans la « blanche » Gwenned, dans Vannes, sœur celtique de Venise et de Van d'Arménie. Les serfs conduits par les Koribantes et par les Telchines s'installèrent à Karnak, où fut institué un redoutable plutonium, réplique de celui de Taman [1]. Ceux-là, étant des serfs, étaient des « noirs ». *Karnak* signifie « territoire des noirs », c'est une contraction du nom canarais *Karnâtagam : karù*, euphoniquement *kar*, « noir » ; *nak* est une contraction dure de *nât*, « territoire » et de la finale *agam*, « intérieur ».

La pierre Martine (Lot [2]).

La masse des éléments altaïques et scythiques hyperboréens s'établit dans la Gaule qu'elle couvrit de ses monuments sacrés et de ses ateliers de pierres taillées et polies. Partout, sur la terre de France, où se dresse un monument mégalithique, partout où se trouve un silex poli, on peut dire que le Celte a passé. Mais l'élément ouralien composé des Belcæ dont parle Pomponius Méla [3], pour une raison incon-

1. Voir *les Monuments mégalithiques*, de l'auteur.

2. D'après *les Monuments mégalithiques* de J. Fergusson, trad. de l'abbé Hamard.

3. Pomp. Mela, *De situ orbis*, liv. III, par. 5. — Olaus Magnus, archevêque d'Upsal, donne au grand-duc de Moscovie le titre de : *imperator de Belgique* (*Hist. de gentibus septent.*, liv. XI, cap. VI).

nue, se sépara de ses compagnons d'émigration et alla vers le nord, occuper les régions qui s'étendent depuis le cours de la Seine jusqu'à environ celui de la Meuse, en réalité, la région constituant la Gaule-Belgique de César.

Ces Belcæ de haute stature [1], à la chair molle et à la peau

Menhir à Lugasson (Gironde).

blanche [2], aux cheveux naturellement blonds qu'ils lavaient à l'eau de chaux pour les rendre rougeâtres et qu'ils relevaient sur le sommet de la tête [3], mode de coiffure que l'on retrouve dans l'Inde [4], aux longues moustaches pendantes [5], étaient

1. Cæsar, *De bel. gal.*, ch. II, par. 30. — Tite-Live, V, 35. — Diod. de Sic, V, 28. — Amm. Marcel., XV, 12.
2. Diod. de Sic., liv. V, par. 28.
3. Tite-Live, XXXVIII, 17. — Diod. de Sic., liv. V, 28.
4. *Loi de Manou*, liv. II, v. 219.
5. Diod. de Sic., liv. V, 31.

d'intrépides buveurs [1], à ce point que Ammien Marcellin rapporte qu'ils considéraient comme un poison le vin mélangé d'eau : « *quod illi venenum esse arbitrabantur* [2] ». Mangeurs énormes, ils faisaient des « repas de lions » où s'assit avec eux, par terre, sur des peaux de chiens et de loups [3], le philosophe stoïcien Posidonius le voyageur [4]. D'un caractère irascible [5], d'une bravoure incomparable [6], ils allaient demi-nus au combat en chantant leurs prouesses et celles de leurs ancêtres et en insultant leurs ennemis [7]. Comme les Scythes, leurs frères, ils défiaient les éléments et les dieux ; lorsque la mer en courroux déferlait sur les grèves, ils marchaient contre elle l'épée à la main ; lorsque l'orage grondait avec furie, ils lançaient des flèches contre les nuages [8].

Menhir des Prats, près Mazamet (Tarn).

Dans les Ardennes belges, on rencontre un groupe important dolménique, à Wéris. Ces monuments marquent le point extrême du nord où les Néolithiques Celtes de l'Occident édifièrent des sanctuaires chthoniens. Naturellement, dans cette région, les légendes qui, d'une façon très connexe et

1. Diod. de Sic., liv. V, par. 29.
2. Am. Marcel., XV, 12.
3. Diod. de Sic., liv. V, 23.
4. Posidonius, *Apud Æthen*, l, IV, c. XIII.
5. *Galli... flagrantes ira cujus impotens est gens* (Tite-Live, V, 37).
6. Strabon, liv. IV, ch. IV, par. 3.
7. Diod. de Sic., liv. V, par. 29, 30. — H. Martin, *Hist. de France*, 1re part., liv. II.
8. « Race violente, disaient les anciens, qui fait la guerre aux hommes, à la nature et à Dieu, ils lancent des flèches contre le ciel quand il tonne, ils marchent l'épée à la main au-devant des flots débordés ou de l'océan en courroux. » (V. Duruy, *Hist. des Rom.*, t. III, p. 93.)

« Il semble que les Gaulois ne peuvent vivre les uns sans les autres, ni les uns avec les autres. Chacun aspirant à passer pour le plus fort et le plus brave, leurs prétentions s'entrechoquent sans cesse ; le sentiment excessif de leur valeur personnelle fait que chacun tient peu de compte de son voisin et que tous ensemble ont un grand dédain des guerriers des nations étrangères. » (H. Martin, *Hist. de France*, 1re part., liv. II. — Strabon, liv. IV, ch. IV, 2. — Cæsar, *De bello gallico*, liv. VI, par. 18 à 25, liv. IV, ch. I. — Tacite, *Germania*, XVI et XXVI. — Thucydide, *Hist. du Péloponèse*, liv. I, ch. V, au sujet des mœurs primitives des Grecs.)

très continue, sont liées aux monuments mégalithiques, sont nombreuses et semblables par leur base à celles que l'on peut recueillir dans tous les pays où des édifices de ce genre existent. La tradition locale a même conservé le souvenir des prêtres celtiques qui les firent construire. La légende *noire* de Bodange rapporte que la race « méchante »[1] qui habitait le château de ce nom était de taille exiguë. Les *Noirs*, à neuf heures du soir, réfugiés dans leur château, échangeaient des

Dolmen de Crucuno (Morbihan).

signaux, avec ceux des leurs qui occupaient d'autres forts, au moyen de feux et de torches enflammées[2]. Pour dépister ceux qui auraient eu l'idée de les poursuivre, les Noirs avaient coutume de ferrer leur chevaux à rebours. Dieu frappa ces

1. En breton, *kriz*, « noir », issu du dravidien *kar*, avec l'influence du *r* sanscrit, a aussi le sens de « méchant ». Selon notre sentiment, il faut voir là un effet de la christianisation des traditions celtiques.

2. MM. de Pauw et E. Hublard ont fait des fouilles dans la région d'Angre-Roisin (Belgique), sur le plateau dominant le Caillou-qui-bique. Ils ont mis à découvert des retranchements avec épaulement et fossé qui remontent certainement à l'époque néolithique ; sur le côté de ces retranchements regardant la plaine, c'est-à-dire du côté de l'escarpement, on a pu constater l'existence de nombreux foyers très violents, allumés d'une façon régulière.

Pareille constatation a pu être faite, à l'autre bout du monde celtique d'occident, à Bordeaux, par M. Delfortrie, sur la périphérie d'une station de l'âge de la pierre polie découverte dans le sous-sol de la ville de Bordeaux, au confluent de deux cours d'eau, le Peugue et la Devise, qui circonscrivaient un éperon de terre, avant de se jeter dans la Garonne.

hommes, ils périrent tous parle fer et par le feu[1]. Ces *Noirs*[2], selon toute évidence, sont les frères des « nains » Kairions de Bretagne; mais aussi ils paraissent bien apparentés avec les Baïga magiciens Gond, avec les Kader, « seigneurs des monts, » de l'Anamalah et avec les Gaouli Nagbhansi, « fils du Serpent », qui résidaient dans des châteaux forts plantés au sommet des collines[3], tous négroïdes indiens de stature extrêmement réduite, enfin avec les Albani et les Svanes du Caucase dont nous avons parlé[4].

Du haut des falaises de notre Normandie où les Celtes ont laissé tant de témoignages de leur industrie, ils voyaient, dans les jours lumineux, à l'horizon du nord, les blanches collines d'une terre inconnue. Ils franchirent la mer redoutable et mirent le pied sur la grande île à laquelle ils donnèrent le nom de *Prydain*[5] ou de Bretagne, « pays des prêtres colporteurs », Πρετάνοι[6]. Leurs chefs Kurètes[7] « blancs » fondèrent l'établissement de *Caer-Gwent* ou « cité blanche », la moderne Winchester[8], tandis que leurs serfs allèrent s'établir le long des rives de la *Black River* ou « rivière noire ». C'est la même dislocation sociale que montrent, en Armorique, Vannes et Karnak. Les monuments mégalithiques abondent dans la région, entre autres la célèbre enceinte de Stonehenge, autrefois « la Danse des Géants », près d'Amesbury[9]. Mais ces monuments semblent bien être d'une date moins ancienne que leurs similaires du continent occidental, ce qui revient à dire que l'occupation de l'île britannique ne se produisit qu'a-

1. C.-J. Mathieu, *la Province de Luxembourg*, p. 30.
2. La tradition locale de Wéris dit que ce sont les Nutons noirs qui ont apporté les silex taillés sur le *thier* (colline), de Tirifin.
3. Elisée Reclus, *Géog. univ.*, t. VIII, p. 448.
4. Voir plus haut, p. 67 et suiv.
5. *The Myvyrian archeology of Wales*, t. II, p. 57.
6. Πρετάνος contient la racine *bri*, *bar*, qui a fait le verbe grec περαω, « colporter en marchant ». Voir plus haut, p. 15. Dans le patois du Périgord, le mot *breton* n'a aucun sens ethnographique; on appelle *breton* un homme adroit à tous les jeux et faiseur de tours de passe-passe. Les Koribantes étaient de grands jongleurs et des faiseurs de tours miraculeux.
7. L'Angleterre était l'île du « miel ». Comme le miel n'y est pas plus abondant qu'ailleurs, on peut supposer que l'île prit ce nom de ce que les guerriers celtiques qui y vinrent étaient de la caste des Kurètes « qui inventèrent l'élevage des abeilles ».
8. Elisée Reclus, *Géog. univ.*, t. IV, p. 469.
9. Thomas Wright, *The Celt, the Roman and the Saxon.*

Dolmen à Wéris (Belgique).

près un temps relativement assez long et alors que les modes de construction, d'abord assez primitifs, avaient eu le temps de se perfectionner[1]. En France, d'ailleurs, on peut remarquer, dans certains monuments dolméniques, les marques d'une amélioration progressive de l'architecture néolithique qui ne peut être attribuée qu'à l'action évolutrice du temps.

Monument de Stonehenge (D'après un croquis de l'auteur).

Les « Blancs » laissèrent leur nom de caste à la partie méridionale de leur nouvelle conquête qui fut *Albion*. L'ambition des Celtes n'était pas encore satisfaite ; il leur fallait aller jusqu'aux extrêmes limites du couchant. Ils s'implantèrent dans le pays de *Galles* ou des « Coqs » et, passant encore une mer, abordèrent dans la « terre des émigrants[2] », l'*Irlande*[3]. Le pays de Galles et l'Irlande, dernières contrées

1. Partant de l'idée que le monument de Stonehenge était un temple du Soleil, on a été amené à comparer la présente position de cet astre, à son lever, le 21 juin, le jour le plus long de l'année, avec la position qu'il pouvait occuper au moment où le temple fut construit. Après une série d'observations minutieuses, comme la variation du déplacement du soleil, à son lever, est connue, il a été possible de déduire l'une des positions de l'autre et d'affirmer, en se reportant aux tables de l'obliquité de l'écliptique, le nombre d'années qui se sont écoulées pendant que ce déplacement avait lieu. On obtient 3.581 années jusqu'à nos jours, ce qui, pour l'édification du temple, donne la date de 1680 av. J.-C. (Journal « *The Sphere* » du 4 janvier 1902).

2. Dravidien *ir*, « aller », *Ir-land*.

3. En parlant de l'île celtique d'Ierné, Strabon dit : « Ses habitants sont encore plus sauvages que ceux de la Bretagne, car ils sont anthropophages et croient bien faire en mangeant les corps de leurs pères et en ayant commerce, publiquement, avec toutes les femmes, voire avec leurs mères et leurs sœurs. » (Liv. IV, ch. v, par. 4.) Rapprochez ces coutumes de celles des Scythes *Androphages* (Hérodote, *Melpomène*, 100), de celles des Issedons qui faisaient d'épouvantables festins avec les chairs des cadavres de leurs pères mêlées à des chairs de brebis (*ib.*, 26), enfin de celles des

occupées, sont celles qui ont gardé le plus longtemps peut-être, et le plus purement, le génie celtique.

Enfin des contingents de race scythique et de caste inférieure, donc des « noirs », poussèrent au nord et prirent possession de la « noire » *Kalédonie* [1] des *Galls* [2].

Le palet d'Arthur à Gower (Pays de Galles) [3].

L'œuvre était terminée. Le coq gallois, totem de la France celtique, put dès lors commencer à chanter de sa voix résonnante et son cri fier et clair lancé comme un défi en une clameur de victoire ou de liberté à travers le temps et l'espace, a souvent ébranlé le monde émerveillé et attentif.

Les Gaulois n'étaient pas des Celtes de la première pous-

Massagètes qui s'accouplaient ouvertement et faisaient bouillir les corps des défunts pour les dévorer ensuite. — I. Solin (XXX, 2) dit en parlant des Celtes d'Irlande qu'ils se barbouillaient le visage avec le sang coulant des blessures des vaincus tués : *Sanguine interemptorum hausto prius victores vultus suos oblinunt.*

1. *Kalé* pour *kâlam*, forme tamoule de *karû*, « noir ». Sanscrit *kâla*, grec κέλαινος.

2. Guizot, *Hist. d'Angleterre*, t. I, p. 2.

3. D'après les *Monuments mégalithiques* de J. Fergusson, trad. de l'abbé Hamard.

sée d'invasion. Les Gaulois venant à peu près des mêmes régions orientales que leurs devanciers de la précédente immigration celtique, étaient des Pélasges, « fils du chêne ». L'autel de Trèves porte leur symbole : trois cigognes, oiseaux

Dolmen à Plas-Newydd dans le pays de Galles (D'après J. Fergusson)

migrateurs sacrés des longs voyages. Strabon ne nous dit-il pas que l'on transforma leur nom de Pélasges en celui de *Pé-*

Dolmen avec cromlec'h à Moytura (Irlande) (D'après J. Fergusson).

largues qui signifie « cigognes » Πελαργοι[1] ? Ce jeu de mot par à peu près nous donne l'explication des « cigognes » emblématiques de l'autel de Trèves.

Les Gaulois, Γαλάται τοῦ Κελτικοῦ γενους, dit Plutarque, venus du pays des Galactophages scythiques, de cette Celtique hy-

1. Strabon, liv. V, ch. II, par. 4.

perboréenne dont parle Diodore de Sicile[1] et qui fut toujours, dans les temps primitifs, une contrée productrice d'hommes, *se nourrissaient de lait*, dit Strabon[2]. Les noms Γαλάται, *Galatæ*, *Gaulois* veulent dire « mangeurs de lait ». γάλακτοφαγοι, « galactophages ». La racine grecque est γάλα, « lait ». « Il est à remarquer, dit F. Bopp, à propos de ce mot[3],

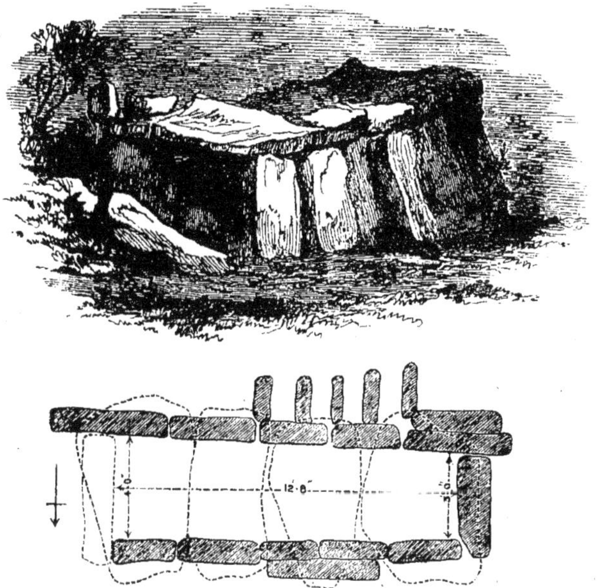

Dolmen de Calliagh-Birra (Irlande) (D'après J. Fergusson).

que l'ancienne gutturale qui se trouvait dans le nom sanscrit de la vache, *gô*, n'a pas entièrement disparu du grec ; je crois du moins pouvoir affirmer que la première syllabe de γάλα désigne « la vache », de sorte que le mot entier désigne proprement « le lait de la vache ». La dernière partie du composé s'accorde littéralement avec le latin *lact ;* c'est sans doute à cause de la forme très mutilée du nominatif qu'on n'a pas reconnu en γαλακτ un mot composé. Dans γαλακτοφαγος et

1. Diod. de Sic., II, 47. — Cet auteur tantôt confond les Celtes avec les Gaulois (V. 27), tantôt en fait deux peuples distincts (V, 32).
2. Strabon, liv. VI, ch. IV, par. 3.
3. F. Bopp, *Gram. comp.*, t. I, p. 285.

autres mots du même genre, le nom de la vache n'est représenté que par le γ ». Grimm[1] cite des noms celtiques qui se rapprochent du sanscrit *gô*, védique *gau*, et qui contiennent le mot « vache », signifiant « lait », entre autres l'irlandais *b-leachd* pour *bo-leachd ; bo* est ici pour *gô*, « vache ». Dans le grec γάλα, l'idée de « vache » n'est représentée que par γα. Quant à la seconde syllabe λα et, avec un κ dans les composés, λακτ, qui correspond exactement au latin *lact*, il semble qu'elle soit de la même famille que la racine *duh* « traire », avec

Tumulus avec cromlec'h à New-Grange (Irlande). (D'après J. Fergusson).

mutation du *d* en *l*[2] ; dans ce cas l'*a* de *lact*-λακτ serait l'*a* du gouna et la voyelle radicale serait tombée, de telle sorte que *lact* serait pour *laukt*[3]. Eh bien! prenons l'irlandais *b-leachd*, *bo-leachd*, et restituons-lui la gutturale primitive du *gô* ou *gau* védique, nous trouvons *gau-leachd* qui se rapproche entièrement de *Gaulois*, mot qui de même que Γαλάτα, *Galata*, suit du plus près possible le grec γάλα sans le κ des composés. Cette étymologie trouve sa confirmation même dans les habitudes des peuples primitifs dont descendaient nos pères. » La traduction exacte du mot *gaulois* serait « laiteux ».

Hésiode dit que « les Æthiopiens, les Ligyens[4] et les

1. Grimm, *Hist. de la lang. allemande*, p. 999 et suiv.
2. F. Bopp, *Gram. comp.*, t. I, p. 51.
3. *Ib.*, t. I, p. 285, note.
4. Par *Lygiens*, il est clair qu'il ne faut pas ici entendre les Ligures Λίγυες de l'Occident, mais les Celtiques chanteurs et musiciens, prêtres du Soleil de l'Hyperborée, les Λίγυες aoides vociférant, les « mélodieux ».

Scythes Hippémolges se nourrissaient du lait des cavales[1] ». Homère parle également des vertueux *galactophages* et des Abiens, les plus justes des hommes. Eschyle dit des Scythes qu'ils ont pour nourriture du fromage et obéissent à des lois sages. Enfin Strabon ajoute : « Les peuples que nous nommons *Nomades* vivent uniquement du produit de leurs troupeaux, ne mangent que du lait, du fromage et surtout l'*hippacé*, fromage de lait de jument[2]. » Ces hippémolges nobles, ces Galactophages les plus justes des hommes s'appelèrent les Sauromates, les Scythes nomades, les Gerrhons et les Cim-

Dolmen de Kermario (Karnak, Morbihan).

mériens. Vénus Apaturos, « celle qui fabrique les fromages, » habitait une caverne située dans les environs de Phanagoria, l'*emporium* de Taman, en plein pays des Galactophages[3].

Les Galactophages habitaient la presqu'île de Taman, le

1. Frag. d'Hésiode conservé par Eratosthène cité par Strabon, liv. VII, ch. III, par. 7. Αἰθίοπας Λιγυάς ε ἰδὶ Σκύθας ἱππομολγούς.

2. Strabon, liv. VII, ch. III, par. 7.

3. *Apaturos* veut dire « celle du fromage » ou, plus explicitement, « celle qui protège la fabrication du fromage ». Ἀπα est euphoniquement pour ἀπό, préposition ayant le sens de « du genre de, de telle profession ». La seconde partie du nom est simplement τουρός, « fromage ». Quelque extraordinaire que puisse paraître cette épithète de la déesse, elle s'explique très rationnellement si l'on veut bien considérer que le sanctuaire où on l'adorait était situé en plein territoire des Galactophages cimmériens qui se nourrissaient de lait et de fromage. D'ailleurs, cette interprétation est nettement confirmée par le nom de la ville où se trouvait le sanctuaire de cette divinité : *Phanagoria*. Ce nom est purement sanscrit et signifie la ville « de la bergère qui écrème le lait ». Les radicaux sanscrits sont : *phâna-yâmi*, causatif de *phân*, « écrémer le lait, et *gorax*, « bergère qui garde les vaches ». (Extrait des *Monuments mégalithiques*, de l'auteur, p. 34, note 7.)

Pierres levées à Stennis (Orcades) (D'après J. Fergusson).

littoral du Palus-Mœotis et les plaines sans fin du Tanaïs et du Borysthène, mais le noyau principal, les tribus qui constituaient la tête agissante et avaient assumé les responsabilités de l'exode kymrique en Gaule étaient les tribus cimmériennes du nord du Bosphore. Nous en rapportant à l'autorité de César, qui relate que les Gaulois se proclamaient fils de Pluton[1] et considérant comme acquis que le royaume du souverain des Enfers était le nord de la presqu'île de Taman et la partie occidentale des plaines de la Kouban, en bordure de la mer

Dolmen à Épone près Mantes (Seine-et-Oise).

d'Azow, il s'ensuit que l'on est amené à donner ces régions pour berceau principal à la race gauloise kymrique. Les hordes kamaras qui ont envahi l'occident venaient donc du Palus-Mœotis, primitive patrie, dont elles ont emporté dans leur bagage intellectuel et industriel, les usages, les armes de bronze, les légendes et des dieux nouveaux. Quoi de surprenant à ce que ces Hippémolges aient pris et gardé le nom de *Galactophages* contracté en celui de *Gaulois?* Le mot latin *Gallus* ne traduit pas *Gaulois*. Si *Gaulois* venait de ce mot latin, il faudrait admettre une forme *gallensis* qui n'existe pas et de plus la résolution de la première *l*. Le

1. Cæsar, *De bello gallico*, lib. VI, par. XVIII : « *Galli se omnes ab Dite patre prognatos prædicant* ».

latin *Galli* n'est pas le correspondant philologique de *Gaulois*, mais bien de *Galles* ou *Gallois*, *Walles* ou *Wallons*, noms qui, comme le latin, signifient « coqs », du dravidien *kôri*, *kôli*. Les *Galles*, *Gallois*, portant le même qualificatif que les *Koribantes-Galles* romains, sont des Celtes Galli et non des Gaulois Kymris. Quant au nom des *Wallons* pour *Gallons*, cette forme servit à désigner les Celtiques du nord de la France et des Ardennes qui occupaient toute la partie septentrionale des Gaules et les régions qui constituent aujourd'hui la Belgique. Le nom particulier des prêtres Koribantes s'appliqua à une nation entière, dénomination essentiellement antique, d'origine sacerdotale dravidienne qui, par suite de son antériorité même, n'avait aucun rapport de signification avec celle des Gaulois et ne peut, par conséquent, être confondue avec cette dernière. Pour désigner les peuples des Gaules, les Romains confondirent les Celtes *Gallois*, *Galli* avec les Kymris *Gaulois* γαλακτοφαγοι et ils désignèrent les diverses races qui s'étaient taillé chacune un patrimoine sur la terre bénie d'occident, sous une même dénomination, la plus primitive, celle qui convenait seulement au rameau gallique ou, pour mieux dire, à la race brachycéphale des « Célestes » venue de l'Orient européen sous la conduite des prêtres Galles ou « coqs » celtiques. L'ancien allemand appelait les peuples romans kymriques *walh* ou *walch* qui correspond au grec γαλα et non au latin *Gallus* pas plus qu'à *Gallois* ou *Wallon*.

II

LES « CHIENS » DE L'ORIENT

Les « chiens » Kurètes paraissent bien avoir joué un rôle prépondérant dans l'occupation des contrées ouraliennes et altaïques, au nord de la Caspienne et du Caucase. Bien au delà des monts Riphées, qui pour les primitifs étaient « l'extrémité de la terre, le terme de la course des astres, plus loin que l'aquilon[1] », vaguaient certaines populations ouralo-altaïques que les Kura, venus dans leurs pays dans un but intéressé de domination, réduisirent en esclavage. Ces peuples d'un tempérament doux et pacifique furent les *Tchoudes*, nom de servitude : ils étaient « ceux que l'on oblige à travailler ». *Tchoude* est tout uniment la racine védique *tud*, forme archaïque de *tchud* qui veut dire « obliger quelqu'un à faire quelque chose ». Ils furent esclaves comme les Cyclopes Mingréliens, comme les hiérodules que les Albani Kaspiens sacrifiaient à leur déesse Lune. Plus tard, lorsque les maîtres du sud eurent découvert l'usage de l'or, du cuivre et du bronze[2], les descendants des Kura firent des Tchoudes un peuple de mineurs dont les travaux se voient encore, mais avant ils taillaient et polissaient sans doute le silex. « Lorsque les Russes découvrirent à nouveau les riches gisements de métal de l'Altaï, ils y trouvèrent partout des excavations de mines; en maints endroits, le sol, perforé dans tous les sens par les Tchoudes, s'est effondré en formant d'énormes entonnoirs, partiellement remplis d'eau[3] ». Les récoltes minières de l'Oural, de l'Yénisséï, de l'Altaï, l'or de l'Ouakeh, venaient s'accumuler dans l'antique emporium de Tanaïs. Les maîtres impérieux de ces Tchoudes mineurs étaient les descendants directs des Kura de l'époque de la pierre, les mystérieux *Kourgans* qui ont laissé leur nom aux innombrables tombeaux qui parsèment les plaines hyperboréennes, à l'occident de l'Oural et sont encore plus nombreux sur les pentes orientales de ces montagnes, dans les vallées de l'Altaï, sur les bords du Yénisséi, et notamment dans le cercle de Minousink[4]. *Kourgan* « fils des Kura » ; *kour* est pour *kur*, *kura*, et *gan* est le sanscrit *gan*, « produit de l'enfantement ».

Puis vint un jour où la religion changea, le chamanisme théocratique des premiers temps néolithiques disparut, des dieux titans d'une nouvelle essence remplacèrent les vieilles divinités, le pouvoir réel des magiciens civilisateurs se transforma en une

1. Pline, liv. IV, ch. XII.
2. Les Tchoudes, bien qu'exploitant tous les minerais, négligèrent le fer, ce qui donne à penser qu'à l'époque de leurs travaux « la race du blanc acier n'était pas née » suivant l'expression hésiodique.
3. Élisée Reclus, *Géog. univ.*, t. VI, p. 641.
4. *Ib.*, t. VI, p. 627.

simple action sur l'âme des foules. Sans doute une première fraction des serfs tchoudiques profita de ce moment pour fuir la terre de la servitude et aller chercher la liberté vers l'extrême nord de l'Europe. Ne retrouvons-nous pas les derniers débris de cette race de fugitifs dans la région russe des grands lacs, particulièrement dans le gouvernement d'Olonetz [1]. Les ancêtres des pauvres habitants de cette terre ont vraisemblablement abandonné les pays de l'Hyperborée avant que les métaux fussent employés, car au XVIIe siècle, leurs descendants, d'une saleté repoussante comme les Phthirophages cérauniens de Strabon, en étaient encore à l'âge de la pierre, et ils la vénèrent encore [2].

Avant que d'avoir organisé l'exploitation des mines de l'Oural et de l'Altaï, à l'époque des métaux, les Kura des anciens jours, avec une clientèle de serfs et d'esclaves, avaient dirigé leur course dans la direction du soleil levant. Et voilà que, grâce aux vestiges légendaires que ces « chiens » ont laissés, nous pouvons suivre leurs traces depuis la Caspienne jusque dans les parages de la baie d'Hudson, en Amérique et même jusque chez les Esquimaux repoussés dans les glaces polaires.

Tout d'abord ce n'est pas un chien que l'on rencontre sur la route, mais une louve, un loup-garou femelle, magicienne sœur des Neures scythiques, des Baïga Gond et des Ériligarou du Dekkan indien. Une tribu turque des bords de la Caspienne ayant été anéantie, un enfant de six ans survécut seul. Une louve compatissante le nourrit de son lait. Plus tard il s'unit à elle et en eut dix enfants [3] dont l'un du nom d'Asséna, eut une nombreuse postérité qui habitait dans des cavernes [4]. En allant vers l'est, nous retrouvons le chien protagoniste. Les Khirgizes du Khokhand prétendent que leur nom signifie « fils des quarante filles », de *kirk*, « quarante », et *khiz*, « fille ». Jadis, il y a bien longtemps, les quarante filles d'un khan, en revenant

1. Élisée Reclus, *Géog. univ.*, t. V, p. 578.

2. A. Castren, *Suomi, Tidskrift i fosterländska ämmen*. — Élisée Reclus, *Géog. univ.*, t. V, p. 628.

3. A rapprocher de la légende italiote de Rémus et Romulus, fils d'une mère proscrite, nourris par une louve, et des dix fils d'Acca Larentia qui formèrent, à Rome, le premier collège des Arvales.

4. Abel Rémusat, *Recherches sur les langues tartares*, p. 300.

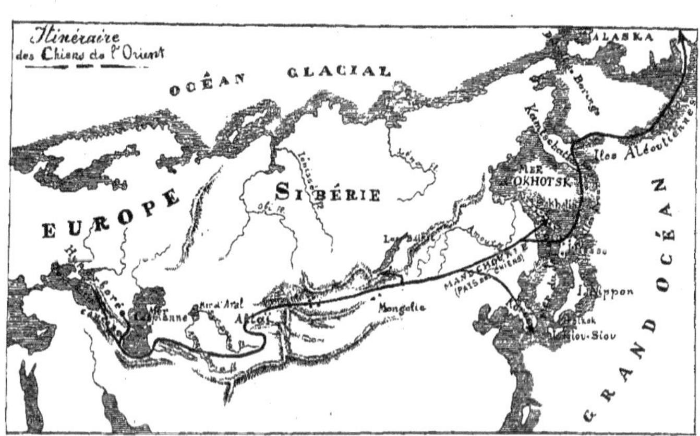

Carte de l'itinéraire des Chiens.

d'une longue promenade, trouvèrent leur village détruit. Éperdues, elles se mirent à errer dans les environs, jusqu'au moment où elles rencontrèrent un *chien* rouge qui devint leur compagnon et les rendit mères. Telle serait l'origine canine

Pierres levées dans la vallée de la Kora [1].

de la nation khirgize[2]. Plus loin, toujours dans la direction de l'Orient, en Mongolie, on trouve des menhirs que les émigrants élevèrent et aussi des dolmens que les habitants actuels de

1. D'après un dessin du *Tour du Monde*, tom. VII, p. 376. — La plus haute de ces pierres a 176 pieds, les autres de 45 à 50. T. W. Atkinson; *Voy. sur les frontières russo-chinoises.*

2. *Journal asiatique*, 6e série, p. 300; Radloff, *Observations sur les Khirgizes.*

cette contrée appellent « caves du diable ». Dans ces régions du Turkestan où passèrent tour à tour tant de colonnes d'émigrants, de hordes de conquérants, de caravanes de marchands, les premiers migrateurs néolithiques ont laissé des mégalithes, témoins de leur présence, surtout dans le massif montagneux de l'Alataou, dans la vallée de la Kora[1]. Le voyageur Atkinson, y a vu, encore debout, cinq énormes menhirs et un sixième couché sur le sol. D'autres monuments : menhirs renversés, dolmens ruinés, vestiges de cromlec'h attestent encore l'établissement en ces contrées de colonies fondées par les pionniers de la civilisation néolithique. Les légendes que narrent les habitants du pays au sujet des génies qui auraient édifié ces monuments, ont un singulier air de parenté avec celles qui ont trait, dans les Ardennes belges, aux Nutons, peuple maudit qui habitait dans des châteaux forts inaccessibles juchés sur les hauteurs. La mission envoyée en Chine occidentale, sous la direction des savants Ségalen, Lartigue et Gilbert des Voisins, a découvert un menhir dans le Seu-T'Chouan. Cette trouvaille est une confirmation de l'hypothèse de M. Pelliot, soutenant que la Chine avait connu l'art mégalithique[3]. Cela est maintenant établi par cette découverte tout au moins pour la région de la Chine occidentale qui se trouvait à proximité de l'itinéraire de diffusion des « Chiens » néolithiques. En Sibérie, sur la rive droite de l'Yénisséï, à Basaïka, près Krasnoïarsk, M. Savenkov a découvert un gisement néolithique dont les objets en os et en pierre sont en tout semblables à ceux de l'occident européen de la même

Menhir dans la vallée de Talbock[2] (Mongolie orientale).

1. Ce nom *Kora* est remarquable : il est le radical du nom des *Koribantes*.

2. *Voy. en Mongolie*, par le baron de Batz. *Tour du Monde*, nouvelle série, t. VII, 1901, p. 513.

3. Académie des Inscriptions et belles-lettres ; séance du 19 juin 1914 Comm. de H. Chavanne.

époque[1]. La *Mandchourie* où le radical *kura*, pour *chourie*, en terminant le nom, spécifie son origine et détermine sa signification est « *le pays des Chiens* ». Le nom général des ancêtres des Mandchoux aurait été celui de Niutchi. *Mandchoux*[2] aurait été l'appellation des membres d'une seule tribu noble qui résidait dans la vallée de la « Longue montagne *blanche* ». La noblesse de ce clan donna une grande autorité et une grande force à Taitsou, chef de la peuplade des Mandchoux, et lui permit de s'imposer en vainqueur à toute la race[3]. Les empereurs mandchoux étaient « fils du ciel » comme les Celtes étaient les « Célestes[4] ».

En Korée, les « chiens » laissent le champ libre aux « coqs » *kori* qui donnent leur nom à la péninsule du « matin calme » ; c'est le « pays des Kori » ou des magiciens koribantes. Tout d'abord, avant de devenir générale, cette désignation appartenait à une petite principauté et elle était *Korié*, vocable qui se rapproche bien encore davantage du nom patronymique *kori*.

Ayant laissé la Korée aux « coqs » qui s'y établirent au mi-

1. « Les paysans de l'Aveyron nous ont déclaré que lorsque la foudre frappe le sol, la pierre s'enfonce de six pieds et remonte d'un pied chaque année. Les Calabrais donnent des chiffres différents, mais ont la même superstition au sujet des « coins du tonnerre ». Les Européens du Nord déclarent que la pierre pénètre dans la terre, la hauteur du plus grand clocher d'église, mais qu'elle s'élève vers la surface chaque fois qu'il tonne et paraît au jour au bout de sept ans. On disait, jadis, la même chose dans l'île de Gotland (Suède) et en *Sibérie*. Un voyageur du siècle passé, Gmelin, s'exprime en ces termes (*Voy. en Sibérie*, trad. de l'allemand, Paris, 1767 ; t. II, p. 118) :

« Je vis auprès du bourg de Kochdesvenkoïe cinq arbres frappés de la « foudre d'une façon extraordinaire... Les paysans me dirent qu'ils espé- « raient trouver en cet endroit, après trois ans, la *flèche du tonnerre*, la- « quelle, par sa vertu propre, ou par celle de la terre qui ne peut souffrir « dans son sein cet étrange instrument, doit en sortir dans cet espace de « temps. » (E. Cartailhac, *l'Age de pierre dans les souvenirs et superstitions populaires*, p. 15 et 16.)

2. Dans son *Dictionnaire tartare-mandchou-français* (1789), L. Langlès traduit *Mantchou*, qu'il donne improprement pour *Mandchou*, par une périphrase : « C'est-à-dire la nation maîtresse ».

3. Élisée Reclus, *Géog. univ.*, t. VII, p. 231.

4. Dans la province de l'Amour, certains noms topographiques rappellent singulièrement ceux du Caucase. La rivière Emuri est aussi la « rivière *blanche* », *Albasicha*. Cette désignation, où se montre évidemment le radical *alb* de *albus*, reporte la pensée vers *l'Albanie* kaspienne et aussi vers l'*Albanie* balkanique où coule le Drin « blanc ». Le nom des *Manégriens* se rapproche de celui des *Mingréliens* [de Lanoye, *le Fleuve Amour* (*Tour du Monde*, t. I, p. 98)]. Si cette parenté philologique est exacte, l'appellation des *Manégriens* doit se traduire par « hommes de la pluie », soit les Kurètes *sati ab imbri*, suivant Ovide.

lieu d'indigènes doux et travailleurs, et finirent, dans leurs derniers descendants, diseurs de bonne aventure, par devenir, comme à Rome leurs congénères Galli, l'objet du mépris général, les Kurètes, de mentalité supérieure, acharnés à la tâche de propager leur culture néolithique, continuèrent, inlassables, leur route vers l'est. A l'autre bout du monde, les Celtes

Mappemonde chinoise.

avaient poursuivi la chimère décevante d'atteindre la terre mystérieuse où se couchait leur dieu Soleil, les « Chiens » de l'Orient semblaient, à leur tour, vouloir surprendre l'astre qu'ils adoraient dans le berceau de l'aurore. Et toute cette partie de l'Asie nord-orientale fut considérée par les habitants de cette région comme la « contrée des chiens » ainsi qu'elle est désignée sur une mappemonde dressée par un lettré d'origine mandchoue[1] qui devait bien connaître les expressions géographiques légendaires de sa patrie.

1. A. Poussielgue, *Relation de voyage de Shang-Haï à Moscou; Tour du Monde*, t. X, p. 290.

Selon l'opinion de M. de Quatrefages, et l'éminent anthropologue donne, à l'appui de sa manière de voir, d'excellentes raisons qui laissent peu de place au doute, les Aïnos seraient les frères de race des Toda de l'Inde. Les Aïnos, avant d'arriver dans les îles précontinentales, où ils résident encore aujourd'hui, avaient nécessairement passé par la partie extrême-orientale des régions septentrionales asiatiques, soit la Mandchourie. Ils sont aussi les « chiens » *Inou*, expression japonaise qui traduit la deuxième partie du nom *Mandchourie* pour *Mand-kurie* « pays des chiens ». Pour la première partie du nom de *Mandchourie*, ils ont très bien pu fournir un vocable pris dans le fonds de leur idiome, primitivement relié à celui des Toda dans un berceau ethnique commun, avant l'émigration qui les poussa vers l'orient de l'Asie, tandis que les Toda allaient s'établir dans le sud de la péninsule indienne. La terminaison *chourie* étant pour *kura*, « chien », le *mand* initial serait un mot aïno-toda, de source caucasique avec l'apport primitif du dravidien *mana* « demeure [1] » et signifierait, par extension, « contrée », car ce terme *mand*, chez les Toda, désigne les agglomérations de huttes où réside ce peuple [2]. Le nom porté sur la carte mandchoue : « contrée des chiens », pour dénommer la région mandchourienne, serait donc d'une exactitude absolue et très simple [3].

Ces émigrants arrivèrent enfin devant la mer orientale;

1. *Mana* « demeure » en canarais, *manei* en tamoul, ayant pour thème original *man* « résider, demeurer dans ». Le *d* de *Mand-chourie* paraît être une lettre adventice due à une résonance de prononciation. Un exemple similaire existe sinon pour le sens, tout au moins pour le son : en sanscrit et dans les langues germaniques et scandinaves, on a *man* pour signifier « homme ». Or, dans le danois, on trouve *mand* pour « homme ».

2. De Quatrefages, *les Hommes fossiles et les Hommes sauvages*, p. 523.

3. En définitive, l'itinéraire des Néolithiques vers l'Extrême-Orient asiatique, depuis le sud de la Caspienne jusque dans région de l'Amour, est sensiblement le même que celui suivi par les marchands qui faisaient le commerce et le transport de la soie. Les négociants chinois et mandchoux, partant de Si-Ngan-fou (*Sera Metropolis*), transportaient la soie grège ou en fils, ou sous forme d'étoffes jusque dans le Turkestan chinois ou pays des Issédons où se trouvaient les deux *emporia* de Kachgar (*Scythica*) au nord et Khotan (*Serica*) au sud. Là, les marchands babyloniens, syriens et grecs prenaient livraison et revenaient vers l'occident. Des rives de l'Amour, en suivant le versant sud des montagnes de l'Altaï, les Orientaux s'acheminaient vers le Turkestan. Les Occidentaux traversaient le pays de Bokhara, longeaient le littoral sud de la Caspienne et gagnaient l'Euphrate après avoir traversé l'Aderbeidschan.

ils la franchirent et abordèrent dans des îles, aujourd'hui Sakhalian, et sans doute aussi dans la plus grande de l'archipel japonais, celle de *Nippon*, où s'élève le volcan sacré de Fusijama. Cette île porte un nom purement dravidien : *nippu*, « feu ». Puis ils se répandirent dans les petites terres insulaires qui forment un chapelet entre l'archipel japonais et l'extrême pointe sud-est de la péninsule du Kamtschatka, et ces îles ont conservé une dénomination qui convient bien à la désignation générale de ces pays qui forment sur la mappe-

Dolmen à Miyohoji (Japon).

monde mandchoue la « contrée des chiens ». Ces îles sont les *Kouriles*[1], où il n'est pas difficile de reconnaître le radical *kura* des Kurètes. Jadis, toutes ces îles, y compris celles de Nippon, étaient habitées par les Aïnos, peuple dolménique qui a élevé des monuments mégalithiques à Hattorigawa, à Miyohoji, à Dômyoji-Yama et en maints autres endroits[2]. Ces

1. En Irlande, des génies chthoniens, reliés par leurs habitudes aux monuments mégalithiques s'appellent les *Kourils*.

2. Élisée Reclus, *Géog. univ.*, t. VIII, p. 423. — « Souvent, dans les dolmens du Japon, la galerie est coupée par un mur. C'est dans cette anticrypte qu'avaient lieu, à des jours fixés, les prières, les offrandes et les libations aux morts. Cette coutume s'observe encore devant les tombes impériales. Les danses, selon un vieux rite, alternent avec les prières. » (M. de Nadaillac, *les Mon. mégal. du Japon ;* journal *la Nature*, n° 1297, p. 290.) Le dolmen de Parc-Guéren dans le Morbihan est également précédé d'un atrium.

M. de Nadaillac attribue avec raison aux Aïnos les grands kjokkenmod-

Aïnos furent repoussés vers le nord par des conquérants venant du sud de Kiousiou et commandés par Samo. Six siècles auparavant, le prince Taïpe, parti de Formose, avait déjà vaincu les peuplades Aïnos, dont la soumission fut achevée par le japonais Yositsune qui fut à ce point bon pour les vaincus que ceux-ci le divinisèrent[1]. Aujourd'hui les Aïnos sont confinés tout au nord de Yesso, dans la partie méridionale de l'île de Sakhalin et dans les Kouriles. C'est un peuple de pêcheurs doux et pacifiques, de mœurs honnêtes, le meurtre est pour ainsi dire inconnu chez eux[2].

dings du Japon en tout semblables à ceux de Danemark et du pays des Tchouktches (de Mortillet, *le Préhistorique*, p. 497). Mais où nous ne pouvons le suivre, c'est lorsqu'il dit que les autres monuments sont les œuvres de conquérants postérieurs. S'appuyant sur des coutumes qui avaient persisté, il assigne même pour l'érection de ces mégalithes une époque historique. Les armes de fer *plaquées de cuivre* trouvées dans les dolmens ne peuvent dater de l'époque première ; elles sont des œuvres d'artisans bien plus jeunes et si elles ont été placées à côté de dépouilles mortelles dont l'ensevelissement est relativement récent, c'est que les peuples envahisseurs utilisèrent les dolmens-chapelles pour en faire des chambres sépulcrales et déposèrent, aux côtés de leurs morts, des armes en un métal que ne connaissaient pas les Aïnos dolméniques qui en étaient encore aux armes de pierre polie. « Dans les temples des Kamis, dit M. A. Humbert [*le Japon* (*Tour du Monde*, t. XIV, p. 42)], on montre des armes de pierre dont se servaient les peuplades primitives, à l'époque où elles vinrent en contact, on ne sait par quelles circonstances, avec une civilisation supérieure ».

Dans les dolmens on trouve souvent des figurines en pierre ou en terre cuite d'hommes et d'animaux. C'est une preuve que les sanctuaires dolméniques furent convertis en sépulcres par les envahisseurs successifs. « D'abord on immolait des victimes humaines aux funérailles du mikado et de son épouse, la kisaki, et (comme en Scythie) c'étaient ordinairement les plus proches serviteurs. L'an 3 avant Jésus-Christ, Nomino Soukouné, sculpteur indigène, ayant appris la mort de la kisaki, eut la généreuse audace d'apporter aux pieds de son souverain des images d'argile qu'il lui proposa de faire jeter dans la tombe de sa royale épouse à la place des serviteurs voués au funèbre sacrifice. Le mikado accepta l'offre de l'humble modeleur. » (A. Humbert, *ouv. cité*, p. 48.)

1. Miss Isabella Bird, *Unbeaten tracks in Japan*.

2. « Le vol, excessivement rare, est jugé par un jury nommé sur place, et qui applique toujours la même peine : l'amputation du poignet droit du coupable. J'ai demandé un jour à quelle punition s'exposait l'assassin puisqu'un simple vol était aussi rigoureusement châtié. Le vieil et respectable Aïno auquel je m'adressai, et que je ne pouvais soupçonner de vouloir me tromper, me répondit qu'on n'avait jamais eu à envisager cette éventualité, attendu que depuis le commencement du monde il n'y avait pas eu d'exemple qu'un Aïno eût assassiné quelqu'un... » (Le *Novik*, journal posthume du lieutenant de vaisseau André Petrovitch Steer, publié par le commandant de Balincourt.)

Dans cet extrême Orient, ce n'est plus seulement un chien kurète que l'on trouve à la base des légendes primitives, mais toute une meute. Naturellement, au moment de la naissance de la nation Aïno, le « chien » apparaît. Voici la légende : une belle jeune femme, montée sur une barque, comme la nymphe fondatrice de la Cyrène barbaresque, venant de l'Occident, avait, après avoir traversé la mer, abordé sur le territoire actuel des Aïnos où elle vécut des produits de sa chasse et de sa pêche. Un jour, en se baignant, elle vit un chien qui nageait vers elle. Pleine d'effroi à cette vue, elle tenta de fuir, mais l'animal la rejoignant la rassura si bien que de leur union naquit le peuple Aïno [1]. Évidemment, la belle jeune femme représente une race allogène venue du continent, et le chien est le représentant des dolméniques envahisseurs subséquents conduits par les Kurètes. Les Japonais disent, et ils ont raison, que le nom *Inou*, qu'ils donnent aux *Aïnos*, est synonyme de *chien ;* c'est une dénomination exacte pour une race éduquée par des chiens civilisateurs. Les habitants primitifs du Japon portaient le nom de *Korobokuros*. Il n'est pas difficile de dégager de ce nom les deux radicaux *kori* « coq » et *kuru* « chien ». Les Kori étaient des magiciens criards comme les coqs ; les Kura étaient des guerriers, gardiens comme les chiens. Ils étaient les deux éléments directeurs de la migration orientale.

Le flot des émigrants venus de l'Occident se pressa et se condensa dans ces îles, dernières terres orientales de l'Asie. Cela est naturel, la mer arrêtait la marche en avant, il y eut refoulement sur place. Ce qui fit que dans cette contrée l'élément allophyle s'accumula, tandis que dans tous les autres gîtes d'étape où la grande horde néolithique avait passé, elle n'avait laissé que des colonies d'éducateurs qui ont dû rapidement se fondre dans la masse des indigènes.

Comme conséquence de cette accumulation, les Aïnos reproduisent un type dont on ne doit pas rechercher l'étalon dans l'extrême Orient, mais bien dans les régions altao-caucasiques d'où ils sont sortis. C'est une théorie qu'ont adoptée plusieurs anthropologues. Rein [2] et Wernich [3] affirment que la

1. Rodolphe Lindau, *Voy. autour du Japon*, ch. v, p. 99.
2. Rein, *Japan nach Reisen und Studien*.
3. Wernich, *Geographisch-medizinisch Studien*.

ressemblance des Aïnos avec le paysan russe est telle que l'on pourrait facilement les confondre. C'est notre opinion qui résulte forcément d'ailleurs de tout ce que nous venons d'exposer.

Aïnos [1].

Le crâne aïno pur est dolichocépale, la capacité encéphalique est considérable, elle est en moyenne, d'après Davies, de 1.470 centimètres cubes; la peau est plutôt blanche bien

1. D'après Élisée Reclus, *Géogr. univ.*, t. VII, p. 751.

que légèrement cuivrée, olivâtre et nullement jaune comme celle des Asiatiques orientaux ; le nez est saillant, les yeux sont noirs et grands et les paupières rapprochées, mais semblables à celles des Européens, ne sont pas bridées comme celles des Mongoliques. Enfin les Aïnos sont excessivement velus, avec des touffes de poils épaisses sur le corps, des barbes longues et fournies, une chevelure abondante ; bref leur villosité est telle qu'ils sont connus sous le nom de « Kouriles velus[1] ».

Notre conclusion amenée par l'étude de la migration dont nous venons de montrer la route et le point de départ, est que les Aïnos doivent être rattachés au tronc ethnique primitif des peuples du Caucase parmi lesquels Strabon mentionne les Macropogons « à longue barbe[2] ». Certes, les populations actuelles de l'isthme ponto-caspien ne peuvent nous donner le point de liaison immédiatement ethnique ; elles ont supporté trop d'invasions, assisté à trop d'écoulements d'émigrants et de conquérants, subi trop de métissages. Aussi n'est-ce pas dans une quelconque des races caucasiques actuelles, qu'il faut chercher le parallélisme, mais plutôt dans une race initiale définie de cette région. Celle qui apparaît comme étant une des plus anciennes et aussi des plus pures par suite de ses habitudes plus suivies répugnant à l'exogamisme, est la race sémitique qui paraît avoir été à la base primordiale de la population de la Transcaucasie. Il semble bien en effet que l'on doive choisir, pour établir cette comparaison démonstrative, la race indigène caucasique que les dominateurs dravidiens avaient réduite en servage, c'est-à-dire ces Cyclopes Mingréliens de la *Libya supra Colchos* opprimés par les Soanes et ces hiérodules Albani qui furent les frères des enfants de Sem dont quelques-uns, en un élan de révolte, abandonnèrent la terre des maîtres pour aller, sous la conduite de Tharé et d'Abraham, chercher au sud une patrie de liberté. Le berceau des Aïnos serait donc dans la Transcaucasie des Sémites[3] primitifs.

Le type juif, dans sa pureté, offre une conformation cra-

1. Élisée Reclus, *Géog. univ*, t. VII, p. 753.
2. Strabon, liv. XI, chap. II.
3. Naturellement les Hébreux, en choisissant un père pour leur race, ne manquèrent pas de lui donner toutes les qualités morales dont se paraient les grands peuples de l'Hyperborée et du Caucase, « amis de la justice, vertueux, à l'âme tranquille ». *Sem* ou *Sam* a toutes ces vertus, venant du védique *sama*, « vertueux, ayant l'âme tranquille, juste ».

nienne dolichocéphalique : « cheveux foncés, *abondants*, souvent ondulés, yeux grands et vifs ; nez aquilin et fin, lèvres assez minces, taille peu élevée[1] ». Qui n'a remarqué la langueur caressante des yeux des Sémites, surtout chez les femmes, langueur qui provient d'un rapprochement des paupières. Chez les Juifs, la masse encéphalique est bien plus

Juif du Caucase (D'après une photographie de M. Ernest Chantre).

considérable que chez la plupart des autres races. Les Israélites ont le teint d'un blanc mat olivâtre. Ne retrouve-t-on pas ici les principaux détails morphologiques qui se montrent chez les Aïnos ?

Sans doute ces derniers, de même que leurs cousins d'Israël, ne présentent pas toutes ces caractéristiques originelles de race, mais il faut faire entrer en ligne de compte l'action du

1. A. Hovelacque et G. Hervé, *Précis d'Anthropologie*, p. 549.

métissage qui n'a pu manquer de se produire avec la venue subséquente de Mongoliques par la voie de l'ouest et de Japonais par la voie du sud, comme une action analogue s'est produite pour les Juifs par suite d'unions avec les Syriens, les Philistins et les Coutchites de la Mésopotamie.

Reste la question de villosité. Mais justement, l'évolution du peuple juif, au milieu de tant de peuples divers dépourvus d'un pilosisme exagéré qui ont plus ou moins modifié ses traits morphologiques initiaux au cours des siècles entassés, a fait en grande partie disparaître chez lui cette marque de race originelle. Pas complètement au surplus, car les Sémites, avec les paysans petits-russiens, qui habitent précisément les pays limitrophes du berceau dont sont sortis les Juifs, sont certainement pourvus d'un système pileux très développé. Les cheveux sont très abondants, la barbe est fournie, les mains, les bras, le bas des jambes sont sensiblement couverts de poils nombreux. Cet état, dû à la transformation évolutionnaire, fait supposer un état ancestral bien plus accentué qu'indique d'ailleurs clairement l'épisode biblique de Jacob se recouvrant de peaux de chevreaux pour ressembler à son frère Ésaü le « poilu » et mieux tromper par ce stratagème, son père presque aveugle et mourant [1]. Et du coup, la distance qui sépare l'Aïno du Sémite est singulièrement diminuée.

Il n'y a pas que des ressemblances morphologiques entre les Aïnos, les premiers habitants du Caucase et les Sémites Hébraïques, il y a un parallélisme évident pour les mœurs et les croyances. Les Aïnos adorent le soleil, la lune et les astres [2]. Les Albani-Kaspiens adoraient le soleil, la lune et les astres [3]. Ils sont hospitaliers ; les Atlantes *Cérauniens* [4], d'après Diodore de Sicile, « se distinguaient de leurs voisins par leur hospitalité [5] » et la Bible répond : *recipite me sicut hospes;* c'est aussi une qualité des Imères transcaucasiques. Chez les Aïnos, la femme est l'égale de l'homme, chez les Juifs de la Palestine elle était sa compagne honorée, chez les Svanes de Mingrélie,

1. *Genèse*, ch. XXVII.
2. Élisée Reclus, *Géog. univ.*, t. VII, p. 755.
3. Strabon, liv. XI, ch. IV, par. 7.
4. Voir, de l'auteur, *Géographie mythique*, p. 10.
5. Diod. de Sic., liv. III, par. 56.

Mingréliens, d'après Élisée Reclus, *Géographie universelle.*

en plein pays mahométan, la femme n'est pas astreinte à se voiler le visage, elle est libre. Les Aïnos se tatouent, mais les signes du tatouage sont symboliques et tracés sur des parties définies du corps, comme les signes runiques piqués aux bras et aux jambes des Finnois et comme ceux que porte le Tamahou celtique.de la Scythie reproduit par la figuration égyptienne [1]. « Honnêtes, bienveillants, actifs, très courageux individuellement, ils n'ont pas la force morale nécessaire dans le combat de la vie contre les envahisseurs, » dit Élisée Reclus, en parlant des Aïnos. C'est ce qu'il dit aussi des Mingréliens tantôt indolents, tantôt actifs, mais sans force pour résister aux exactions de tous leurs oppresseurs. N'est-ce pas le spectacle qu'a donné le peuple juif aux jours de décadence, en face des conquérants romains? Lorsqu'un Aïno meurt, les siens élèvent sur sa tombe une hutte semblable à celle qu'il habitait de son vivant, et plantent devant des piques et déposent des objets familiers au défunt, qui sont entretenus avec le plus grand soin. Les Vogoules de la Sibérie occidentale, frères des Ostiaks, placent sur la tombe du mort des armes et une provision de tabac et d'eau-de-vie. Les Juifs, qui ont le plus grand respect pour leurs morts, jettent un caillou ou une pierre sur la tombe de leurs proches qu'ils viennent visiter.

Un dernier trait : Strabon [2] rapporte que les Soanes du Caucase, les Mingréliens des hautes vallées de l'Ingour avaient la coutume de tremper les pointes de leurs flèches dans des poisons qui, par l'odeur insupportable qu'ils répandaient, augmentaient encore la gravité des blessures, très probablement un poison cadavérique. Les Aïnos empoisonnent les flèches dont ils se servent avec le suc de l'aconit [3], dont l'odeur vireuse nauséabonde est fort prononcée. Les populations sauvages, au nord de l'Amour, empoisonnent également les pointes de leurs flèches, mais avec un poison cadavérique.

Les Aïnos et les Hébreux ne furent pas les seuls à abandonner la terre ingrate du Caucase pour conquérir l'indépendance. A une époque inconnue, mais qui, sans doute,

1. J. Quicherat. *Hist. du costume*, p. 4. — Brugsch, *Die Geographie der Nachbarlœnder Ægyptens*.
2. Strabon, liv. XI, ch. II, par. 19.
3. Charlevoix, *Hist. du Japon*.

coïncida avec l'exode des « Chiens » de l'Orient, une autre fraction de même race se détacha du tronc caucasique et alla s'installer dans le sud de la péninsule indienne, où elle forme une tache ethnique au milieu des populations dravidiennes.

Les Toda « velus[1] » sont les frères des Aïnos. Cette thèse a

Type Toda [2].

1. On a singulièrement exagéré la villosité des Toda. Ce qui a contribué le plus à accréditer cette exagération, c'est qu'ils vivent au milieu de populations glabres et qu'ainsi le contraste devient saisissant. A la vérité ils ne sont pas plus velus que nombre d'autres peuples d'Asie et d'Europe.

« Les Todas ont beaucoup attiré l'attention depuis trois quarts de siècle; le plateau élevé qui constitue leur gisement étant devenu le grand sanatorium de l'Inde, un grand nombre d'Européens ont eu l'occasion de les voir et ont signalé avec étonnement leur beau type *caucasique* ou *sémitique*. Ils tranchent en effet sur le dravidien ordinaire, encore plus sur les populations du Wainaad, telles que les Panyer qui sont leurs voisins sur la carte, mais avec une dénivellation de 1.000 mètres ou davantage. » [Louis Lapicque, *Ethnogénie des Dravidiens* (*Comptes rendus des séances de la société de Biologie*, t. LIX, p. 123).]

2. D'après une photographie originale communiquée par M. Lapicque du Muséum national d'histoire naturelle.

été trop brillamment soutenue par M. de Quatrefages[1] pour que nous ayons à la reprendre ici. Nous voulons cependant mettre en relief quelques points symptômatiques. Ainsi que les Aïnos et les Kaspiens, les Toda adorent le soleil, la lune et les étoiles. Comme les Svanes Mingréliens le faisaient avant la conquête russe, les Toda pratiquaient l'infanticide que s'est efforcé de réprimer le gouvernement anglais. Les Mingréliens sont éleveurs de bétail, le bœuf oukraïnien est majestueux et superbe ; les chevaux et les mulets de la montagne sont particulièrement recherchés par les marchands tartares ; les nombreuses chèvres, dont Ulysse a vu les mères chez les Cyclopes[2], sont gracieuses et fournissent un lait excellent, les porcs de la Ratcha sont fort prisés ainsi que les volailles du Rion[3]. Les Toda sont un peuple essentiellement pasteur, ils sont galactophages comme les Hyperboréens; leurs prêtres *péïki*, « fils de Dieu », dont il n'est pas inutile de rapprocher ici la désignation de celle des « fils de Dieu » de la Genèse amoureux des filles des hommes, dirigent les trayeurs, et l'un d'eux, chaque matin, bénit de sa baguette blanche le troupeau allant au pâturage précédé de la vache sacrée, portant au cou la clochette sainte tombée du ciel.

Les Toda portent un nom védique et pas un nom dravidien. Or, comme la langue védique ne s'est pas formée dans l'Inde, encore moins au Pamir glacé, mais dans les régions scythiques et caucasiques, il faut donc admettre que c'est là qu'ils ont pris leur désignation patronymique. *Toda* est le védique *toda* qui veut dire « aiguillon ». Ce peuple de pasteurs est un peuple de « toucheurs de bestiaux », ou plus noblement de « porteurs de l'aiguillon ». On conviendra sans difficulté, peut-être, que c'est un nom parfaitement propre pour désigner un peuple qui vit de ses troupeaux et vénère les bovidés.

« Un rocher du Nil-ghiri, le Makarti, qui dresse ses parois abruptes au-dessus de la plaine occidentale, et qu'habite un *anachorète* « gardien de la porte des cieux », est vénéré comme le point de contact entre le monde d'ici-bas et celui

1. De Quatrefages, *Hommes fossiles et Hommes sauvages*.
2. Homère, *Odyssée*, ch. IX.
3. Élisée Reclus, *Géog. univ.*, t. VI, p. 171.

d'outre-tombe ; c'est le promontoire d'où s'élancent les âmes, au soleil couchant, pour aller aborder aux îles de nuages flottant dans l'azur[1]. » Cette croyance superstitieuse est tout à fait caucasique. Le Makarti du Nil-ghiri, qui est un trait d'union entre la terre et le ciel, n'est que la réplique du Kazbek céraunien, une des colonnes du ciel[2], le « chef » plus vénéré encore que la « sainte Montagne » de l'Elbrous. Sa légende est la même que celle du Makarti ; on reconnaît très facilement la source commune, cachée dans les ténèbres des mythes préhistoriques, malgré la transformation et les mutilations que lui a fait subir une christianisation teintée de judaïsme. Sur les flancs du mont sacré s'ouvre une grotte célèbre qu'habitaient des *anachorètes*. De cette grotte, à l'aide d'une chaîne de fer, les saints personnages s'élevaient jusqu'au sommet neigeux, demeure des dieux[4].

Dolmens dans le pays des Toda[3].

En face de ces deux légendes, plaçons l'épisode de la genèse biblique. Jacob vient d'avoir un songe ; des anges montaient et descendaient par les degrés d'une échelle qui *reliait la terre au ciel*. En s'éveillant le patriarche s'écrie :

1. Élisée Reclus, *Géog. univ.*, t. VIII, p. 539.

2. Suivant l'affirmation de Bayern, le vrai nom du Kazbek est Chair-van-Zwéri (*Contribution à l'archéologie du Caucase*, p. 51). — La montagne sainte où, dans les temps archaïques, résidait le dieu géniteur primitif, muté par la suite en Priape, attire encore les pèlerins qui viennent en foule. Aujourd'hui les premiers hommages sont pour les sanctuaires que le christianisme a édifiés, mais, le soir venu, l'orgie commence, rappelant les fêtes impudiques du dieu procréateur. Les femmes Tousheths, Khewsoures, Ossètes et Géorgiennes arrivent en pèlerinage avec leurs enfants et leurs maris, mais n'en participent pas moins aux cérémonies orgiastiques nocturnes, célébrant insconciemment ainsi le culte lubrique de l'antique divinité ithyphallique de l'humanité indo-européenne.

3. D'après une photographie originale de M. Lapicque du Muséum national.

4. Élisée Reclus, *Géog. univ.*, t. VI, p. 122.

« C'est ici la maison de Dieu[1] et c'est *ici la porte des cieux.* » Il dressa une pierre ou plutôt un menhir et en enduisit d'huile le sommet[2], ainsi que font dans l'Inde les Bhil et les Gond sur leurs idoles et ainsi que faisaient les dévots du paganisme sur les pierres grossièrement sculptées représentant les dieux ithyphalliques [3]. On retrouve encore la même légende chez les peuples du nord scandinaves. C'est, d'après la mythologie islando-teutonique, le dieu Heimdall, aux « dents d'or », qui

Menhir dans le pays des Toda [4].

demeure au bout du *pont du ciel* dans un château fort. C'est le gardien et le portier des dieux qui empêche les géants de forcer le passage du pont.

Si les inductions que l'on peut tirer d'un rapprochement de noms sont exactes, celui qui se présente entre les noms du peuple primitif de Sakhalian et du peuple des Nil-ghiri est démonstratif et vient évidemment apporter une nouvelle force à l'opinion qui veut une parenté originelle entre ces deux

1. Les anciens croyaient à la présence réelle de la divinité dans ses simulacres matériels. Témoin le *Jupiter-lapis* des Romains. Voir Cicéron. *Ad. Famill.*, VII, 12.

2. *Genèse*, ch. XXVIII, 16 à 22.

3. Lucien, *Alexand.*, 30. — Arnobe, *Adv. gent.*, I, 39.

4. D'après une photographie originale de M. Lapicque du Muséum national.

groupes ethniques, maintenant bien éloignés l'un de l'autre, bien différentiés par l'influence des milieux et les métissages inévitables, mais qui cependant paraissent bien être originaires d'un berceau unique. Ptolémée signale dans le sud de l'Inde, à l'est du pays de Travancore, le peuple des Αιόι. Cette situation, indiquée par le géographe, correspond à celle de l'habitat que devaient occuper les protodravidiens Toda de souche blanche, avant d'avoir été refoulés par les envahisseurs successifs dans un canton resserré des monts Nil-ghiri. Le nom grec Αιός se rapproche du nom *Aïno*. Il s'en rapproche avec plus de précision encore si on remonte vers la source philologique. Αι-ος viendrait du védique *ay*, « aller », qui n'est que le vriddhi du verbe *i*. On doit saisir combien ces deux vocables s'apparentent étroitement. Mais, en sanscrit, *ay* a produit *ayana* « action d'aller », et l'on saisit aussi, par cet intermédiaire, combien ce mot s'identifie immédiatement avec *Aïno*. Le principe radical *ay* pour *i* serait donc le même pour Αιος et pour *Aïno*, et comme la racine appartient au védique qui s'est formé dans les centres altao-scytho-caucasiques, on voit apparaître, comme conséquence, le gîte d'origine commun des Aïnos et des Toda et, du même coup, leur consanguinité. Dans ces conditions, les deux désignations d'*Aïnos* et d'Αιόι peuvent donc être traduites, dans un sens identique, par « les émigrants ».

L'influence sacerdotale des prêtres-chiens semble même avoir dépassé les limites de l'Extrême-Orient asiatique et avoir pénétré, à travers les mers, jusque dans les régions septentrionales du continent américain [1]. Sans doute quelques *Kura*, ou

1. Remarquez le nom du *Canada* américain et rapprochez-le de celui de *Kanada* que porte aussi le pays kanarais, dans le Malayâlam hindoustanique. De même que les Germains et les Gaulois qui plaçaient la nuit avant le jour, les Indiens du Canada ne comptent pas la durée de leur vie par jours, mais par nuits. Comme les Hindoustaniques primitifs, ils regardaient la terre comme leur mère : « Ami, disait un grand chef au colonel Harrisson, je te remercie du siège que tu m'offres ; le soleil est mon père, la terre est ma mère ; je m'asseoirai sur le sein de ma mère. » Et il s'assit sur le sol nu. Ainsi que chez les Ostiaks de Sibérie, chaque tribu indienne a son symbole qui est le palladium des champs et la sauvegarde du wigwam. L'entrée du séjour des âmes des Indiens des régions boréales est gardée par une espèce de Cerbère aboyant, frère mythique de celui qui grondait à la porte du séjour infernal de Pluton hyperboréen. Le paradis est situé vers les lointaines régions de l'*Ouest*, comme par une réminiscence de la patrie civilisatrice des anciens âges.

des migrateurs instruits par eux, ont-ils franchi l'océan d'Asie en Amérique pour aller porter leurs croyances et leur négoce chez les populations de l'est. Il est remarquable de constater que justement les légendes primitives des peuplades américaines de race athabaskane ou Dénné-Dindjié, qui habitent la contrée du nord-ouest entre la baie d'Hudson et les Montagnes Rocheuses, racontent que les premiers ancêtres de la nation sont venus de l'*ouest*, d'un pays étrange et mystérieux placé bien au delà de la grande mer [1], où la terre produisait des arbres inconnus sur lesquels grimpaient des quadrupèdes grands faiseurs de grimaces, soit certainement des singes. Et la faune indienne apparaît dans ces traditions d'un peuple vivant dans la froidure : des animaux couverts d'écailles ou des gavials, des vers immenses ou des serpents, des chats gigantesques ou des tigres, des rennes énormes ou des éléphants, des bêtes couvertes d'une peau si épaisse qu'on ne pouvait les tuer ou des rhinocéros [2].

Mais voilà que nous retrouvons dans ces légendes mêmes le signalement de ceux qui les ont importées. Les pères des Dénné-Dindjié avaient des maîtres souverains forts et puissants et, de plus, habiles et redoutés magiciens qui avaient le pouvoir de se métamorphoser en *chiens* pendant la nuit. Nous revoyons les loups-garous de l'Europe, les Ériligarou de l'Inde en passant par les Neures scythiques. Ces magiciens portaient la tête rasée comme les Argippéens camus d'Hérodote [3] et on les désigne encore dans les récits légendaires sous le nom de « fils des chiens ». Ces magiciens vinrent, d'après les dires des Indiens Loucheux, d'un bien lointain pays de l'ouest [4]. Les Indiens du Churchill se disent fils d'une femme indienne et d'un homme-chien. Les traditions chippewayanes rapportent que leurs ancêtres, pour arriver sur les rives du lac de cuivre,

1. R. P. Petitot, *Essai sur l'origine des Dénné-Dindjies*, Paris, 1876.

2. La bizarre coutume de la couvade propre aux peuples de l'Inde, de la Scythie, d'Asie Mineure et de l'Occident européen était pratiquée par nombre de populations de l'Amérique du nord (de Paw, *Rech. phil. sur les Américains*, t. II, p. 195. — Boulanger, *l'Antiquité dévoilée par ses usages*, liv. II, ch. III, p. 127, Amsterdam, 1766).

3. Hérodote, *Melpomène*, 23.

4. « Tout ce que les Dénné disent des sorciers mi-hommes, mi-chiens, porte à un haut degré le caractère d'un emprunt fait à une race étrangère. Ils signalent l'existence de ces hommes comme un fait extraordinaire, étrange. » (H. de Charencey, *les Hommes-Chiens*, p. 19.)

auraient d'abord traversé un grand lac parsemé d'îles nombreuses et de glaçons[1]. N'est-ce-pas la mer de Béhring avec ses icebergs et ne sont-ce pas les îles Aléoutiennes ?

Les habitants de ces îles sont très fiers d'avoir un « chien » pour ancêtre de leur race; ils assurent que, pendant les premiers temps, eux-mêmes avaient une queue et des pattes comme leur premier père. Ce n'est qu'en punition de leurs péchés qu'ils furent, disent-ils, privés de leurs organes canins qu'ils considèrent comme des attributs nobiliaires malheureusement perdus[2].

Dans l'Alaska[3] et au nord de l'île de Vancouver, il y a une race de sauvages appelés Hydahs qui a tous les goûts et toutes les facultés artistiques de l'homme des cavernes de la Dordogne avec le même degré de civilisation[4]. Cela revient à dire que ces Hydahs ont des mœurs et une industrie en tout semblables aux mœurs et à l'industrie des Ostiaks finnois sibériens de l'Obi, qui ont certainement pour berceau des régions plus méridionales de l'Altaï et avaient, il n'y a pas bien longtemps, au dire de Polakov, des coutumes et un outillage qui représentaient, d'une manière absolue, les coutumes et l'outillage des Troglodytes des bords de la Vézère.

D'après Joannes de Plano Carpini, qui écrivait en 1246, les Tartares se gardaient bien de toucher le feu avec un couteau, ni de se servir d'une hache auprès d'un feu, dans la crainte de couper la tête du feu. La même superstition se retrouve dans le nord-est de l'Asie, chez les habitants du Kamschatcka et aussi, toujours identique, chez les indiens Sioux de l'Amérique du nord. C'est la maxime pythagoricienne : ne pas toucher au feu avec un couteau, « πῦρ μαχαίρα μὴ σκαλεύειν[5] ».

Ne peut-on retrouver dans ces superstitions identiques le reflet du vieux culte indo-européen pour le feu que les Védiques adorèrent sous le nom d'Agni? La dispersion même de cette coutume, pour ainsi dire rituelle, n'indique-t-elle pas la

1. Hearme, *A journey from Prince of Wales for to the northern ocean.*

2. Morskoï Sbornik, *Recueils de documents relatifs aux possessions russes.*

3. Le voyageur Schwatka a pu constater la très grande ressemblance des « Hommes » Thlinkit de l'Alaska avec les Israélites.

4. J. Fergusson, trad. de l'abbé Hamard, *les Mon. mégal.*, p. 21. D'après *Proceedings of the royal geogr. Soc.*, t. XIII, p. 386.

5. Voir Max Muller, *Essais sur la myth. comp.* Trad. Perrot, p. 321-322.

marche de l'ouest à l'est de la civilisation véhiculée par les « Chiens »?

Les Eskimaux de la pointe de Barrow, lorsqu'ils parlent des époques les plus reculées, disent que c'était le temps où « l'homme parlait comme le chien ». Cette peuplade en est encore à l'âge de la pierre pour son industrie[1]. Sous le nom de Tornik, les Eskimaux de l'archipel polaire désignent une race très antique de magiciens ayant un corps d'homme et des pattes de *chien*. Les Eskimaux ont certaines habitudes que l'on retrouve exactement pareilles chez les populations scythiques. Ceux qui résident dans les terres glacées de l'archipel polaire témoignaient leur respect envers les vieillards en tirant la langue, ils faisaient de même devant les Européens[2]. Les Égyptiens représentaient Typhon, prototype de la race πυῤῥός du nord, tirant une langue démesurée[3]; les monnaies d'Olbia, le plat de Camiros, le gorgonéion d'Athènes et celui de Sparte nous montrent une tête de Gorgone à facies large, avec une bouche énorme d'où pend une longue langue; les Gorgones étaient les voisines des Amazones[4] et Strabon place le territoire de ces dernières au-dessus de l'Ibérie caucasique, dans la Ciscaucasie, en même temps que la *Gorgipia* dans la Sindiké abkhasique. Les explorateurs des régions polaires rapportent que les femmes eskimaudes font la chasse aux poux qui pullulent sur leur tête et sur celles de leurs enfants et qu'elles ne manquent pas de les écraser avec leurs dents et même de les manger. Cette habitude malpropre est à rapprocher de celle pareille de ce peuple de *Phthirophages*, « mangeur de poux », d'une saleté repoussante, qui habitait dans les plaines de la Mingrélie, à côté des Soanes[5].

Le nom de la principale divinité des Eskimaux, *Toornarsuk*, semble bien être d'une allure tout à fait védique et vouloir dire « l'être resplendissant gardien de la porte ». Ne retrouve-t-on pas ici l'anachorète du Makarti, « gardien de la porte des cieux », chez les Toda et les anachorètes gardiens du Kazbek, au Caucase? D'autant plus que, de même que ces

1. Élisée Reclus, *Géogr. univ.*, t. XV, p. 223.
2. *Ib.*, t. XV, p. 178.
3. Goblet d'Alviella, *Migration des symboles*.
4. Diod. de Sic., liv. III, par. 54. — Voir *Géog. mythique*, de l'auteur.
5. Strabon, liv. XI, ch. II, par. 19.

anachorètes, le Toornarsuk des Esquimaux est un intermédiaire entre le monde des vivants et le monde des êtres divins, et qu'il est aussi le conducteur de l'âme de l'*Angakok* inspiré volant vers la maison de « la femme de la mer », demeure marine et mystérieuse dont *il a la garde*. *Toornarsuk* paraît avoir la même signification que celle du nom de *Kastor*, *Kasturu* en étrusque [1], le Dioscure kabirique dont le nom a pour racines sanscrites *kâs*, « briller », et *tôr* pour *tôrana*, « porte ». La garde des portes et des entrées des sanctuaires dans les époques primitives était d'une importance capitale [2]. Les Kabires de Samothrace, comme insignes de leurs fonctions de portiers, avaient en main le fouet et la clef. Dans *Toornarsuk*, *tor* serait l'abréviation de *tôrana*, « porte [3] », du dravidien *tira*, *toRa*, « ouvrir [4] » ; *nar* répondrait exactement au sanscrit *nar*, *nṛ*, en grec ἀνήρ, « homme » ; enfin *suk* serait pour *sûk-la*, « resplendissant ».

Pour cette étymologie il ne faut pas considérer seulement le parallélisme du sens radical des syllabes qui composent le nom, mais aussi le sens global que leur rapprochement produit. Or, ce sens est en parfaite concordance avec les légendes de tous les gardiens des avenues du ciel chez les peuples auxquels nous rattachons les adorateurs de Toornarsuk au point de vue de la culture primordiale. Ce dieu sous son aspect nécropompe a la garde de la dernière demeure des Angakok et est « resplendissant » comme ses confrères.

L'origine occidentale de ces populations, quelque entourée de ténèbres qu'elle soit, n'a pu échapper cependant à la clairvoyance de la science moderne qui a sinon vu, du moins soupçonné la vérité. Le duc d'Argyll, dont Lubbock combat l'opinion bien à tort, pense que les Eskimaux, avant d'avoir été « refoulés par les guerres et les invasions, étaient probable-

1. En sanscrit, « castor » est *kastûri*, grec κάστωρ. Évidemment cet animal constructeur a joué un rôle totémique.

2. Pour cette fonction de garde, les chiens mythologiques ont été en première ligne : Cerbère garde les Enfers, Orcthros garde les bœufs de Géryon, des chiens furieux gardaient le domaine d'Æétés en Colchide. Kastor et Pollux sont eux-mêmes, en réalité, les « chiens de Jupiter », Διόσκουροι : Διός, génitif de Ζευς, et le dravidien *kura*, invariable comme vocable hiératique.

3. Pour les sorciers Rôms, le triangle est la porte mystique par laquelle est censé passer l'astre brillant du jour Hélios (Vaillant, *Hist. vraie des vrais Bohémiens*, p. 81).

4. Tamoul : *tiRavu*, « ouverture »; grec : θύρα, « porte ».

ment un peuple nomade vivant du produit de ses troupeaux [1] ». Élisée Reclus est plus explicite et éclaire la question avec sa lucidité ordinaire. Le morceau est à citer en entier : « La ressemblance ethnique est grande entre les Tchouktches de l'Asie et les Eskimaux du nord de l'Amérique. Grâce aux uns et aux autres, la transition des types entre les aborigènes du Nouveau Monde et ceux de l'Ancien est complètement insensible : du Peau-Rouge au Yakoute et au Bouriate, les croisements ont créé tous les intermédiaires et de proche en proche la parenté s'est établie, quelle qu'ait été d'ailleurs la différence originelle et quoique les langues diffèrent. On voit des Tchouktches qui ressemblent d'une manière frappante à des Sioux, sauf pour le costume : ce sont d'admirables représentants de l'Indien sauvage de l'Amérique [2]. L'évidente analogie du type entre le Tchouktche et l'Eskimau, la communauté de leurs usages et de leur genre de vie, l'emploi qu'ils font d'instruments de mêmes matériaux et de même dessin, analogues à ceux que l'on trouve en diverses grottes européennes et américaines de l'âge de pierre, ont fait admettre par quelques anthropologistes que ces deux nations du nord sont *les représentants d'une humanité ou d'une race antérieure graduellement refoulée vers le nord et forcée par les peuples conquérants de séjourner sur les rives de l'océan Glacial.* Ce n'est pas dans le pays habité par eux qu'il faudrait chercher leurs ancêtres, mais bien plus au sud, dans ceux où se retrouvent les débris d'une industrie et d'un art semblables aux leurs [3] ».

III

LES SKAND

Les *Skand* : encore des « émigrants » ou, plus exactement, des « exilés ». *Skand* est très simple : c'est la racine sanscrite *skand*, « aller ».

1. J. Lubbock, *les Orig. de la civil.*, appendice II, p. 503.
2. George Kennan, *Tent-life in Siberia.*
3. Élisée Reclus, *Géog. univ.*, t. VI, p. 798.

Vers la fin des temps néolithiques, une grande révolution sociale et religieuse s'était accomplie dans le milieu ardent de civilisation des contrées euxiques. L'esprit aryen, en fermentation, avait déjà repoussé avec dégoût l'absolutisme théocratique des nâts indiens et des chamanes touraniens. L'âme des Pélasges naissait. La classe, jusqu'à ce moment, subalternisée des artisans Titans avait remporté une victoire définitive sur la suprématie des magiciens thaumaturges. Les dieux Titans s'étaient rendus maîtres de l'Olympe; açwins nouveaux et immortels, ils étaient montés à l'empyrée. On ne peut mieux comparer cette révolution féconde qu'à celle qui, en France, en 1789, porta au pouvoir le tiers état, sur les ruines des privilèges de la noblesse et du clergé. Il n'y a rien de nouveau sous le soleil. A toutes les époques de l'histoire de l'humanité, dans un foyer de civilisation agissante, les mêmes causes d'oppression et d'abus de pouvoir ont produit les mêmes effets d'irritation et de révolte. L'homme a toujours été semblable à lui-même dans son *substratum* moral. L'âme humaine, pendant plus ou moins longtemps asservie, se réveille en un jour de colère et brise les entraves séculaires par un effort puissant et irrésistible, pour se ruer, en une ivresse généreuse, vers la libération de la pensée et vers une justice meilleure.

Mais les mouvements sociaux d'une telle amplitude ne s'effectuent pas sans laisser dans l'esprit des vaincus dépossédés une rancœur qui ne s'apaise pas. Ils rêvent de revanche. C'est ce qui se produisit après le triomphe des Titans. Les prêtres mages repoussés, par un sentiment bien naturel, dont le sacerdoce particulièrement a donné le continuel exemple, tentèrent de reprendre le pouvoir, par un dernier effort.

Ici, nous quittons le domaine assez obscur de la préhistoire, pour entrer dans celui moins enténébré de la protohistoire mythique.

Phaéthon, fils du Soleil et de l'Atlantide Mérope[1], ayant eu un différend avec Épaphus qui mettait en doute son origine divine, alla, sur les conseils de sa mère, trouver son père Hélios et

1. Phaéthon était donc un mœotique, des côtes orientales de la mer d'Azow, soit un cimmérien (voir *Géog. mythique*, de l'auteur, p. 123).

le pria de lui prêter son char pour éclairer le monde pendant seulement un jour. Il voulait ainsi prouver l'authenticité de sa naissance divine. Après quelques difficultés, le père accéda au désir de son fils. Celui-ci monta sur le char solaire, mais mal habile à conduire les coursiers étincelants, il se rapprocha trop de la terre et commença à l'incendier. Zeus, pour prévenir une conflagration générale, foudroya l'imprudent orgueilleux et le précipita dans la mer.

Phaéthon prie son père Hélios de lui prêter le char solaire.

Ce mythe transparent signifie qu'après la révolution qui avait porté au pouvoir les Titans, à la tête desquels marchaient les prêtres de Zeus, dieu nouveau, protagoniste universel qui ici, et c'est un détail démonstratif, ne se confond pas avec le vieil Hélios, les prêtres vaincus de ce dernier dieu, qui était le Pan des origines grécisé en Hélios, se révoltèrent. Cette rébellion fut formidable. D'après ce que laisse entrevoir la fable, elle allait incendier le monde aryaque. Mais Zeus Titan qui, dans la mythologie, prend toujours la place de la caste de ses prêtres, fut encore une fois victorieux et foudroya Phaéthon. Les rebelles étaient des sacerdotaux auxquels les vieux privilèges d'inviolabilité sacrée donnèrent la vie sauve ; ils ne furent pas exterminés, mais exilés, Zeus les précipita dans la mer.

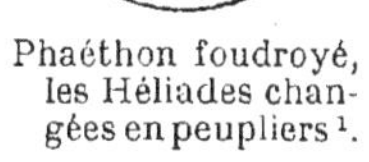

Phaéthon foudroyé, les Héliades changées en peupliers [1].

Dans quelle mer? Une très antique légende scandinave nous indique quelle est cette mer : c'est la Baltique. Phaéthon foudroyé ne tomba pas toutefois dans la mer, mais, d'après cette légende, dans une île proche du littoral où résidaient les Vendes [1].

1. La légende est d'accord avec l'histoire qui dit que l'île de Fehmarn et toute la région depuis le golfe de Kiel jusqu'à la baie de Lübeck furent colonisées par les Vendes Abodrites. Or, par *Vendes*, il faut entendre « blancs » comme pour les Vénètes de l'Adriatique et les Vénètes armoricains fondateurs de Vannès « la blanche » et aussi les Vendes qui fondèrent la Vienne d'Autriche

Les traditions vétustes, dont on ne tient pas assez compte, reflètent très souvent des vérités très simples[1].

Quel chemin prirent les proscrits? Ce fut, à n'en pas douter, le « chemin de l'ambre », le plus central et le plus direct des trois itinéraires qui reliaient, dans l'antiquité, la Baltique à l'Adriatique d'un côté et de l'autre à la mer Noire. Tout le long de cette voie l'ambre se trouve associé à des monnaies grecques dont quelques-unes sont des VIIe et VIe siècles avant Jésus-Christ. Partant des environs de l'Olbia des Milésiens, située au confluent des limans du Bug et du Dniepr, l'émigration prit la direction du nord-ouest en remontant le cours du Dniestr, au nord des Karpathes. Arrivée aux sources de ce fleuve, elle gagna la vallée de la Vistule et vint enfin s'arrêter sur les rives baltiques du golfe de Dantzig[2].

Les Phaéthonides, ainsi que l'attestent les monuments mégalithiques qu'ils ont laissés, occupèrent fortement la région maritime, étant de la race hardie et pillarde des marins euxiques et se répandirent aussi, vers l'est, dans les provinces russes de Riga et de Kowno. Le golfe devant lequel ils avaient fait halte, à la fin de leur long voyage, prit le nom des chefs de l'émigration et devint alors le golfe *Vénédique*[3] ou « golfe des Blancs » ou Vendes. Olaus Magnus l'appelle le « lac

1. Voir au sujet de la légende du Phaéthon, Camille Jullian, *Hist. de la Gaule*, t. I, p. 224.

2. Élisée Reclus, *l'Homme et la Terre*, t. I, p. 205.

Phaéthon est l'Odin des Scandinaves. L'Edda de Snorro Sturleson, qui narre la migration du héros et l'itinéraire qu'elle lui fait suivre, d'après les antiques légendes, concorde en tous points avec le tracé de la route de l'ambre.

« Odin comprit que son nom serait vénéré dans le nord, c'est pourquoi il eut le désir d'abandonner la Turquie (Scythie). Une grande multitude d'hommes et de femmes le suivit. Ils marchèrent sans s'arrêter, jusque dans une contrée septentrionale appelée aujourd'hui Saxe... Odin continua sa marche vers le Nord. » (*Les Eddas*, trad. du Puget, p. 11).

L'Edda nous dit aussi qu'Odin se nourrissait en buvant du vin. Bien évidemment il ne faut pas songer un seul instant que les rives de la Baltique aient pu produire du vin. La légende scandinave lui faisant boire du vin ne peut être qu'un souvenir de la patrie des Phaéthonides celtiques, laquelle patrie était la Russie méridionale fertile en vignes.

3. Il faut remarquer que les Vendes sont aujourd'hui les habitants de la Spréewald, la forêt de la Sprée, bien moins une forêt qu'une succession de marais et de canaux qui font songer aux marais cimmériens et aux lagunes de Venise, occupées par leurs frères de race. Les diverses fractions d'un même peuple montrent ainsi la base de leur tempérament national par des habitudes semblables et des prédilections pareilles.

Les Vendes allemands revendiquent le nom de *Serbes* qu'ils se donnent

blanc » : *in lacu albo, vel venedico sinu* [1]. Sur les bords de l'Elbe, l'Éridan des anciens, les sœurs de Phaéthon, les Héliades, Ἡλιάδες, inconsolables de la mort de leur frère, ou mieux les femmes de l'exode regrettant leur patrie scythique, versaient des pleurs qui se changeaient en perles d'ambre. Elles furent métamorphosées en peupliers, arbres dont sont garnies les rives du fleuve poméranien.

En effet les traditions fabuleuses rattachent l'ambre au mythe de Phaéthon[2]. Pas très forts en histoire naturelle, mais assez près de la vérité cependant [3], certains auteurs anciens attribuaient la formation de l'ambre, considéré comme une gomme, au peuplier noir ou au peuplier commun [4], opinion qui se ressent des larmes des Héliades. Pythéas pensait que c'était une concrétion marine[5] ; enfin Théophraste, se rapprochant de la vérité, affirmait que c'était un corps fossile, un minéral[6]. Hérodote dit que l'ambre venait des lointaines contrées du Nord [7]. Il avait raison ; on recueille l'ambre sur les rivages de la Baltique.

Les Héliades masculins, Ἡλιάδαι, qui, au nombre de sept, dont faisait partie Phaéthon, comme les sept Atlantides, comme les sept patriarches petits-fils de Noé [8], sont des expressions géographiques représentant les sept divisions des contrées occupées et civilisées par les néolithiques en Arménie, au Caucase et dans la Russie méridionale, les « îles des nations[9] ». Mais les Ἡλιάδαι ont une sœur spéciale qui vient huitième et dernière qui, par sa situation à part, en dehors du bloc des Héliades, représente évidemment la fraction du

entre eux, « Serbjo, Serbski », ce qui les apparente encore avec les Celtiques de la Pannonie, de la Serbie et de l'Illyrie (*Century magazine*, février 1897). Leurs superstitions se rapprochent beaucoup de celles ayant cours dans les autres régions peuplées par les Celtes : Irlande, Écosse et Finlande.

1. Olaus Magnus, *Hist. de gentibus sept.*, lib. XI, cap. VII.
2. Apollonius de Rhodes, *Argo*, IV, v. 602 et suiv. — Strabon, V, p. 215. — Polybe, II, 16, 13 et suiv.
3. L'ambre est une résine fossile.
4. Lucien, *de Electro*, cap. II. — Tzetzès. *Hist.*, IV, 381. — Diod. de Sic., V, 23. — Pline, *Hist. nat.*, XXXVII, 11, 31, 38.
5. Pline, *Hist. nat.*, XXXVII, 35.
6. Théophraste, *Lap.*, 29.
7. Hérodote, *Thalie*, 115.
8. Genèse, ch. x, v. 3, 4, 5.
9. Voir *Géogr. myth.* de l'auteur, *les Atlantides*, chap. III, p. 77 et suiv.

peuple dolménique qui alla se réfugier sur les bords de la Baltique, puisqu'elle s'appela *Électrione* et que ce nom est évidemment tiré du grec ἤλεκτρον, « ambre ». Elle est une Héliade comme ses sept sœurs qui sont les répliques feminines des sept Héliades mâles, mais elle ne se confond pas avec elles, elle reste indépendante. Comme expression géographique, venue dernière, ce qui concorde avec l'enchaînement des faits, elle se détache nettement du groupe héliadique caucaso-arméno-pontique. Elle ne peut donc être, dans ces conditions imposées par la signification de son nom et la place à part qu'elle occupe dans le groupe des Héliades, que la représentante du seul pays où les anciens se procuraient l'ambre, c'est-à-dire les rives de la mer Baltique [1].

Phaéthon était de la famille de ces Héliades qui perfectionnèrent l'art de construire les bateaux [2] et sillonnaient la mer Axène montés sur leurs grandes camares, pirates comme les Zygi et les Héniokhes, à la poursuite d'aventures, de pillage et de rapt et quelquefois aussi pionniers de la civilisation avec Phœnix, Kadmus et Danaüs. Et, comme le fait même de sa parenté divine et les épisodes de son mythe paraissent laisser entendre qu'il était ambitieux et turbulent, on peut supposer avec quelque vraisemblance qu'il appartenait à la caste sacrée de ces Kurètes « voleurs » qui « couraient à pleines voiles à travers l'océan jusqu'aux extrémités du monde [3] ». Aussi les Skand, dont il est le prototype, ne tardèrent pas à parcourir la mer et à aller coloniser les terres qui sont aujourd'hui le nord de la Hollande, le Danemark et les parties méridionales de la Suède [4]. Cette aptitude à la colonisation, cet

1. Pythéas a rapporté que les flots de la mer rejetaient l'ambre sur les bords de l'île d'Abalus, à un jour de navigation du pays des Guthons (Götar). Pline, *Hist. nat.*, XXXVII, II, 35.

Les îles Electrides, que certains plaçaient à tort à l'embouchure du Pô et que Pline ignorait (*Hist. nat.*, II, 32), étaient situées par d'autres dans la mer du Nord (*Ib.*, IV, 30, 103). Dans l'une d'elles tomba Phaéthon.

2. Le bateau celtique par excellence était celui que les Romains nommèrent *carabus*. César le fit copier par ses soldats. Ce vaisseau breton était constitué par une armature de bois léger, les intervalles étaient remplis par un clayonnage d'osier et le tout était recouvert de peaux. La proue et la poupe se relevaient en se recourbant. C'est la forme des grands navires des Northmen.

3. Orphée, *les Parfums*, hym. XXX et XXXVII.

4. La colonisation maritime était dans l'âme des Skand. Ultérieurement, avec l'appui des Gotar, partis comme eux des pays de la mer Noire, qui

amour des grandes courses maritimes, entraînèrent les Skand, dès les temps hors histoire, vers des contrées lointaines, par exemple vers l'Armorique où l'on trouve dans nombre de dolmens des morceaux d'ambre qu'ils importèrent. Comme ils étaient de race et de culture celtiques, ces voyages de pillage ou de négoce ont pu suggérer à quelques auteurs anciens et modernes cette idée que les Celtes qui envahirent la Gaule venaient du nord de l'Allemagne et du Danemark.

Dans toutes les contrées du nord les Skand avaient été précédés par les serfs transfuges du Caucase et de la Scythie, les Tchoudes ou Sirtjes, pères altaïques des Lapons et des Samoyèdes qui finirent par n'avoir plus pour dernier refuge que des terres de glace. La légende, fidèle aux vieux souvenirs perdus, rappelle cet exode des serfs hyperboréens : « Le peuple des Tchoudes s'est enfui dans l'intérieur de la terre où il possède d'immenses territoires de chasse et de pâture avec des multitudes de mammouths, de renards et de castors[1]. » Lorsque les Tchoudes néolithiques se dispersèrent ou plutôt s'enfuirent, le mammouth vivait donc encore dans les régions méridionales de la Sibérie et dans les pays hyperboréens de l'Europe orientale. Cela nous reporte loin, mais certainement pas au delà de la moitié du néolithique, car cet animal disparu dans l'Europe occidentale depuis la fin de l'âge du renne, survécut pendant longtemps encore dans l'Orient de l'Europe et surtout dans la Sibérie boréale.

Comme les peuples vertueux de l'Hyperborée scythique, doux, hospitaliers, amis de la justice et de la paix, dont parlent les anciens auteurs, les Lapons de la Scandinavie ont un caractère d'une grande douceur, ils sont accueillants pour l'étranger, d'une parfaite probité et pacifiques; ils ont le regard triste de l'homme vaincu.

Tous les peuples serfs qui se sont évadés des bagnes primitifs de l'Hyperborée et du Caucase où, courbés sous le

ont toujours été des nids de pirates, ils se répandirent de par le monde, pillant d'abord, s'établissant ensuite. Gamle s'installa aux îles Fœroé en 861; Ingolf, Nadod et Floke s'établirent en Irlande de 870 à 875; Rurik fonda l'empire de Russie en 862; Erik le Rouge découvrit le Groenland en 982. Les Skand danois arrivèrent en Grande-Bretagne et en Écosse où ils fondèrent le royaume de Caithness. Enfin Rollon, par le traité de Saint-Clair-sur-Epte, en 912, fonda le duché de Normandie.

1. Alex. Castren, *Suomi, Tidskrift i fosterländska amnen.* — Élisée Reclus, *Géorg. univ.*, t. V, p. 628.

joug, ils travaillaient pour des maîtres théocratiques, ont emporté dans leur mentalité intime un ferment vivace et persistant d'exaltation. Ceux, qui, moins heureux que leurs frères libérés, restèrent sur place dominés et asservis, fournirent ces hiérodules prophètes dont les dominateurs Albani se débarrassaient en les sacrifiant à la grande déesse Lune[1]. Parmi les affranchis, les Juifs avaient des prophètes comme le gémissant Jérémie, l'extatique Isaïe, l'irascible Amos. Les Eskimaux « s'érigeaient en prophètes et en fondateurs de sectes » et les missionnaires, pour réprimer ces tendances, prohibèrent la récitation des anciennes légendes[2]. Les Karéliens, poètes et exaltés, d'une grande impressionnabilité nerveuse, aimaient les enchantements et croyaient à la puissance des paroles magiques.

Cet esprit d'enthousiasme est, en effet, le propre de l'âme comprimée. La masse passive souffre et ronge son frein en silence par crainte ou habitude de la servitude, car, comme dit le vieux psychologue Homère, « les dieux enlèvent la moitié de son âme à l'homme réduit en esclavage ». Mais quelques individus, mieux doués, sentent bouillonner en eux des aspirations vers l'indépendance et des désirs de vengeance. Se heurtant à l'infranchissable barrière de servage qui les enserre de toutes parts, ils se replient sur eux-mêmes et leur pensée entre, pour ainsi dire, en ébullition. Tout leur être mental tend vers une action impossible et irréalisable, et peu à peu ils pénètrent dans le domaine chimérique du rêve ardent. Une condensation s'opère et tout d'un coup, comme une chaudière surchauffée où la vapeur s'accumule sans issue suffisante, sous l'effort de l'idée désemparée, l'âme éclate. Un vent de folie passe, balayant les craintes et les raisonnements, et l'homme alors inspiré, non par la divinité comme il le croit, mais par sa pensée dominatrice, parle et divague ; il est *enthousiaste*. En proie au génie de son âme qui brise tous les liens, il prédit pour sa race des jours meilleurs de justice, il maudit les oppresseurs et, dans sa détresse d'esclave, il se tourne vers le dieu et invoque le messie libérateur. La foule douloureuse et attentive écoute les paroles d'espoir ou de vindicte, elle en-

1. Strabon, liv. XI, ch. IV, par. 7.
2. Élisée Reclus, *Géog. univ.*, t. XV, p. 131.

tend ravie cette voix consolatrice ou vengeresse, l'illuminé est devenu *prophète*.

Comme les Eskimaux, les Israélites et les Karéliens, les Lapons furent et sont encore un peuple de prophètes. D'après Ampère, c'est une race d'*extatiques*[1]. Leur nom d'ailleurs en fait des prophètes. Les *Lapons*, en effet, sont « ceux qui parlent », du védique *lap*, « parler, se lamenter ». Ils ont aussi un autre nom qui indique bien qu'ils sont originaires de cette hyperborée scythique où vivaient ces peuples « vertueux et probes à l'âme tranquille » ; ce nom est celui de *Sames*, du védique *sama*, « vertueux, ayant l'âme tranquille ». La région littorale, d'où les émigrants hyperboréens, après leur long voyage, purent, pour la première fois, apercevoir les flots d'une mer septentrionale, porte leur nom. La presqu'île qui s'avance dans la mer Baltique entre, à l'ouest le golfe de Dantzig et le lac maritime Frische-Haff et, au nord-est, la mer intérieure Kurische-Haff, est appelée « terre des Sames » *Samland*. Si dans cette dernière désignation on retrouve le nom patronymique des « vertueux » *Sames*, on retrouve aussi le radical de celui des Kurètes dans la dénomination de la mer intérieure *Kurische*-Haff et dans celle de la bande de terre étroite qui la sépare de la Baltique, le *Kurische*-Nehrung qui court depuis Seebad-Kranz jusqu'au goulot de Mémel[2]. Enfin la langue des Lapons se rapproche avec évidence de celle des Mordves, la plus ancienne population finnoise de la Russie. Quant à la saleté proverbiale des Lapons, elle n'a de comparable que la malpropreté inouïe des misérables habitants des basses terres des bassins de l'Ingour et du Rion.

C'est à ces premiers arrivants qu'il faut rapporter l'industrie grossière de la base du néolithique scandinave, que l'on a classée sous le nom d'industrie de *Maglemose*[3]. Les instru-

1. Ampère, *Esquisses du nord*.

2. Léouzon-le-Duc fait venir *Lapon* de *loap*, *loppu*, « fond ». Mais primitivement les Lapons habitaient dans les parties méridionales de la presqu'île scandinave, dans le Danemark et ses îles et, dès leur arrivée, sur les rives de la Baltique, au sud, où se trouve justement cette terre des « vertueux » *Sames*, la *Samland*. Aucune de ces régions ne constitue, le moins du monde, un fond et ne sont pas baignées par le *fond* ou l'extrémité de la Baltique qui est le golfe de Bothnie.

3. Sous la direction du Dr G. Sarauw, le musée de Copenhague a fait faire des fouilles dans l'île de la Séeland, au lieu dit Grand-Marais ou Maglemose. C'est au plus bas niveau que l'industrie à facies grossier a été trouvée.

ments de cette période sont en silex, en os ou en bois de cerf. Ceux en silex sont tout à fait rudimentaires et offrent le facies éolithique, sauf quelques tranchets que l'on peut comparer, de loin, avec ceux du campignien de France. Les outils en os et en corne sont un peu mieux travaillés, mais cette amélioration relative peut tenir à la matière employée qui par sa forme naturelle suppléait à l'adresse de l'artisan. En somme, cette infériorité n'a pas lieu de surprendre. Elle indique bien l'industrie d'une race à peine échappée à l'esclavage abrutissant, difficilement dégrossie. Les outils et les armes d'un peuple sont plus ou moins beaux et soignés, suivant l'élévation de ce peuple sur l'échelle sociale. Les Tchoudes étaient des esclaves ou tout au moins des serfs émancipés; dans leur industrie, ils ont témoigné de leur insouciance d'asservis et de leur manque de culture. Ce qui est rationnel.

En définitive, d'après une stratigraphie qui présente toutes les garanties d'exactitude, l'industrie lithique de la Scandinavie offre trois phases caractérisées. Les fouilles exécutées dans les terrains tourbeux du Danemark ont indiqué trois strates, montrant chacune une industrie différenciée.

La plus basse, donc la plus ancienne, que tout d'abord on avait considérée comme amorphe et où un examen plus approfondi a fait découvrir des éléments organiques de bouleaux nains et d'arbrisseaux, livre un outillage à formes rudimentaires. On en peut dire que c'est du néolithique à facies éolithique, ce qui revient à exprimer que l'on trouve là des ustensiles façonnés rapidement pour les besoins d'une existence bornée propre à une population ignorante des raffinements. Et il en faut conclure, à notre sens, que l'industrie grossière de cette strate profonde correspond à l'arrivée et à l'installation dans le nord des ouvriers hiérodules tchoudiques Lapons qui s'étaient soustraits, par la fuite vers les pays redoutés de l'empire de la nuit, à la servitude que faisaient peser sur eux les maîtres sacerdotaux de l'Altaï, de la Scythie et du Caucase.

Au-dessus de cette première couche, on trouve la tranche ligniteuse des pins, composée par les détritus de ces conifères. Ici, l'industrie est supérieure comme travail à celle de la couche subjacente; c'est l'industrie des kjœkkenmœddinger. Elle marque l'arrivée des Skand phaéthonides, constructeurs des monuments mégalithiques. Puis, cette industrie suit les étapes de ses améliorations successives, pour atteindre son apogée dans la dernière couche supérieure, celle où s'étalent des forêts de chênes et de trembles ensevelies. Enfin au sommet de cette ultime strate, on trouve le bronze. La terre scandinave met ainsi sous nos yeux le tableau des invasions et des industries des deux groupes, partis tous les deux des mêmes régions méridionales, à deux moments différents de la période néolithique. Mais ces groupes se composaient, le premier d'esclaves qui avaient secoué le joug intolérable d'une servitude outrée, le second d'hommes libres proscrits. La différence dans le temps qui marquait ces départs était en corrélation avec le plus ou moins grand avancement de l'industrie aux moments des exodes. Et encore, chacun de ces groupes d'émigrants usait d'instruments plus ou moins perfectionnés suivant sa mentalité propre, conséquence de sa situation sociale. L'étude des strates des tourbières danoises nous montre, du même coup, les améliorations progressives du travail lithique et nous fait, pour ainsi dire, assister à l'évolution morphologique de la pierre ouvrée à sa dernière période.

L'industrie de la dernière période dite de « la hache à section rectangulaire » est la même que celle de « la hache à section biconvexe ». On ne doit voir là qu'une seule et même industrie en voie d'amélioration, ou peut-être, malgré que cela puisse sembler bizarre à tous ceux qui ont pris l'habitude de considérer les hommes préhistoriques comme exemptés de nos goûts et de nos fantaisies par un miracle psychologique, ne doit-on trouver dans ces formes différentes qu'un caprice de la mode [1].

L'industrie des Skand est, sans contestation possible, supérieure à celle des Celtes de l'Occident, au point de vue de la pureté et de l'élégance des formes, de la finesse de la taille, du

1. « Les peuples gothiques, émigrés au nord, ne trouvèrent pas le pays inhabité. Deux peuples au moins s'y étaient établis avant eux. Le plus ancien de ceux-ci appartenait, sans aucun doute, à la race finnoise et le temps qu'il y demeura fut appelé *âge de pierre*, d'après le matériel qui était principalement en usage pour la fabrication des armes et de toutes sortes d'instruments. A leur arrivée au nord, les Goths apportèrent la connaissance du fer et leur période a été appelée *âge du fer*. » (C. F. Allen, *Hits. du Danemark*, trad. Beauvois, t. I, p. 2.)

fini du polissage, de la diversité des objets. Cela indique que la race qui a importé cette manière industrielle dans le nord de l'Europe où elle s'est juxtaposée comme un bloc à peu près parfait au-dessus de la manière maglemosienne, était partie du centre hyperboréen d'activité civilisatrice des Néolithiques bien après l'exode des Celtes vers les contrées de l'ouest européen.

Les monuments mégalithiques du Nord, les *ganggriften* de la Suède et du Danemark, les *hünengræber* de l'Allemagne, les *hunebeds* de la Hollande, accusent nettement, pour leur construction, une époque moins vieille que celle qui vit l'édi-

Dolmen d'Uby (Danemark), recouvert de son tertre.

fication des monuments celtiques élevés dans les pays du couchant de l'Europe continentale. Les gravures que portent certaines des pierres qui les composent, par le fini de l'œuvre et l'art de la gravure, font entendre qu'elles ont été creusées ou piquetées alors que la science du travail lapidaire était bien plus avancée, donc bien plus jeune que celle qui guidait la main des ouvriers de l'Armorique.

On ne peut tirer aucun renseignement bien positif de l'étude des tumuli de la Suède ; la plupart sont relativement récents et semblent être plutôt des œuvres des Vikings que des Skand. L'usage d'édifier des tumuli funéraires dura longtemps et se perpétua jusqu'à l'introduction du christianisme. Que si certains peuvent être considérés comme datant de la véritable période originelle mégalithique, il n'en est pas moins vrai qu'ils ont été violés et bouleversés par les Danois et les Vikings pour servir de sépulcres à des chefs puissants, écumeurs des mers. Les tumuli du groupe d'Upsal dits tombeaux de Thor, de Wodin et de Freya, celui de Jellinge sur la côte orientale du Jutland recouvrent des sépultures récentes où le fer se trouve en grande quantité.

Il n'en est pas de même des véritables dolmens qui, par suite de leur destination religieuse, ont mieux conservé les

Intérieur du dolmen d'Uby (D'après les *Monuments mégalithiques* de J. Fergusson).

marques de leur antiquité. On commence à les rencontrer sur le Prégel près de Kœnigsberg en Prusse, puis dans la Saxe prussienne, en Poméranie et dans l'île de Rügen. Ils se montrent encore plus nombreux dans le Mecklembourg et le Hanovre, excepté dans le sud-est de ce dernier pays où ils manquent complètement. Dans le grand-duché d'Oldenbourg on rencontre les plus grands de toute l'Allemagne. En Hollande, les provinces de Groningue, d'Over-Ysel et de Drenthe contiennent une assez grande quantité de ces vénérables monuments qui sont de la première époque et fort remarquables ainsi que ceux du Danemark dont plusieurs, par exemple celui de Halskov, présentent des analogies frappantes avec les dolmens de l'île d'Irlande, construits vraisemblablement par des colons venus des côtes armoricaines, un assez long temps après l'installation des Celtes dans l'Occident européen, ainsi que tend à le prouver le continuel échange de communications qui exista, de tout temps, entre les Irlandais et les Armoricains. Les dolmens de la Suède sont certainement les moins anciens et, au point de vue de la construction plus soignée, sont, par rapport à ceux du continent, dans

Dolmen avec cromlec'h de Halskov (D'après J. Fergusson).

les mêmes conditions que ceux de la Grande-Bretagne vis-à-vis de leurs similaires continentaux bretons.

Le point d'arrivée des Skand sur les rivages de la Baltique fut sans doute vers l'embouchure du Niémen, où se trouve le groupe le plus oriental des monuments mégalithiques septentrionaux. A partir de cet endroit, le mouvement vers l'ouest, qui semble avoir été commun à toutes les invasions du peuple dolménique, se dessine très nettement ; après les ruines du Prégel, on trouve celles échelonnées le long de l'estuaire du Niémen, puis les dolmens de Kœnigsberg et ceux de la Vistule qui ne sont pas complètement sur le littoral maritime. Ces stations sont éloignées les unes des autres et sont comme des établissements d'essai d'un peuple qui cherchait le véritable emplacement répondant à ses desiderata. La région convoitée commence à la hauteur de Dantzig pour ne se terminer qu'en Hollande en suivant le littoral et en englo-

Dolmen de Suède.

bant le Danemark et ses îles ainsi que les côtes méridionales de la Suède, vers le nord. Les monuments mégalithiques

Dolmen de Ballo (Hollande) (D'après J. Fergusson).

disparaissent à l'ouest de la province hollandaise d'Over-Ysel où se dressent les derniers *hunebeds*.

Ensuite existe ce large territoire compris entre le Zuiderzée et les Ardennes belges à hauteur de la vallée de l'Ourthe, où l'on ne trouve plus un seul monument. C'est bien une preuve que le groupe mégalithique du nord a été l'œuvre d'un peuple, sans aucun doute frère de celui qui construisit les dolmens de la France, de l'Espagne et du Portugal, mais qui, pour parvenir sur les rives de la Baltique et de la mer du Nord, ne prit certainement pas le même chemin. Cependant les Vendes néolithiques septentrionaux entretenaient, par mer, des relations avec les Celtiques de l'occident de l'Europe; le fait ne peut être discuté puisque, à Karnak, en Bretagne et en Aquitaine, on a découvert des celtæ et des marteaux d'une forme identique à celle des armes scandinaves et, bien plus, la roche qui les compose est d'origine septentrionale[1].

IV

LES BARBARESQUES

L'évolution féconde se poursuivait dans le foyer civilisateur aryaque du monde euxique. Dans ce milieu actif d'enfantement social, les agglomérations ethniques se particularisaient de plus en plus et chaque groupe ébauchait ses destinées futures. De ce nid d'incubation ardente, sentant pousser les plumes de leurs ailes, les « cigognes » pélasgiques allaient s'élancer et prendre leur vol. Les dieux titans travaillaient : Aristée élevait les abeilles, Bacchus brassait la bière et pressait les grappes de la vigne, Minerve tissait la toile, enfin Vulcain, las de polir la pierre, façonnait d'abord le cuivre et, plus tard, le bronze ; les temps néolithiques touchaient à leur fin.

La nouvelle Athènes dolménique, fille de la Terre et du Feu[2], commençait à faire rayonner sur le monde son esprit lumineux. Cet éclat brûlait les yeux de tous les magiciens de

1. Nous possédons dans notre collection une hache-marteau trouée de facture absolument septentrionale ; elle est en roche de Scandinavie. Elle a été trouvée dans une tranchée de défrichement au Fleix (Dordogne).

2. Il ne peut être ici question de l'Athènes historique de l'Attique grecque qui n'apparaît que vers le xve siècle avant notre ère, mais de l'Athènes *sur Triton* de la presqu'île de Kertsch. Voir *Géog. myth.* de l'auteur : *l'Athènes pélasgique*, p. 126 et suiv.

la Scythie qui vivaient de la crédulité des foules et tremblaient de rage et de crainte à la pensée que leur pouvoir thaumaturgique pût être balayé par le vent de raison soufflant du côté de la jeune cité qui déjà préparait les splendeurs intellectuelles de sa fille de l'Attique. Ils résolurent d'étouffer le génie nouveau au berceau, comme les serpents sacerdotaux avaient déjà tenté de broyer, en une monstrueuse étreinte, le jeune titan Héraklés, enfant de la caste ennemie.

Les hiérophantes de Saïs racontèrent à Solon que sa patrie avait sauvé la civilisation, dans un passé très lointain qui, au moment où ce récit était fait au législateur d'Athènes, remontait à 9.000 ans en arrière. Ces premiers Athéniens néolithiques avaient accompli un exploit « qui méritait la plus grande renommée, mais que le temps et la disparition de ses auteurs engloutis dans un cataclysme subit, avaient fait oublier [1] ». Platon, prenant la partie pour le tout, ou bien obscurcissant sa narration à dessein pour ne point trahir son serment d'époptès, en révélant les secrets de l'enseignement ésotérique, raconte que les rois [2] de l'Atlantide, — l'Atlantide azowienne [3], — avaient décidé d'attaquer et d'anéantir la cité dont l'éclat les offusquait. Leur empire était immense, c'était l'empire des Scythes pris en général, *multum in longitudinem et in latitudinem patet*, dit Trogue-Pompée [4]. Il s'étendait de la Libye jusqu'à l'Égypte et de l'Europe jusqu'à la Tyrrhénie. C'était l'empire d'Ouranos [5], le Touran qui partait de la *Libya supra Colchos*, donc voisine de l'Égypte transcaucasique [6], suivait toute l'Hyperborée scythique, prenait la vallée de l'Ister et allait finir sur les bords de la Méditerranée ligurienne. On ne peut, géographiquement, mieux définir cet énorme territoire occupé par des peuples altaïques, ciscaucasiques, ouraliens et européens, où, comme en un creuset

1. Platon, *Timée*.
2. Les Muses, dès qu'elles voient un de ces rois inspirés par Zeus, « mettent sur sa langue une douce harmonie et les paroles coulent suaves de sa bouche et les peuples le regardent tous » (Hésiode, *Théogonie*). Ces rois sont les magiciens diseurs de bonne aventure primitifs, en même temps souverains théocratiques. Leur pouvoir s'était perpétué dans les contrées scythiques.
3. Voir *Géog. myth.* de l'auteur, *les Atlantides*, p. 80 et suiv.
4. Justin, *Fragm. de Trogue-Pompée.*
5. Diod. de Sic., liv. III, par. 56.
6. Voir *Géog. myth.* de l'auteur, *l'Égypte*, p. 15 et suiv.

gigantesque, les races se heurtaient, s'amalgamaient, se séparaient, puis se fusionnaient de nouveau pour finir, dans le temps, par former le bloc aryen, disparate par les origines ethniques, mais unifié par la culture. Les magiciens abondaient aussi bien dans la partie orientale de cet empire où les Neures se changeaient, une fois par an, en loups [1], que dans la partie occidentale où les Koribantes colportaient l'image de leur dieu phalle. C'était vraiment l'empire des magiciens continuateurs des nâts dravidiens et des chamanes touraniens.

Les peuples blonds de l'Europe centrale, sortis des profondeurs de la forêt hercynienne, les Belcæ de l'Oural et des plaines hyperboréennes de la nuit, les Altaïques des steppes kaspiens, les nomades de la Kouban, du Tanaïs et du Borysthène, les sauvages de la vallée de l'Ister, sous la conduite de leurs prêtres « frénétiques et vagabonds » comme le dieu qu'ils servaient, se ruèrent vers l'Athènes de Kertsch, métropole des grands pontifes solaires de la Terre, du Feu et de Minerve.

En tête de l'armée des rois de l'Atlantide, marchaient tous les prêtres réfractaires qui n'avaient pas voulu suivre le mouvement réformateur des Titans. Ces révoltés du bas clergé populaire dissident étaient, pour ainsi parler, la tourbe des bateleurs sacerdotaux, les devins grossiers de Cybèle, se complaisant dans les basses superstitions et dans les pratiques d'une puérile thaumaturgie. Les grands collèges pontificaux avaient fourni des recrues nombreuses à cette armée de rebelles, ou plutôt, ils s'étaient débarrassés d'encombrants confrères qui ne pouvaient ou ne voulaient pas comprendre la grandeur de la réforme qui s'était accomplie. Les rois atlantes de Platon n'étaient que le menu billon des grands hiérophantes. Dans leurs rangs, tous les pillards sacrés, les avides, les mécontents, bref une écume de Koribantes déclassés, de Kurètes déserteurs, de Telchines transfuges, de Dactyles mis hors caste. Ils vivaient tous de la simplicité des peuples qu'ils dominaient par la terreur qu'inspiraient leurs opérations de magisme et par l'attrait de la bonne aventure qu'ils colportaient pour satisfaire à la curiosité inquiète de leurs adeptes naïfs.

1. Hérodote, *Melpomène*, 67, 105.

Aussi la mythologie leur a-t-elle donné un nom qui les dépeint d'exacte façon, les *Kabires* ou les « prophètes ambulants[1] ». Pour rester maîtres des foules, il leur fallait détruire le foyer de lumière qui flamboyait dans la jeune cité de Pallas. Ils firent la guerre tous ensemble, réunissant toutes leurs forces. L'hellénisme alors se dressa contre le Touran. L'Athènes titanesque, abandonnée par ses alliés, seule, arrêta le torrent. Elle écrasa les hordes fanatiques du nord. Ce fut le dernier effort du chamanisme, dans sa lutte contre l'esprit nouveau des Pélasges-Hellènes.

Définitivement et complètement les dieux du Midi, les dieux éclatants et clairs qui devaient resplendir sur la Grèce historique, étaient victorieux. Zeus, désormais maître des tonnerres de Touran, pouvait dans la majesté de la suprême domination monter sur l'Olympe neigeux et régner en paix au milieu de sa cour de divinités tout à la fois naturalistes et métaphysiques. Apollon radieux allait écraser Python sous son talon d'or. Le grand Pan détrôné et honteux s'enfuyait dans les bois, ne sauvant du naufrage de son antique puissance que sa syrinx, ses cornes et sa voix prophétique.

Les conséquences de cette déroute ultime et définitive des chamanes furent inattendues ; elles produisirent un exode forcé qui porta dans des pays inconnus les semences de la civilisation. Après l'Europe, l'Afrique devait sortir de sa torpeur bestiale au bruit des tympanons et des crotales des Koribantes, au son retentissant des armes d'Arès que portaient des pontifes Kurètes et aux accents de la flûte de Pan dont jouaient les Psylles pour charmer le vieux fétiche-serpent. Quant aux Telchines, ouvriers de la première heure qui, malgré leurs jongleries, étaient toujours des pionniers initiateurs et éducateurs de peuples, ils allaient partout où il y avait un peuple à instruire, partout où ils pensaient pouvoir écouler les produits de leur industrie.

Sentant bien que leur pouvoir était sinon irrémédiablement détruit, du moins amoindri considérablement, que leurs pratiques de magisme ne pouvaient plus les rendre maîtres de l'esprit de peuples auxquels ils avaient promis victoire et curée et qui n'avaient récolté que la défaite, les prêtres magi-

1. Du védique *kab*, *kav*, « vaticiner, chanter » et *ir* « aller ».

ciens comprirent que le meilleur moyen d'échapper à la réprobation générale, au mépris des vainqueurs, à la vindicte des vaincus, était de se donner de l'air et d'aller en paix recommencer au loin, chez des peuples neufs, des jongleries dont pouvaient se méfier désormais leurs anciens clients désabusés.

Les Psylles frères des sapwâlha de l'Inde, les Telchines hamaxœques[1], les loups-garous Neures de la Scythie s'unissant aux guerriers Kurètes et aux prêtres métallurgistes, premiers ouvriers du cuivre et dans la suite du bronze, réunirent ceux qui étaient restés fidèles à leur cause, leurs serfs et leurs esclaves, la masse des aventuriers nomades de l'Altaï, du Caucase et de l'Hyperborée et une grande foule d'indigènes blonds des pays ignorés du centre de l'Europe, que l'appât promis des richesses à piller avait attirés vers le Pont, et qui ne savaient que devenir, la défaite étant venue. Tous ces vaincus descendirent vers la mer Axène sur les rives de laquelle ils trouvèrent les hardis pirates Abases et Colches, marins prêts à toutes les grandes expéditions, ne demandant qu'à s'élancer vers des régions inconnues sur leurs grandes camares rouges du sang des populations euxiques massacrées et spoliées.

En une ou plusieurs fois, ils partirent. Les vaisseaux emportaient en même temps les vaincus avides de reconquérir un prestige ébranlé et les corsaires envieux de nouvelles dépouilles. Ils suivirent les côtes septentrionales de l'Asie Mineure, parvinrent au Bosphore de Thrace et pénétrèrent dans la mer de Marmara. Les « coqs » *koli*[2] fondèrent un établissement dans la longue presqu'île qui borde cette mer à l'ouest, Καλλίπολις, *Gallipoli*, la « ville des coqs » Koribantes, une Kolikotta occidentale. En débouchant dans la mer Egée, une île se montra sur la droite; les Kurètes « enfants de la pluie », *ombrégénès*[3], qui servaient Mars Scythique, réplique

1. Les Telchines inventèrent les chars.

2. Forme tamoule *kori*, « coq ».

3. Les chamanes finnois et les nâts indiens faisaient les incantations pour faire tomber la pluie. On retrouve les traces de ces conjurations météorologiques encore de nos jours en Cyrénaïque où l'on pratique des cérémonies bizarres pour appeler l'eau du ciel [voir baron de Krafft, *Prom. dans la Tripolitaine* (*Tour du Monde*, t. III)]. A ce sujet, comme les pierres jouent un grand rôle dans ces cérémonies, nous signalons que *imber* veut en même temps dire « pluie » et « grêle de pierres ».

du Sôran des Kanarais et du terrible Manuk-Soro des Khond, *dieux dravidiens de la guerre et de la pluie* y laissèrent une colonie, et lui donnèrent le nom d'*Imbros*, nom qui, dans la forme gréco-latine, ne fait que traduire directement, au sens immédiat, celui du Sôran dravidien[1]. En remontant au nord-ouest, l'île de Samothrace[2] où des Kabires s'arrêtèrent et instaurèrent le vieux culte mystérieux de la trinité primordiale dravidienne, et comme ils se paraient des vertus des ancêtres, « à l'âme tranquille, justes et vertueux[3] », ils donnèrent à la terre insulaire où ils s'établissaient le nom de *Samos*, « la vertueuse », du védique *sama*, « dont l'âme est toujours égale, juste, vertueuse[4] ». Puis la « blanche » *Chio* et encore une *Samos* « vertueuse ».

Enfin les Cyclades : *Andros*, « l'île de l'homme » ou mieux de l'idole-menhir; Tinos avec *Pyrgo*, le « territoire du feu », (πυρ et *gô*, « terre »); *Syra*, l'île du soleil *Sourya*, et toutes les autres îles des Kurètes « crieurs », des Koribantes « danseurs », des Ériligarou « tourneurs ». *Cyclades* vient du dravidien *ku*, « crier, vociférer », et du sanscrit *klad*, au moyen « être agité[5] », qui a donné le grec κλάζω, « s'agiter, tourner », et qui dans ce sens a produit κυκλέω[6], « tournoyer », en s'adjoignant par un curieux rappel philologique la racine dravidienne *ku* qui, dans ce cas, apporte son sens intime propre

1. De la racine dravidienne *sôr* « pleuvoir ». Grec, 'όμβρος, latin, *imber*. Quant à la terminaison *an*, négligeable, c'est la marque du masculin, d'après la syntaxe dravidienne.

2. Une antique tradition démentie sans preuve par Démétrius de Scepsis parle de l'arrivée des Koribantes à Samothrace (Strabon, liv. X, ch. III, par. 19 et 20). Ces Koribantes étaient au nombre de neuf, nombre cabalistique. Acusilaüs d'Argos fait naître de Vulcain, et de Cabiro, un fils Camillos protagoniste des mystères samothraciens qui lui-même eut trois fils et trois filles : les trois Kabires et les trois nymphes kabirides.

3. Orphée, *Argo*. — Pline, liv. IV, ch. II. — Homère, *Iliade*, ch. I, v. 420. — Pomp. Mela, *de Situ orbis*, lib. I, 19.

4. E. Burnouf, *Dict. sansc.-franç.*, mot : *Sama*, p. 679. — Ne peut-on présenter pour la seconde partie du nom *Samo-thrace* le sanscrit *trak* ou *trajk*, « aller » ?

Dans ce cas, *Samothrace* voudrait dire l'île « des émigrants vertueux ».

5. Comparez l'épithète de « frénétique » donnée au dieu Pan par les hymnes d'Orphée.

6. Comparez le grec κύκλος, « cercle », le latin vulgaire *cyclicus*, « qui tourne en cercle », comme les derviches tourneurs héritiers des Koribantes « danseurs de Cybèle »; A Athènes, le chœur dithyrambique ou cyclique se mouvait en cercle (Callimaque, *In Dian.*, 170. — Simonide, *Epigram.*, 148, 9).

pour spécifier les cérémonies orgiastiques des prêtres « hurleurs et tourneurs ».

Toujours en pointant vers le sud, les navigateurs parvinrent à Santorin où des Koribantes et des Dactyles importèrent le travail et l'usage des premiers métaux, l'or et le cuivre ; cette île fut d'abord une « île des coqs », *Kallisté*, d'après Callimaque; plus tard, lorsque des Pélasges « blancs » *Miniens* de noble race viendront s'y établir, elle deviendra la « célèbre Théra[1] ».

Le passage de l'expédition est indiqué par une tradition légendaire. D'après une prédiction de l'impitoyable Médée, que Pindare rapporte en un passage très embrouillé d'ailleurs[2], il y a une corrélation évidente entre les Colches, l'île de Santorin et la fondation de Cyrène. Or des Colches marins montaient les vaisseaux barbaresques qui allèrent en Tripolitaine et ce sont eux sans doute et non les Argonautes qui reçurent des mains du mystérieux vieillard Euripyle[3] la glèbe divine qui se désagrégea sur les côtes de Santorin. Cela paraît signifier que les aventuriers tentèrent là un essai de colonisation, mais qu'ils ne persistèrent pas dans cette entreprise qu'ils durent ébaucher simplement, soit que les phénomènes volcaniques continuels dont l'île était le théâtre les aient épouvantés, soit encore qu'ils aient trouvé cette terre trop petite pour leur nombre et pour leur ambition. Aussi poussèrent-ils plus loin.

L'hymne du courtisan d'Arcésilas qui reflète, comme en un miroir terni par l'usage, les traditions des temps perdus dans la nuit du passé, apprend encore autre chose. Ainsi que nous l'avons dit, parmi les prêtres directeurs de l'émigration devaient se trouver de nombreux Telchines. Ces pontifes étaient des éleveurs de chevaux de trait, ainsi que le donnent à entendre les détails relatifs à leur mythe. Eh bien, Médée prédit que les habitants de la future Cyrène auront des « coursiers

1. Strabon, liv. VIII, ch. III, par. 19.
2. Pindare, *Pythiques*, IV.
3. On peut faire au sujet de ce nom *Euripyle* une remarque curieuse, qui pourra paraître alambiquée cependant. Il contient les deux mots grecs εὐρύς, « grand », et πύλη, « porte ». Il semble que l'on se trouve en présence d'un frère de l'anachorète toda, « gardien de la porte du ciel », des ermites du Kazbek et de la divinité gardienne des Eskimaux, tous personnages dont nous avons parlé.

légers », au lieu de « dauphins agiles », que les rames se changeront en rênes et en freins et que les vaisseaux deviendront des chars rapides. En effet Cyrène élevait des chevaux pour les courses de chars. Un tel souci de continuer leur métier favori indique que les fondateurs de la cité africaine étaient bien des « nains » Telchines, d'autant plus que nous retrouvons ces nains pygméens précisément en Tripolitaine. Voici ce que dit la légende arabe racontée par le baron de Krafft[1] : « Les grues ne peuvent pas traverser le Hammada (grand plateau pierreux qui sépare la Tripolitaine du Fezzan), parce que les *Bou-chébr* s'y opposent et font bonne garde. Les *Bou-chébr* sont des djins qui ont été emprisonnés pour l'éternité dans le désert de Hammada par le prophète Suleyman, sur qui soit le salut ! Ils formaient un peuple nombreux et puissant, redouté de ses voisins, dédaigneux de toute humanité et de toute justice[2]. Lorsque le prophète Suleyman leur envoya un apôtre pour les remettre dans le chemin droit et les ramener au culte de l'Unique, ces pervers le mirent à mort et tournèrent en dérision les règles de conduite que leur avait enseignées l'homme de Dieu... Il y avait chez les Bou-chébr un grand nombre de grues ; ces oiseaux scandalisés envoyèrent un des leurs à Suleyman pour l'avertir des abominations qui se passaient dans le Hammada. Le prophète écouta ce récit avec indignation, appela la huppe, son oiseau favori, et lui ordonna de convoquer toutes les grues qui se trouvaient sur la face de la terre. Quand elles furent réunies, elles formaient un nuage qui aurait mis à l'ombre tout le pays entre Mezda et Morzouq. Chacune prit alors une pierre dans son bec, vint planer au-dessus du territoire des Bou-chébr et laissa tomber son fardeau, si bien que les infidèles furent tous lapidés[3].

1. Baron de Krafft, *Promenade dans la Tripolitaine* (*Tour du Monde*, t. III, p. 78).

2. Les peuples hyperboréens, au contraire, étaient vertueux et amis de la justice. Dans la légende arrangée par les musulmans, se montre une rancune haineuse de religion contre tous ceux qui ne pratiquaient pas la loi de Mahomet.

3. Remarquez l'analogie qui se montre entre l'internement et la destruction du peuple des Bou-chébr et le bannissement et l'ensevelissement sous les sables du désert des Psylles africains chassés par les Nasamons, ainsi que le raconte Hérodote.

Mais leurs âmes continuent depuis lors d'errer dans la solitude, sans trêve ni repos, avec l'incessante préoccupation d'empêcher le passage des grues. »

Et le baron de Krafft ajoute, ce qui supprime tous les commentaires : « Voilà encore une preuve irrécusable de la persistance des fables antiques. Peut-on méconnaître dans cette légende toute musulmane de forme, la fable des Pygmées et de leurs combats avec les grues ? S'il reste un doute, faisons remarquer le nom du peuple maudit, qui est identiquement celui des Pygmées, *Bou-chébr* veut dire « le père de l'empan », c'est-à-dire l'homme qui se mesure par un empan, distance entre le pouce et le petit doigt écartés l'un de l'autre autant que possible. »

Après Santorin, poursuivant leur route vers l'inconnu, les Barbaresques abordèrent dans une grande île qui barrait au sud la mer qu'ils venaient de parcourir; des marins colchidiens de la race grousienne « au teint rutilant[1] » s'y établirent bien avant que le « brillant » pélasge Minos y soit venu apporter la civilisation égéenne et lui donnèrent un nom qui signalait leur teint ardent d'œgyptides ; cette terre insulaire fut *Candie*, du védique *ĉand*, « être enflammé[2] ». En débouchant de la mer Égée dans la Méditerranée, les émigrants furent épouvantés à l'idée de se risquer sur une vaste étendue d'eau dont ils ignoraient les bornes. Aussi, pour reprendre le contact des côtes, cinglèrent-ils vers l'est afin de suivre le littoral de l'Asie Mineure ; ils s'arrêtèrent à Rhodes la « rouge [3] » où des peuples de l'île érythréenne de Géryon[4] laissèrent une colonie et, aussi une autre, plus au sud, sur les rives de *Karpathos* « l'enceinte des noirs[5] », où des tribus vassales s'établirent. Enfin toujours naviguant, semant sur leur passage des groupes civilisateurs, les hardis marins touchèrent à Chypre où ils implantèrent le culte de Vénus Cypris, « l'ardente inspiratrice des désirs amoureux », et où les Telchines créèrent un grand centre de la nouvelle industrie du cuivre.

1. Élisée Reclus, *Géog. univ.*, t. VI, p. 210.
2. *Ĉand*, littéralement « brûler », mais avec le sens bien défini de la rougeur qui monte au visage dans un moment de colère.
3. Strabon (liv. X, ch. III, par. 19) dit que neuf Telchines résidaient à Rhodes.
4. Voir *Géog. myth.* de l'auteur, l'*Ile de Géryon*, p. 45 et suiv.
5. *Karû*, « noir », et *patta*, « enceinte », en dravidien.

Nous avons multiplié à dessein les étymologies pour les noms des îles égéennes. L'origine de ces étymologies toujours une, le sens toujours circonscrit dans le même cercle d'idées, sont, tout au moins, d'une force appréciable en faveur de leur réalité. Il n'y a pas une discordance; sans exception, on découvre une signification en rapport direct soit avec des marques morphologiques, soit avec le culte, soit avec les caractéristiques sacerdotales morales, industrielles ou ethnographiques des peuples et des prêtres des pays hyperboréens et caucasiques. Peut-on soutenir que le hasard ait de ces complaisances réitérées ?

Puis, ce fut au tour du littoral de la future Palestine d'être visité par les primitifs *Géants*[1] dolméniques, ancêtres des

Dolmens à Kafr-er-Wâl (Palestine) (D'après J. Fergusson).

Anakim de la Bible[2], qui dressèrent, près de l'actuelle Tibné, les monuments mégalithiques de Kafr-er-Wâl et ceux de la Syrie.

Toujours en suivant les rivages, les camares euxiques passèrent devant l'Egypte, puis enfin s'arrêtèrent sur les côtes qui se prolongent à l'ouest de ce pays, et les Lybiens caucasiques de la *Libya supra Colchos*, pour rappeler la patrie abandonnée et regrettée, donnèrent à ce pays nouveau et sans nom celui de *Libye*.

A partir de cet instant, les émigrants formèrent un bloc

1. Nous rappelons que primitivement *géant* n'a pas eu le sens de « grand », mais celui de « fils de la Terre ».

2. La Bible parle d'une race de *Géants* qu'elle appelle *Anakim*, dont un des derniers descendants fut peut-être ce prince Hog qui possédait tout le pays de Basçan, territoire qui, avec la contrée d'Argob, formait le pays des Géants (*Deutéronome*, ch. III, 13).

conquérant et civilisateur. Ce sont les *Barbares* ou *Berbères*, désignation indiquant les habitudes nomades des prêtres d'un dieu « vagabond », qui étaient à leur tête. *Barbare* et *Berbère* sont identiques et synonymes ; la racine rédoublée intensivement est le védique *bṛ*, *bar*, qui a le sens du grec περαω, « colporter ». Ce nom convenait parfaitement bien à des prêtres conducteurs d'émigrants, mais surtout colportant leurs dieux, leurs oracles et leur industrie [1].

Il n'y a pas à douter que les Néolithiques qui vinrent colo-

Dolmen à Tell-Mataba (Syrie) (D'après une photographie originale de M. J. de Morgan).

niser l'Afrique septentrionale connussent l'usage du cuivre. Les faits matériels le prouvent. Dans l'Afrique du Nord, en Tripolitaine, en Tunisie, en Algérie, il arrive que l'on trouve ce métal associé au silex poli, d'une façon plus ou moins abondante, mais qui ne laisse pas que d'être très nette. Les hommes de la fin du néolithique vinrent, dans les régions septentrionales du continent africain, se superposer à une couche ethnique autochthone qui en était encore, au moment de la pénétration, au stade d'une industrie présentant les facies paléolithiques du chelléen, de l'acheuléen,

1. Il est tout au moins curieux de retrouver dans la langue basque le verbe *barbar* avec le sens « d'aller çà et là en éparpillant », en regard du sens de περάω, « aller çà et là pour vendre ».

sommairement du moustérien, et, aussi d'une industrie mal définie à laquelle on a donné le nom de *capsienne*, et que l'on a tenté de rapprocher de l'aurignatien d'Europe, sans pouvoir établir sérieusement un synchronisme réel. Et il n'y a pas eu d'hiatus, à proprementparler, il y a eu un envahissement rapide, une juxtaposition subite d'un import éxotique sur un substratum indigène. Les hommes de la dernière période néolithique sont venus tout à coup, apportant une industrie lithique arrivée à un haut degré de perfectionnement, donc déjà vieille, et les premiers essais du métal. On peut en conséquence en induire que cette pénétration civilisatrice adventice s'est produite tout au commencement de l'ère sidérurgique des métaux.

*
* *

La nymphe poliade protectrice et éponyme de la cité reine de la Cyrénaïque était, suivant la fable, amante d'Apollon, donc une prêtresse du Soleil, chanteuse sacrée comme les prêtres de la Celtique hyperboréenne, joueurs de cithare qui passaient tout leur temps à chanter en l'honneur de leur dieu[1]. Cyrène était une sœur des nymphes « à la voix sonore », une vaticinatrice psalmodiante. Son nom en fait foi. *Cyrène* comprend deux racines, l'une védique, *ku*, « chanter, célébrer », venant du dravidien *ku*, « crier », et l'autre issue probablement d'un idiome altao-caucasique, soit *ran*[2], « faire des invocations » avec l'idée de chant. C'est bien là un nom qui convient à une prêtresse, d'un dieu fatidique dont elle interprétait la voix divine. Cyrène, certainement, commandait à une tribu hyperboréenne gynécocratique, similaire aux clans des Gorgones et des Harpyies. La fable nous laisse entrevoir que ces clans, à la tête desquels se trouvaient des femmes, étaient composés de marins corsaires.

1. Diod. de Sic., civ. II, par 47. — Appoll. de Rhodes, *Argo*, ch. IV.
2. Le mot français *reine* a la même source. La *reine* n'est-elle pas la sœur ou l'épouse de ces *rois* hésiodiques de la bouche desquels découlaient des paroles suaves? Comme témoin on a encore en français le nom démonstratif de la petite grenouille verte « coassante », la *raine*.

Le territoire des Gorgones, voisin de celui des Harpyies [1], « filles de Neptune », était situé sur la côte abkhasique, occupée par les pirates du Pont-Euxin. Cette souveraineté féminine avait pris sa source dans l'Inde, sur la côte du Malabar, dont maintenant les habitants, hardis marins, étaient

Cyrène étranglant un lion [2].

autrefois des pirates déterminés et où existent encore, de nos jours, des royaumes gouvernés par des femmes souve-

1. La fable rapporte que les Harpyies, après leurs expéditions de rapine, se réfugiaient dans les bois. En parallèle, Strabon dit que les pirates de l'Abkhasie, après leurs courses sur la mer Axène, se mettaient à l'abri des représailles en emportant à dos d'hommes leurs camares au fond des bois (liv. XI, ch. I, par. 12).

2. Bas-relief de marbre du British Museum provenant du sanctuaire d'Aphrodite à Cyrène. — Smith et Porcher, *Discoveries at Cyr.* — D'après le *Dict. des ant. grec et rom.* d'Ed. Saglio.

raines, à Calicut, à Cananore, à Travancore. Cyrène fut donc sans doute une de ces reines, gouvernant un clan de pirates, et dès lors il n'y a rien de surprenant à la voir diriger l'expédition maritime qui amena sur la côte africaine des marins du littoral abkhasique. Une vieille légende de la Tripolitaine raconte[1] « qu'un jour une belle jeune fille arriva sur la côte montée sur un « poisson noir [2] ». Nous ne pouvons nous empêcher de soupçonner en ce « poisson », le totem des Mîna[3], et, comme il est « noir », de penser que les marins qui l'avaient pour emblème étaient de caste subalterne ou « impure ».

Les « nains » Telchines que nous avons retrouvés dans les Bou-chébr tripolitains inculquèrent aux colons de la Cyrénaïque leurs habitudes hamaxœques qui se transformèrent en une passion effrénée pour les courses de chars que leurs descendants conservèrent comme un legs précieux[4]. Les Telchines, en effet, marins « enfants de la mer »[5], éducateurs de Neptune Ἵππιος dont ils fabriquèrent le trident[6], inventèrent les chars et, les premiers, y attelèrent des chevaux[7].

1. Baron de Krafft, *Promenades dans la Tripolitaine* (*Tour du Monde*, t. III, p. 79).

2. Lors de l'arrivée des dolméniques sur les côtes de la Cyrénaïque, un phénomène dont les causes nous échappent se produisit. Par suite d'une convulsion amenée peut-être par un tremblement de terre, beaucoup de sources furent taries. La légende dit que lorsque le fils du roi du pays vit la belle fille que le poisson noir portait vers la rive, il en devint amoureux et qu'il la poursuivit lorsqu'elle fut descendue à terre, mais que, sur le point d'être prise, elle s'abîma tout à coup dans un abîme qui s'ouvrit sous ses pieds. Au même instant les eaux des fleuves se précipitèrent dans les entrailles de la terre et toutes les sources furent desséchées. Hérodote (*Melpomène*, 173) rapporte que le souffle du notus dessécha aussi toutes les fontaines du pays des Nasamons. La concordance des deux traditions est évidente et semble laisser peu de doute sur la réalité d'un cataclysme qui transforma profondément le régime hydrographique de la contrée.

3. En dravidien, *mîna* veut dire « poisson » et « brillant ».

4. « Une inscription découverte à Médinet-Abou célèbre une victoire de Ramsès III sur les Tamahou Maschouasch ; les Égyptiens prirent 93 chars et 193 chevaux, ce qui indique que la race chevaline commençait à se multiplier dans ces contrées, qui se sont toujours distinguées depuis par l'excellence de leur cavalerie. » (De Rougé, *Mém. sur les attaques dirigées contre l'Égypte*, p. 84.)

5. Clément d'Alex., *Stromata*, V, 674.

6. Callimaque, *Hymn. in Del.*, 31.

7. Le sanscrit *kinnara* traduit le *tel-kinna* dravidien et le Τελχῖν grec. Les Kinnaras sont des génies indous qui forment la cour du vaçou Kuvéra Paoulastia, régent du nord, dieu des richesses minières. Or ces génies portent le surnom de *turangavaktra* « à tête de cheval ».

Pour rechercher encore l'origine des hommes qui élevèrent les monuments mégalithiques que l'on rencontre dans ces parages, on peut interroger avec fruit les auteurs anciens, et surtout, Hérodote qui fournit des renseignements intéressants. Les Adyrmachides, qui habitaient les régions de l'ouest limitrophes de l'Égypte, avaient une coutume fort malpropre qui les rapprochait des Phthirophages dégoûtants, « mangeurs de poux », des pays du Pont-Euxin : leurs femmes, lorsqu'elles

Trilithe à El-Keb (Tripolitaine) (D'après J. Fergusson).

saisissaient un de ces parasites, se hâtaient de l'écraser avec leurs dents[1]. Un autre peuple, les Asbytes, étaient très habiles à conduire les quadriges[2]. C'est un talent qui distinguait les Hénètes Paphlagoniens et les Vénètes Italiotes ; les premiers étaient maquignons, les seconds élevaient des chevaux renommés pour les courses de chars et Denys, tyran de Syracuse, achetait chez eux ses coursiers d'hippodrome[3].

Après avoir laissé dans la Cyrénaïque un essaim de colons, l'expédition continua sa route vers l'ouest et fonda des sta-

1. Hérodote, *Melpomène*, 168.
2. Hérodote, *Melpomène*, 170.
3. Strabon, liv. V, ch. I, par. 4.

tions tout le long du littoral depuis la Grande Syrte jusqu'au Maroc. Les premiers qui s'arrêtèrent furent les Nasamons qui occupèrent les côtes depuis Barka jusqu'à la régence actuelle de Tunis. Quinte-Curce, Lucain, Silius Italicus [1] parlent des Nasamons comme d'une tribu de nomades de la Libye africaine. Hérodote, qui est un historien plus exact, dit qu'ils formaient un peuple nombreux. Ces Nasamons historiques étaient les descendants des colons dolméniques de l'Hyperborée, immigrés sur les côtes septentrionales de l'Afrique, où ils perpétuèrent leurs habitudes de cavaliers émérites qui distinguaient les populations scythiques, à ce point que la mythologie inventa, à leur intention, la fable des Centaures. Les mœurs qui caractérisaient les Nasamons étaient celles des peuples hyperboréens; les femmes étaient en commun et, quand un homme usait de l'une d'elles, il plantait un bâton devant lui, absolument comme les Massagètes qui, quand ils s'unissaient à une femme, suspendaient leur carquois à leur char [2]. Ces mêmes Massagètes faisaient l'été des provisions de fruits qu'ils mangeaient pendant l'hiver, identiquement comme les Nasamons qui pendant la belle saison montaient dans le pays d'Augila afin de recueillir des dattes pour leurs provisions de bouche hivernales. Les Massagètes s'enivraient en aspirant l'odeur de certains fruits brûlés [3]. Les Scythes en faisaient autant, en respirant, cachés sous une couverture, les vapeurs que produisaient des *graines de chanvre* placées sur des pierres rougies au feu. Les Nasamons saupoudraient le lait dont ils faisaient leur principale nourriture, comme les vertueux Scythes *hippémolges*, d'une poudre faite avec des sauterelles séchées et écrasées. Les Benoulid et les Awakir de la Tripolitaine, les anciens Lotophages du vieil Homère que visita Ulysse, fabriquent avec des dattes qu'ils pétrissent une pâte qu'ils nomment *hadjïn* et dont ils se nourrissent [4]. Hérodote rapporte que des Hyperboréens chauves, ou plutôt

1. Quinte-Curce, IV, 7. — Lucain, IX, v, 439. — Silius Italicus, II, 116; IX, 180.
2. Hérodote, *Clio*, 216. De même que chez les Agathyrses Scythes (*Melpomène*, 104) et les Massagètes, les femmes étaient en commun chez les *Auses*, autre peuple libyen d'Afrique.
3. Hérodote, *Clio*, 202.
4. Baron de Krafft, *Promenades dans la Tripolitaine* (*Tour du Monde*, t. III, p. 77).

ayant la tête rasée, confectionnaient avec les fruits d'une sorte de figuier une pâte noire qu'ils suçaient et qu'ils mêlaient au lait dont ils se nourrissaient, cette pâte s'appelait *aschy* en langage scythique [1]. Or les Kabyles et les Arabes de l'Algérie et de la Tunisie qui font la tête rasée, se procurent une ivresse hallucinante en mâchant une pâte brune faite avec des *graines de chanvre indien* qu'ils nomment *haschisch*; c'est évidemment le mot scythique translaté en arabe. La façon de prêter serment était, à peu de chose près, semblable chez les Scythes et chez les Nasamons [2]. Quant à la coutume qu'avaient ces derniers de prostituer leur femme après le repas des fiançailles à tous leurs amis et convives, elle se rapproche beaucoup des habitudes analogues des Lydiens [3] et des Babyloniens [4].

Les premiers prêtres de l'Inde étaient des féticheurs sapwâllah charmeurs de serpents. Ces sorciers suivirent les hordes indiennes du grand exode et, tout en restant les prêtres du Feu, n'en continuèrent pas moins à pratiquer la magie, à terroriser les foules par leurs sortilèges et à faire croire à un pouvoir surnaturel en jonglant avec des serpents venimeux comme leurs successeurs le font encore aujourd'hui couramment dans l'Hindoustan et comme le font aussi les fanatiques Aï-Saouas de l'Algérie et les nombreux indigènes du sud de la Tunisie, qui font s'agiter des serpents à la morsure mortelle au son de leur flûte, sur les places publiques de Tunis. Et voilà que justement Hérodote ajoute que les Psylles [5], peuple de magiciens charmeurs de serpents, étaient limitrophes des Nasamons [6].

L'antique Karthage elle-même fut une station dolménique. Avant l'arrivée des Phéniciens, fondateurs de la cité punique, un territoire spécial analogue à celui de Karnak en Bretagne, devait occuper l'emplacement de la future ville de Didon. Les

1. Hérodote, *Melpomène*, 23.
2. *Ib.*, 70, 75.
3. *Ib.*, *Clio*, 93.
4. *Ib.*, 199.
5. Une *tabella devotionis* trouvée à Hadrumète (Tunisie) porte un génie à tête de *coq* debout dans une barque et tenant en main une torche. M. Maspéro pense que ce génie appartient à l'ordre des décans astronomiques (*Acad. des insc.*, 1er et 22 juillet 1892). Il n'en est pas moins vrai que la tête de coq rappelle les prêtres Koribantes « coqs ».
6. Hérodote, *Melpomène*, 105, 173.

Phéniciens s'en emparèrent ou l'achetèrent en délimitant la surface du territoire conquis ou acquis au moyen d'une lanière découpée dans une peau de bœuf, lanière dont le tracé périphérique, par son développement concentrique, circonscrivait le domaine, concédé aux nouveaux arrivants qui conservèrent à la ville dont ils jetèrent les bases, le nom local néolithique antérieur. On a donné pour radical au nom de Karthage l'hébreu poétique *karth*, *kereth*, étymologie confirmée, a-t-on dit, par des inscriptions en langue punique sur des monnaies karthaginoises trouvées en Sicile que l'on traduit phonétiquement par *keret-hadeshot* ou suivant une prononciation dialectique par *kart-hadthâ*, ou *kart-hadchat*, ce qui signifie « cité nouvelle ». D'autre part, Solinus dit que Karthage en langue phénicienne a le même sens. La source étymologique du nom de la grande rivale de Rome est plus simple. *Karthage*, *Karthago*, est une abréviation du tamoul *Karnâtagam*, sanscrit *Karnâtaka*, soit « pays des noirs », de *kâr*, « noir », *nât*, « pays », et *agam*, « intérieur ». Supprimez par contraction le *nâ* de la syllabe médiane, vous obtenez *Kartagam* qui répond exactement à *Karthago*. Et cette désignation d'une terre où les émigrants créèrent un établissement correspond très correctement aux démarcations sociales qui subdivisaient les tribus civilisées par les Indiens. Or les contingents qui vinrent sur les côtes africaines étaient composés des révoltés contre la domination des prêtres pontiques et des vaincus dont la défaite faisait des inférieurs et des proscrits, donc des *noirs* « impurs ». Cyrène abordant sur la côte africaine n'était-elle pas portée par un poisson « *noir?* » ainsi que nous l'avons dit.

Dolmen à Kohmia [1].

Après Karthage, ils poussèrent encore plus à l'ouest, couvrant l'Algérie de monuments

1. D'après un dessin de M. Deroy paru dans l'*Illustration* du 23 février 1889, et d'après une photographie de M. A. de Mortillet.

mégalithiques et faisant pénétrer leur civilisation jusque dans

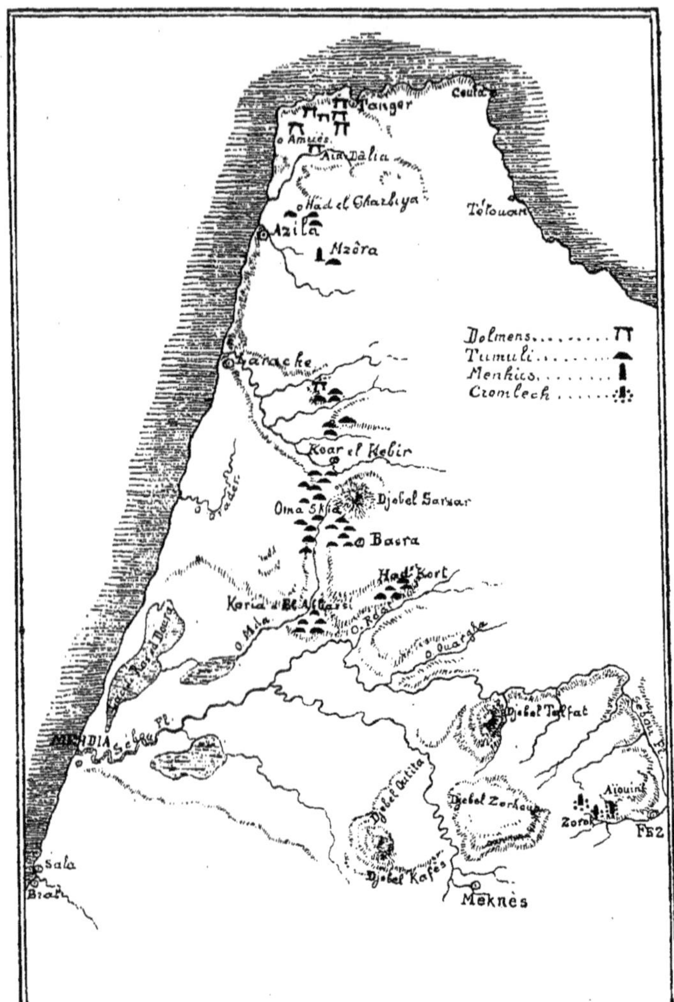

Carte des monuments mégalithiques du Maroc (D'après Tissot et Broca).

le Maroc actuel où on trouve des dolmens témoins positifs de leur pénétration[1], et plus au sud encore jusque dans la Maurétanie où les vestiges de l'industrie néolithique abondent.

Les Kabyles prétendent être nés du sol qui leur appartiendrait sans partage, de même que disent les Moundari de l'Inde qui, encore comme les Kabyles qui ont les tribus des Fenaïa et des Ait-yenni les plus habiles de leurs forgerons, possèdent des tribus nomades de métallurgistes réputés nommés Agariah. Mais il semble encore que leurs prêtres civilisateurs, prêtres du Feu, leur aient laissé le souvenir légendaire de la grande patrie de la civilisation antique[2]. D'après une tradition du Djurjura, c'est un *géant venu du pays où naît le soleil* qui a apporté sur son dos les gigantesques rochers et les monts sur lesquels les Kabyles ses fils ont vu le jour et ont prospéré. D'autres traits encore : comme au Caucase, la vendetta est en honneur chez les Kabyles et le vol n'est pas infamant. Tout est bon à prendre ; seuls les objets qui se trouvent dans l'enceinte du village ou au foyer domestique doivent être respectés et leur enlèvement entraîne une punition[3]. Tous les peuples celtiques sont superstitieux à l'excès. Pour eux tout un peuple d'esprits bons et méchants emplit l'air et la terre ; la terreur des génies est générale, on n'a qu'à écouter les contes des veillées bretonnes et les légendes des Ardennes. C'est un legs du magisme primitif fait non par les druides prêtres aux pensées élevées, mais par les nats indiens et les chamanes finnois touraniens des premiers âges qui savaient conserver leur pouvoir par la terreur qu'inspiraient leurs pratiques et leur enseignement. Le même esprit se montre chez les Kabyles. Voici ce que dit J. Rivière[4] : « Le montagnard du Djurjura est crédule à l'excès autant qu'il est ignorant, ce qui n'est pas peu dire. Sa tête si positive et si pratique est peuplée de fantômes et sa vie obsédée de terreur. Quand disparaissent les dernières lueurs du jour, pour rien au monde il n'approcherait de certaines mosquées en ruines de peur d'en rencon-

1. Vilain, *le Dolmen des Béni-Snassen.*

2. Une très vieille légende arabe raconte qu'anciennement vivait à Machira un prince payen appelé Abd-en-Nar ou « adorateur du feu » (*Mém. de la Soc. archéol. de Constantine*, 1864, p. 117).

3. J. Rivière, *Contes popul. kabyles*, p. 324.

4. *Ib.*, p. 185.

trer les gardiens invisibles; à coup sûr une telle rencontre vaudrait à l'audacieux une maladie aussi soudaine qu'inouïe. Pour lui l'air est rempli de démons et de génies sans domaine connu, car on les trouve partout; ils sont les protecteurs du bétail, les gardiens d'office des cimetières. Certains arbres et certains animaux comme le singe, le chat, l'aigle ont le privilège de recevoir quelque chose de leur vertu. De là ces pèle-

Dolmen de Charaïa [1].

rinages que font les femmes auprès de tel vieux caroubier (comme en France, encore de nos jours, auprès de certains arbres pour faire cesser la stérilité). De là cette habitude d'attacher aux branches des lambeaux d'étoffe enlevés à leurs vêtements (encore comme en France où, auprès de certaines fontaines réputées surnaturelles, toutes les branches des arbres sont liées par des morceaux d'étoffe). Aussi bien les magiciens et les devins, les sorciers et les sorcières, les amulettes et les conjurations de toute sorte abondent au Djurjura. »

1. Voir p. 186, note 1.

On trouve aussi en Kabylie le conte fameux des deux voleurs [1], qui s'emparent du trésor royal. L'un d'eux est pris dans un piège et l'autre, pour enlever toute preuve, lui coupe la tête; après maints exploits qui prouvent son adresse, il finit par épouser la fille du roi que son père a prostituée pour arriver à la découverte du coupable. En Grèce, sauf quelques variantes, le même conte existe [2]. C'est enfin le conte égyptien rapporté par Hérodote [3] avec le détail typique du bras du mort que le voleur laisse entre les mains de la princesse, détail que l'on rencontre aussi dans le conte grec. La prostitution de la fille de Rhampsinite est tout à fait contraire aux idées égyptiennes et en opposition formelle avec la grandeur de la majesté royale des princes pharaoniques, tandis qu'elle s'accorde parfaitement avec les usages courants des peuples hyperboréens. C'est une démonstration que ce conte, qui n'est que la glorification du vol honoré au Caucase, prend sa source dans les pays septentrionaux et la preuve arrive toute seule puisque l'on le retrouve identique dans la Mingrélie caucasique [4].

*
* *

La proximité des côtes hispaniques devait attirer un peuple de navigateurs. Effectivement, les Néolithiques barbaresques vinrent occuper cette partie de l'Espagne qui, des milliers de siècles plus tard, par son climat admirable, sa végétation luxuriante, la douceur de son ciel d'azur, fixa d'autres émigrants envahisseurs, les Vandales, qui donnèrent leur nom de race à l'Andalousie. Ce ne fut, sans doute, qu'après un assez long séjour en Afrique, après la période d'installation, que les dolméniques du sud découvrirent le pays andalous dans une randonnée maritime tentée afin d'aller toujours plus loin dans l'ouest, ce qui a été l'idée dominante et directrice des fractions du peuple des dolmens qui prirent leur direction vers l'occident. Ils devaient probablement être en possession d'outils en métal

1. J. Rivière, *Contes popul. kabyles*, *les Deux Frères*, p. 13.
2. E. Legrand, *Contes popul. grecs*; *Voleur par nature*, p. 205.
3. Hérodote, *Euterpe*, 121.
4. Mouriez, *Contes du Caucase; Contes mingréliens*, III, *les Deux Frères*.

pour pouvoir dégrossir les pierres du superbe dolmen d'*Antequera* [1], les supports de celui désigné sous le nom de *Crux*

Dolmen del Tio Cogolleros (Andalousie) (D'après J. Fergusson).

del Tio Cogolleros et ceux de la *Sepultura grande* qui est une

Intérieur du Dolmen d'Antequera (Andalousie) (D'après J. Fergusson).

réplique typique de certains dolmens scandinaves. Les monu-

1. Le dolmen d'Antequera a son tumulus primitif comme celui de Kerkado, d'après de Bonstetten (*Essai sur les dolmens*, p. 18).

ments de l'Andalousie marquent la fin de la période mégalithique. Après eux, on entre dans le cycle des constructions pélasgiques telles que les monuments de Kubber-Rouméia et de Madracen en Algérie, de Mnaidra et de Hagiar-Kem à Malte, les nuraghi de la Sardaigne et les talayots des Baléares.

Mais l'ambition des dolméniques se développait à mesure qu'ils conquéraient de nouvelles terres. L'inconnu du couchant les attirait sans cesse. Arrivés sur les côtes maurétaniennes [1] baignées par l'immense Océan, ils virent leur dieu Pan-Soleil, toujours plus loin, aller le soir, sa tâche diurne étant finie, disparaître dans son inaccessible palais d'or. Aventureux marins, ils rêvèrent de poursuivre cet éternel voyageur jusqu'en ses demeures profondes, et chez ces hommes enfants soumis à tous les commandements de l'impulsion, l'exécution suivit de près le désir. Ils partirent à la découverte et trouvèrent des îles où ils s'installèrent, en les baptisant du nom d'une des patries indiennes de leurs pères : les *Canaries* [2], mot qui est la transcription aussi exacte que possible de *Kanara*, désignation du pays qui s'étend au nord-ouest de Calicut.

Les premiers habitants des Canaries, du moins ceux que

1 On rencontre au Maroc des charmeurs de serpents venimeux; on les nomme *Eisowys ;* ils sont presque tous originaires de la province de Sous où les reptiles abondent. Ils sont musiciens et dansent en *tournoyant* avant de commencer leurs scènes de jonglerie. Ils invoquent le patron des serpents, Séedna-Eiser. Ils sont véritablement insensibles aux morsures des serpents possédant un venin des plus violents. Certains de ces Eisowys arrivent à un état de surexcitation nerveuse telle que l'on est obligé de les enchaîner ; ils poussent des hurlements épouvantables et, comme les antiques *Kura*, imitent les aboiements du chien. Autre détail tout aussi symptomatique pour définir leur origine : ils prétendent pouvoir se transformer en bêtes, panthères, lions, *chiens*, comme les Neures Scythiques se changeaient en loups et comme les Telchines se métamorphosaient en toutes sortes d'animaux. Ne retrouve-t-on pas en eux les loups-garous de l'Europe ? Le voyageur James Richardson auquel nous empruntons ces renseignements, conclut ainsi : « Peut-être, pour trouver l'origine de ces rites, contraires à la loi du Prophète, faut-il remonter jusqu'aux jours antiques où les phénomènes incompris de la nature et les fureurs d'un fétichisme bestial se partageaient les croyances de l'humanité dans l'enfance. » [*Le Maroc à l'époque actuelle* (*Tour du Monde*, t. I, p. 223).]

2. Pline signale la présence en Maurétanie des *Canarii* qui se nourrissaient de viande de chien, comme certaines peuplades de l'Inde, par exemple les Garro qui habitent aujourd'hui l'Assam et qui, bien que fortement métissés par les Mongoliques, sont originaires du sud de la péninsule, de la Dravidie.

l'étude archéologique peut faire entrevoir, étaient les Guanches, aujourd'hui totalement disparus depuis le xve siècle. Quelle était donc cette race? Quelle était son origine pour laquelle on a présenté tant d'hypothèses? Abel Hovelacque croit qu'ils appartenaient au rameau ibérique[1]. D'après de Quatrefages et Verneau, on ne peut hésiter à les rattacher au tronc de Cro-Magnon[2]. Enfin, Élisée Reclus leur donne pour ancêtres les Berbères Africains[3]. Il serait plus juste de dire frères[4]. Ce qui ressort de plus clair de toutes les recherches ethnologiques

Dolmen et menhirs à Sigus (Algérie)[5].

1. A. Hovelacque, *Précis d'Anthrop.*, p. 582.
2. De Quatrefages, *Hist. gén. des races humaines*, p. 304.
3. Élisée Reclus, *Géog. univ.*, t. XII, p. 98.
4. Si l'étymologie suivante du nom des Gouanches est véritablement exacte, elle peut jeter une vive lumière sur l'état civil des colonisateurs des îles Canaries. *Gou-anche :* la première syllabe serait le védique *gu*, « célébrer en chantant » ; la deuxième serait une déformation du radical *anj*, « oindre », de la même langue. Ainsi que les Lévites juifs, les prêtres primitifs recevaient l'onction sacrée. Mais, d'autre part, comme le serpent avait été, au stade de l'animisme, le fétiche totémique le plus redouté, donc le plus sacré, d'une façon générale il était devenu l'emblème des diverses classes sacerdotales. De là une dérivation du sens initial de *anj* (prononcez *andj*) qui prit, par corrélation, celui de « serpent ». Comme exemples : le latin *anguis*, le français *anguille*, le nom des magiciens *Andjiras* de l'Atharva-Véda. *Gouanche* signifierait donc « serpent chanteur » ou plus explicitement « prêtre célébrant ». De cette façon, nous retrouvons les Psylles barbaresques. Il faut ajouter que les Celtes de la Wallonie, qui, bien que brachycéphales, sont originaires des mêmes contrées de l'Europe orientale que les blonds dolichocéphales berbères et gouanches, ont une tendance marquée à prononcer le *g* avec le son du *ch*, disant *fromache*, *villache*, *anche* pour *fromage*, *village*, *ange*.
5. Voir p. 186, note 1.

c'est que les Guanches étaient blancs, blonds et dolichocéphales et qu'ils avaient des coutumes qui se rapprochaient singulièrement de celles des indigènes de l'Inde et de façon très évidente de celles des Touaregs qui sont eux-mêmes d'origine berbère certaine. Comme les habitants du Malabar aux mœurs matriarcales, ils avaient le plus grand respect pour les femmes : toute injure proférée contre elles était punie, tout homme armé qui leur manquait de respect était mis à mort, le mariage ne pouvait se conclure qu'avec le consentement de la jeune fille, dit Élisée Reclus [1]. Les nobles habitaient des châteaux forts comme les Koli du Goudzerat, les Kader « seigneurs des monts », les grands chefs dravidiens et encore comme les princes des Svanes-Libres de la Mingrélie. La nation était répartie en deux classes bien distinctes, les princes et les serfs [2], ce qui répond très exactement à la division des tribus autochthones indiennes en « purs » et « impurs ». A l'imitation des Kolh Djangali Indiens, ainsi que des Aïnos, des Eskimaux et des Tcherkesses cérauniens, tous imprégnés de la civilisation de la « Mère des nations », les Canariens prétendaient, avec orgueil, être les « Hommes ». Que signifient donc ces contradictions que présente un peuple qui par ses traits morphologiques se lie au rameau européen et par ses habitudes sociales se rattache à l'Inde ? Simplement qu'il était vraiment européen, mais pénétré par la culture dravidienne. Nous l'avons dit, le dernier flot émigrateur parti, après la lutte dernière des Kabires contre les prêtres rénovateurs du Pont, était composé en très grande partie d'Européens blancs qui avaient été attirés vers les régions scythiques par l'espoir d'une victoire facile et qui avaient été déçus dans leurs espérances. Ce sont donc des blancs [3] principalement qui s'établirent dans le nord de l'Afrique, sous la direction des prêtres Telchines et Koribantes, et qui allèrent occuper les

1. Il en est de même chez les Garro de l'Assam, mangeurs de chiens comme les Canarii Maurétaniens de Pline.

2. Chil y Naranjo, *Estudios de las islas Canarias*.

3. « Le type blond est beaucoup plus fréquent au Maroc que dans les autres contrées de l'Afrique septentrionale. D'après mes observations, qui concordent avec celles que mon collègue d'Angleterre, sir John Drummond Hay, a pu faire pendant son séjour de plus de trente ans dans le pays, on peut compter un *tiers* de blonds. » (Tissot et Broca, *Sur les mon. mégalith.*, etc., p. 10). D'après le *Périple* de Scylax, il y avait des Libyens blonds en Tunisie (*Ib.*, p. 21).

îles du couchant. Bien plus tard sans doute les Canariens subirent l'influence des peuples maritimes de la Méditerranée. Les ressemblances évidentes que précisent les ornements de leurs poteries avec les décorations égyptiennes en sont une preuve, mais n'affirment nullement une origine primordiale commune. Dans les études auxquelles a donné lieu ce peuple mystérieux, on a pris en bloc tous les produits des diverses périodes qu'il a traversées. De là une confusion entre les éléments de son industrie primitive et ceux des industries subséquentes qu'il put arriver à acquérir par suite de la pénétration des Égyptiens, des Karthaginois et des Barbaresques, eux aussi de plus en plus civilisés.

Il n'est guère possible, croyons-nous, de mettre en doute l'origine européenne des Guanches; seulement, au lieu de faire parvenir dans les îles du couchant les premiers Canariens par l'Ibérie, comme semble l'admettre A. Hovelacque, ou même par l'Italie et la Grèce comme le suppose le général Faidherbe, il nous paraît bien plus probable qu'ils y abordèrent en venant de la Berbérie africaine où ils s'étaient précédemment établis en arrivant des pays baignés par la mer Axène, pays où peu à peu les populations occidentales blondes de l'Europe s'étaient accumulées pour des raisons que nous avons définies [1].

La présence d'une race blanche, formant la base fondamentale et prépondérante de la population à un moment donné, dans le nord de l'Afrique, est aujourd'hui démontrée. Les travaux du général Faidherbe [2] et les études du lieutenant Sergent laissent peu de doute à cet égard. Le premier constate expressément l'introduction dans le nord de l'Afrique d'une population blanche qui vint se mêler aux autochthones et ne tarda pas à perdre une partie des indices morphologiques de sa race au contact des noirs indigènes. Cependant cette

1. « Le fait est que les Espagnols, à l'époque de leur conquête, trouvèrent dans les îles Canaries deux types bien distincts, l'un brun, l'autre blond, qui s'y sont maintenus jusqu'à nos jours. L'origine africaine de cette population rendue très probable par la géographie, a été confirmée par toutes les recherches modernes, à ce point qu'on a découvert, il y a trois ans, une inscription *libyque* dans l'île de Fer. » (Tissot et Broca, *Sur les mon. megalith.*, etc., p. 22. — Voir général Faidherbe, *Ethn. de l'archipel canarien*, dans la *Revue d'Anthrop.*, t. II, 1874, p. 91.)

2. Général Faidherbe, *Note sur l'ethnog. du nord de l'Afrique;* extrait des *Bulletins de la Soc. d'Anthrop.*, p. 48 et suiv.

absorption souffre des exceptions et le lieutenant Sergent signale la tribu des Ouled-el-Djouhala qui étaient, au temps de l'occupation française, des *blonds à yeux bleus*. Ces Ouled-el-Djouhala avaient l'habitude de dresser sur la tombe de leurs morts des *pierres levées* qu'ils nommaient *s'nob*, ce qui les faisait passer pour païens auprès des musulmans. Cette coutume invétérée ne suffirait-elle pas à prouver leur origine dolménique que l'on en trouverait une nouvelle preuve dans le nom qu'ils portent avec fierté : *Ouled-el-Djouhala*, soit « les descendants des Djouhala ». Les Arabes remplacent le *g* par *dj*, ce qui ramène *Djouhala* à *Gouhala*. Or, le général Faidherbe identifie *Djouhala* avec *Guédal*, nom d'une tribu berbère du désert marocain, et remarque la ressemblance que ces appellations présentent avec celle des *Gaël* ou *Gaulois* [1], ce qui revient à dire avec les « Galactophages » de l'Hyperborée [2]. Les Africains blonds, qui se disent avec orgueil les descendants des Djouhala, sont bien les derniers représentants de la race européenne qui vint aborder sur les côtes africaines du nord, et beaucoup de ces primitifs émigrants étaient certainement originaires de l'Europe centrale, dolichocéphales et blonds, formant des tribus errantes qui, après être venues dans le Pont où elles devaient plus tard contribuer à constituer les diverses souches aryennes des Pélasges, avaient d'abord fourni une bonne part des contingents émigrateurs qui, sous la direction des pontifes vaincus, fondèrent les colonies dolméniques de l'Afrique du nord, du sud de l'Espagne et gagnèrent les îles du grand Océan occidental.

Le tableau que nous trace le général Faidherbe de ce peuple ne peut laisser aucun doute sur son origine : « Les envahisseurs venus de l'Europe étaient de farouches guerriers, de haute taille, à la peau très blanche, au teint coloré, aux yeux bleus ou au moins clairs, aux cheveux blonds, au crâne dolichocéphale, au visage ovale, au nez assez long et bossu, mais un peu élargi aux narines, au lieu d'être pincé comme le nez sémite : en un mot le type kymrique. Aujourd'hui, parmi les indigènes, on trouve encore dans une certaine pro-

1. Général Faidherbe, *Note sur l'éthnog. (du nord de (l'Afrique;* extrait des *Bull. de la Soc. d'Anthrop.*, p. 51.

2. Voir plus haut, p. 97.

portion des blonds et des châtains de ce type. Ces envahisseurs blonds, nous ne doutons plus aujourd'hui de leur existence, des documents historiques égyptiens nous les ayant révélés sous le nom de Tamahou, en nous transmettant même leur image. Ils étaient tatoués et n'avaient pour vêtements que des tissus grossiers. Ce sont ces blonds qui ont couvert la Libye de dolmens. Ces dolmens, les indigènes qui parlent arabe les appellent aujourd'hui « tombeaux des *Djouhala* ». Ce dernier renseignement vient pleinement confirmer ce que nous venons d'avancer au sujet de l'origine étymologique du nom des *Ouled-el-Djouhala*, avec une restriction cependant, c'est que ces allogènes ou ces Tamahou, dont parle le général Faidherbe, n'étaient que les envahisseurs de l'Afrique, congénères de ceux de leur race qui étaient restés dans le berceau natal, l'Europe orientale hyperboréenne. Bref les Néolithiques partant du nord répandirent leur industrie lithique dans tout le continent noir. Au cours de ses explorations, le capitaine Nieger a pu la repérer jusqu'au 19° de latitude nord, où, sur une zone bien définie de fusion, elle se trouve mêlée à une industrie négritique originaire du sud, bien plus lourde et plus grossière.

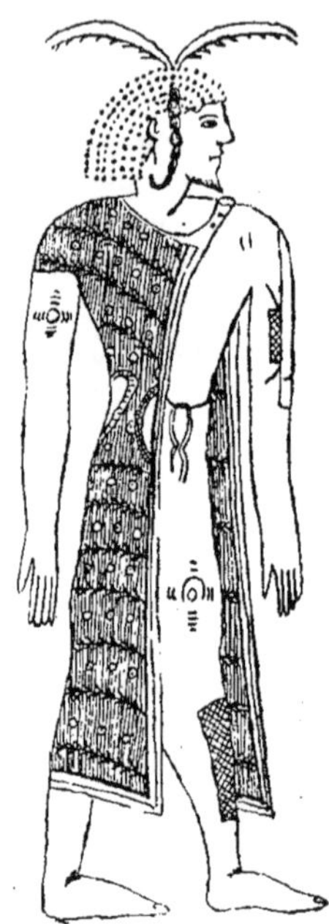

Tamahou (D'après une peinture murale de Thèbes).

La mission du capitaine Nieger (1911-1912) a considérablement étendu l'aire de diffusion de l'industrie néolithique sur le continent africain. De grands ateliers de taille de silex ont été repérés. Entre autres de celui de Témassinin, à 4 kilomètres à l'ouest du fort Flatters, dans le grand Erg oriental, au delà de l'interland tunisien, un autre, à environ 500 kilomètres vers le couchant, à peu près sous la même latitude, à El-Aoulef. D'autre part, le capitaine Nieger a pu ramasser des instruments néolithiques dans les régions de In-Kaier et de Teggert, à 1.200 kilomètres d'Adrar, sur la route du Tchad.

*
* *

Pendant que les Berbères de la Numidie et de la Maurétanie poussaient par la voie de mer jusqu'en Espagne et jusqu'aux îles Canaries dans le grand océan du couchant, les Barbaresques de la Tunisie et de la Tripolitaine pénétraient par terre dans le continent noir. Deux courants bien définis : l'un allant par le sud-ouest vers la boucle du Niger [1], l'autre par le sud vers le Tibbou, et ensuite, par le sud-est, vers la Nubie et l'Éthiopie. La propagande néolithique agrandissait tous les jours son aire d'influence. Les Berbères des régions côtières en continuelles relations maritimes avec leurs frères hyperboréens de l'Euxin furent tenus au courant de toutes les conquêtes que faisait la civilisation dans les centres privilégiés du monde scythique. Ils apprirent peu à peu ainsi à révérer de nouvelles entités divines moins grossières, sinon moins cruelles que celles que servaient leurs prêtres, et adoptèrent un mode de culte moins charlatanesque. Ils finirent par se fatiguer des jongleries et des horreurs des Psylles et les exilèrent. On découvre les traces de cette proscription dans la légende tripolitaine disant que les *Bou-chèbr*, soit les nains sacerdotaux telchiniens, furent internés dans le pays pierreux de l'Hammâda sur les frontières du Fezzan, véritable Crau africaine, et dans le récit d'Hérodote disant que les Psylles furent tous étouffés sous des tourbillons de sable soulevés par le vent du désert saharien, et que les Nasamons s'emparèrent de leur territoire [2]. On les repoussait de partout; suivis de tribus d'origine hyperboréenne restées fidèles et de peuplades africaines qui avaient écouté leur voix, avec leurs serfs et leurs

1. « La région que l'on parcourt en extrême-sud à partir d'El-Goléa, est assez élevée ; son altitude varie entre 300 et 400 mètres... Là, se trouvent de nombreux ateliers préhistoriques. Le silex, assez commun sur certains points, y a été taillé non sans habileté, et il paraît naturel d'admettre que la collectivité qui s'implanta dans ces vallées et vécut sur ce sol désormais aride, devait être *comme un essaim de la grande race des migrateurs dolméniques* dont l'Europe nous a révélé les coutumes. » (L. Paysant, *Afrique préhistorique*, p. 3 : *Revue afric.*)

2. Hérodote, *Melpomène*, 105, 173.

esclaves, ils s'enfoncèrent dans le sud. Au nord-ouest du Djebel-Yefren, le Djebel-Nefousa est habité par des tribus berbères dont le langage se rapproche assez de celui des Touaregs; on les considère comme descendant des anciens Louata ou Libyens [1]. Beaucoup, de même que les Troglodytes leurs ancêtres, vivent dans des grottes; les filles d'une de leurs tribus vont dans les villes des oasis amasser une dot en se livrant à la prostitution comme les femmes des Oulad-Naïl de l'Algérie et comme, peut-être, les filles des Koribantes [2]. Dans le voisinage des montagnes, autour du Msid sur les hauts plateaux de Tar-Hôna, pour bien marquer le séjour des migrateurs dolméniques, se dressent des mégalithes en tout semblables à ceux de l'Andalousie et de la Bretagne [3]. Chaque clan, comme dans l'Inde, a son signe héraldique que Duveyrier dit être un totem [4]. Toute cette région était le pays des *noirs*, c'est-à-dire des tribus serves expulsées, tandis que la région de Barka était le pays des « blancs » ou des clans de haute caste. Nous retrouvons une fois de plus les deux grandes divisions de la société dravidienne. Depuis Ghadamès et depuis le désert de pierres situé entre le Hammâda de Hômra et le Hammâda de Mourzouk, on peut suivre sur la carte la marche de pénétration des Psylles.

1. Les *Louata*, les *Libou* des Egyptiens portaient aussi le nom de *Maschouasch* et celui de *Tamahou* qui, en vieil égyptien, signifie « hommes du nord ». Ils étaient représentés avec tous les traits européens et avec des cheveux blonds (Tissot et Broca. *Sur les mon. mégalith., etc.*, p. 14).

2. Voir *les Fées*, de l'auteur (*Bull. de la Soc. de Géog. de Bordeaux*, séance du 23 novembre 1907).

3. M. Fréd. Bernard a signalé chez les Touaregs Azgar des dolmens à trois pieds et des tombes qui, bien que construites d'après un mode microlithique, paraissent remonter à la période dolménique (*Note au sujet de quelques monuments*, etc., *Revue archéol.*).

En plein pays des Touaregs, à Tazerouk, dans le massif du Ahaggar, le capitaine Nieger a trouvé un tombeau avec un mobilier funéraire néolithique. Ce tombeau était surmonté d'un édicule, où, sur un lit fait de vieilles étoffes, se trouvaient deux pierres néolithiques, l'une un lissoir, l'autre une pierre-figure représentant probablement un bovidé et évidemment taillée et polie. Les Touaregs appelaient ces deux pierres les *tibaradin*, « les jeunes filles ». Ils les vénéraient et leur firent des offrandes jusqu'au jour, assez récent, où un missionnaire musulman fit cesser cette adoration. Les vieux Touaregs racontèrent au capitaine Nieger que ces pierres et l'adoration dont elles étaient l'objet remontaient à une époque bien antérieure à la venue de leur race dans la région.

4. Élisée Reclus, *Géog. univ.*, t. XI, p. 67, 68, 70. — D.-H. Duveyrier, *la Tunisie*.

Tout d'abord, après leur expulsion par les Nasamons, les charmeurs de serpents allèrent s'établir un peu au sud de la Ghadamès actuelle, l'ancienne Cydamus, et fondèrent *Nagubenta*, la « ville des Nagbhansi » « fils du serpent », comme s'intitulent les Kolh du Tchota-Nagpore, dans l'Inde. Là, ils dressèrent des piliers informes aujourd'hui, mais autrefois simulacres sacrés[1]. Les « nains » Telchines tripolitains occupèrent les grottes d'Éderi. Mais le grand centre sacerdotal, la cité sainte des devins, fut Garama, la Djerma des Arabes, forteresse sacrée des « devins à la voix sonore ». Les Garamantes formaient une nation puissante et nombreuse, dit Hérodote[2], une nation de magiciens[3]. Le pays au nord du Rhât, formant un massif de rochers, s'appelle le Kasr-Djenoun ou « château des Esprits ». C'est le territoire des djins tripolitains ennemis du prophète Suleyman, qui s'y réunissent la nuit pour préparer leurs sortilèges[4]. Semnou et Zighen sont actuellement habitées par de nombreuses familles réputées saintes qui sans doute sont les descendantes sans le savoir des antiques sorciers psylles[5].

Prenant alors des directions différentes, les clans des Psylles et ceux des « Nains » Telchines s'élancèrent à la conquête civilisatrice des indigènes du grand monde noir inconnu[6].

1. H. Duveyrier considère ces ruines comme des débris des monuments garamantiques.

2. Hérodote, *Melpomène*, 183.

3. Comme les Telchines Hyperboréens et comme les Cyrénéens, les Garamantes étaient éleveurs de chevaux et habiles à conduire les chars. Hérodote dit qu'ils donnaient la chasse aux Troglodytes, montés sur des quadriges (*Melpomène*, 183).

4. Le Dr Barth tenta l'ascension du mont des *démons* et faillit périr [*Journal du Dr Barth* (*Tour du Monde*, t. II, p. 196)].

5. Elisée Reclus, *Géog. univ.*, t. XI, p. 107, 131.

6. « Les Chambâa Mouadhi qui occupent actuellement le territoire d'El-Goléa et une bonne partie du Sahara ont conquis le pays sur les tribus des Zénata qui elles-mêmes avaient chassé les *Garamantes*. Ces derniers, sans aucun doute, travaillaient les nombreux silex taillés et polis que l'on trouve dans la région. Le silex abonde dans le Sahara, mais il n'existe pas en grandes roches naturelles, il est dispersé un peu partout. Il a été apporté dans les ateliers où on le travaillait. Dans la plaine d'El-Goléa, la remarque est facile à faire. Il devait même se faire un grand transport et une immense consommation de silex, car, dans les ateliers repérés, les débris sont innombrables. Ces ateliers sont situés sur les bords des oueds, loin des oasis, sauf à El-Goléa où il en existe dans des terrains autrefois couverts de palmiers.

« Il a été trouvé au pied du ksar d'El-Goléa un tombeau que l'on croit

Ils s'enfoncèrent dans le sud, et, reprenant les habitudes nomades de leur race, ils ne devaient plus jamais interrompre leurs courses à travers les déserts et devaient amener leurs tribus vagabondes jusque sur les rives du Niger où le commandant Hourst les a retrouvées avec leurs défauts et leur grandeur. Ils éduquèrent les nègres riverains du grand fleuve, les Songhoïs, qui s'enorgueillissent de prendre le nom de Djerma qui n'est autre que celui de Garamantes[1].

Hérodote parle d'un peuple des confins du Sahara qu'il nomme les Atlantes. Ces Atlantes Africains, descendants immigrés des peuples vaincus de l'Atlantide de Platon, venus en dernier lieu de la Numidie[2], comme les Mysiens-Thraces galactophages[3], ne mangeaient rien qui ait eu vie[4]. C'est une pure pratique du jaïnisme indien dont on peut trouver l'initium dans la pratique absolument semblable des *capnobates* et des *ctistes*, véritables moines scythiques des temps proto-historiques. Les Touaregs, qui parcourent en tous sens le désert, où ils se sont répandus peu à peu, à des époques échelonnées dans le temps et qui choisissent cependant pour établir leurs campements fixes des régions accidentées comme toutes les peuplades dolméniques antiques, portent sur la bouche et

remonter à l'époque des Garamantes. De plus, deux lieutenants tout récemment en mission topographique, ont trouvé aux environs du fort Mac-Mahon un rocher portant une inscription remontant aux temps les plus antiques. » (*Communication* de M. F. Fournot, gérant de l'hôpital militaire d'El-Goléa.)

1. « J'ai été frappé de voir, sur le cours du Niger, les Songhoïs prendre le nom de Djerma. Ce même nom désigne l'oasis nord-africaine déjà connue des anciens comme étant Garama, patrie des Garamantes. » (Ct Hourst, *Sur le Niger et au pays des Touaregs*, p. 158).

2. Ct Hourst, *Sur le Niger et au pays des Touaregs*, p. 193. « Si nous remontons à l'antiquité, si nous lisons Hérodote, nous constatons qu'il donne comme habitant la Libye la tribu des Maziques. Ce sont les Numides de Jugurtha et de Massinissa ; ce dernier nom se traduit presque littéralement dans la langue actuelle, *mess-n'esen*, « leur maître, le maître des gens », et le mot Mazique est une forme grecque dans laquelle on retrouve les Imazighen de nos jours. » L'opinion du commandant Hourst est formelle, pour lui les Touaregs sont d'origine berbère ; il fait justement remarquer qu'une tribu berbère s'est appelée *Tarka*, qu'une fraction des Aouelliminden se nomme les *Tarkaï-Tamout* et que le conquérant berbère de l'Espagne s'appelait *Tarik*. Nous ajouterons que le singulier de Touaregs est *Targui*. Félix Dubois fait également venir les Touaregs des pays berbères (*Tombouctou la mystérieuse*, p. 257). C'est aussi l'avis d'Elisée Reclus (*Géog. univ.*, t. XI, p. 833).

3. Strabon, liv. VII, ch. III, par. 3.

4. Hérodote, *Melpomène*, 184.

les narines un voile nommé *litâm*. On a dit que ce voile était destiné à empêcher le sable soulevé par le vent de pénétrer dans la bouche. L'explication est ingénieuse, mais insuffisante. Pourquoi les hommes des autres races qui parcourent le Sahara ne portent-ils pas ce voile ? N'est-ce pas plutôt là une coutume à rapprocher de celle des Jaïnas de l'Inde? Les Jaïnas, poussant à l'extrême le soin que prenaient les pieux *théosèbes* de Scythie de ne rien manger qui ait eu vie, portent continuellement sur la bouche un morceau d'étoffe dans la crainte d'avaler par mégarde un être vivant quelque petit qu'il puisse être. Les Touaregs appellent avec mépris les hommes qui ne portent pas le litâm des « bouches à mouches[1] ». Ils sont très sobres et traitent dédaigneusement les Arabes de « grands mangeurs ». Les poissons[2] et les oiseaux leur sont interdits par la coutume traditionnelle, mais ils mangent de la viande quand ils peuvent s'en procurer. Ils se nourrissent principalement d'orge et de millet comme les Scythes[3] et de sorgho, enfin de froment qu'ils font cultiver, à l'ordinaire, par des sortes de tâcherons rémunérés qui viennent pour la plupart des pays du sud et ne sont pas de race targui. Ils portent la blouse et le pantalon serré à la cheville comme les Gaulois fils de Pluton cimmérien[4].

L'organisation politique des Touaregs est identiquement la même que celle des clans indiens[5]. Au sommet, les « nobles » ou *Imôchar*[6] qui sont représentés chez les indigènes de l'Hin-

1. F. Dubois, *Tombouctou la mystérieuse*, p. 260.

2. Les initiés aux mystères de la grande déesse phrygienne ne pouvaient pas manger de poisson.

3. Hérodote, *Melpomène*, 17.

4. Cæsar, *De Bel. Gal.*, liv. VI, par. 28. — Élisée Reclus, *Géog. univ.*, t. XI, p. 839.

5. En Irlande occupée par des émigrants celtiques civilisés par les mêmes prêtres indiens, les divisions des castes sont identiques. Vers le milieu du premier siècle de l'ère chrétienne, la classe inférieure et opprimée des corvéables et des contribuables appelés Aitheach Tuatha se souleva contre ses seigneurs. De même que chez la plupart des populations africaines, et notamment chez les Berbères, les forgerons ont conservé quelque chose du crédit sacerdotal des pontifes artisans et métallurgistes des premiers âges : ils passent pour conjurer les sorts et expliquer les songes (Voir E. Domenech, *Voy. et aventures en Irlande*, p. 125, 295).

6. *Imôchar* est le même nom que celui des *Amzigh* du Djurdjura et des *Imazighen* du Maroc et il provient d'un radical impliquant l'idée de liberté (Elisée Reclus, *Géog. univ.*, t. XI, p. 833). Les relations constantes avec le nord sont évidentes. Chassés d'Espagne au XIVe siècle, les Berbères re-

doustan par les « blancs » ou « purs »; puis les tribus serves des *Imrads* ou les « noirs » ou « impurs »; enfin les esclaves *Bellé* ou plus communément les *Iklan*, nom qui est véritablement leur désignation en langue tamachek. Ces esclaves sont d'ailleurs bien traités par leurs maîtres et forment la dernière classe de la société [1].

Les traditions primitives des Touaregs font de leurs premiers pères des génies [2], ce qui concorde parfaitement avec la fable des djins de l'Hammâda et avec le renom de sorciers des prêtres Psylles. La légende, prenant l'allure de l'histoire, dit que ces ancêtres surnaturels étaient peu nombreux lorsque, dans la nuit des temps, ils vinrent progressivement vaguer dans l'immensité du Sahara et qu'ils s'allièrent avec les autochthones; ces proscrits des populations dolméniques des côtes septentrionales étaient vraiment les « abandonnés » ainsi que les désignent les Arabes. Sur les territoires qu'eux ou leurs congénères ont occupés, on découvre les preuves matérielles de leur origine; en Tripolitaine, au Fezzân, dans le Sahara algérien comme dans le pays des Touaregs et aussi dans le pays Songhoï, on a trouvé des silex taillés et polis et d'autres objets datant des temps préhistoriques.

Comme à Tunis et comme chez les Finnois de Finlande, la beauté des femmes est appréciée d'après la grosseur [3]. Celles qui ont les yeux bleus, indice de l'origine européenne d'une fraction des ancêtres, sont réputées les plus belles. Les traditions matriarcales de l'Inde se sont conservées chez les Touaregs : un territoire conquis est distribué entre les douairières de la noblesse, l'enfant suit toujours le sang de sa mère; ainsi que chez les Nayar du Malabar le neveu hérite de l'oncle et non le fils du père [4]; la femme dispose de sa main et peut

prirent la vie errante dans le désert, jusque sur les bords des grands lacs de la rive gauche du Niger où leurs tribus portent encore maintenant le nom significatif « d'Andalousses ».

1. Ct Hourst, *ouv. cité*, p. 193, 205.
2. *Ib.*, *ouv. cité*, p. 195.
3. *Ib.*, *ouv. cité*, p. 177, 211.
4. Ct Hourst, *Sur le Niger et Au Pays des Touaregs*, p. 225. — En Guinée, les biens du mourant passent au fils de sa sœur (Smith, *Voy. to Guinea*, p. 143). — L'héritage royal, chez les Nubiens, est transmis au neveu plutôt qu'au fils (*Mém. géog. sur l'Egypte et sur quelques contrées voisines*, Paris, 1811). — Dans l'Afrique centrale, le fils de la sœur du roi lui succède (Caillé, *Voyages*, t. I, p. 153). — Chez les Cantabres, les filles héritaient, à charge par elles de doter leurs frères (Strabon, liv. III, 18).

prendre l'époux de son choix, comme la jeune Garro de l'Assam; elle a pris un empire tel qu'au milieu de populations musulmanes polygames elle a pu imposer la monogamie et arriver à jouir d'une liberté complète. Elle est, ainsi que la *dama* malabaraise, maîtresse absolue dans son ménage, elle trait les vaches de même que les jeunes *duhitr*, prêtresses pastorales védiques; instruite et lettrée, elle récite des vers, chante et joue du tobol et d'une sorte de violon monocorde appelé *amzad*, ayant autour d'elle toute une cour d'admirateurs parés de leurs plus beaux vêtements.[1] La plus cruelle insulte que le vainqueur puisse lancer à son ennemi est de lui crier qu'il ne sera pas accueilli par les chants victorieux des femmes. Cela rappelle les habitudes de galanterie chevaleresque des Maures espagnols.

Les Touaregs, comme les Kabyles et comme tous les peuples d'origine celtique, sont superstitieux au suprême degré; ils se couvrent d'amulettes pour conjurer les sorts et les mauvais esprits et une des plus sacrée est la pointe de flèche en silex, la *glossopetra* des Romains. Leurs sorciers, comme les Lucumons étrusques et les augures romains, tracent sur le sable des lignes magiques au moyen desquelles ils dévoilent les secrets de l'avenir[2]. Ils redoutent les démons, qui, facétieux et malins comme les Lutins du Nord, traient les vaches la nuit et boivent le lait. Par une tradition jamais perdue chez les peuples civilisés par les premiers prêtres fabricants d'armes, les forgerons constituent une caste spéciale, comme les Lôhar indiens, et sont chargés de toutes les missions importantes, par exemple des ambassades[3].

« La plupart des Touaregs sont de haute taille; tous sont maigres et forts : blancs de race, ils prennent au soleil un teint bronzé; la couleur de la peau, de même que la forme des traits permettent de les confondre avec des Européens[4]. » Dolichocéphales, on peut dire qu'ils sont les fils des hommes

1. Elisée Reclus, *Géog. univ.*, t. XI, p. 841. — Ct Hourst, *ouv. cit.*, p. 208, 216, 225.

2. Le Dr Hamy a étudié des inscriptions fort curieuses gravées sur des roches près de Figuig. Au milieu de nombreux signes et de figures d'animaux se montre la swastika (*Note sur les figures*, etc., note lue à l'Acad. des Insc., le 5 mai 1882).

3. Ct Hourst, *Sur le Niger*, p. 164, 208, 227, 313, 371.

4. Élisée Reclus, *Géog. univ.*, t. XI, p. 835.

blancs et blonds de race européenne qui, après leur défaite dans le Pont par les Athéniens Pélasgiques, vinrent s'établir sur les côtes africaines et, par la suite, se répandirent, par à-coups successifs en se mêlant aux indigènes, dans le centre de l'Afrique, sous la conduite de chefs directeurs, gardiens fidèles des rites et des coutumes de leurs pères.

On peut en dire autant des Songhoïs aujourd'hui établis dans la boucle du Niger depuis Tombouctou, la « mère au gros nombril », jusque vers Saï au sud. M. Félix Dubois s'appuyant sur la ressemblance du type songhoï avec celui des Abyssins et sur la réelle analogie que présente l'architecture de Dienné et de Tombouctou avec celle de l'Égypte, incline fortement à penser que ce peuple est venu de cette dernière contrée. Nous ne le pensons pas, mais cependant comme on ne peut méconnaître la justesse des rapprochements qu'a établis l'éminent explorateur, nous croyons que c'est bien longtemps après leur arrivée dans les régions du Niger, sans doute après l'introduction de l'islamisme parmi eux, importé par des missionnaires partis des bords du Nil [1], que les Songhoïs se pénétrèrent de la vieille civilisation égyptienne par suite des voyages répétés que leurs marabouts accomplissaient vers les lieux saints de la Mecque [2]. Et d'autre part, pour ce qui a trait à la ressemblance des Songhoïs avec les orientaux de la Nubie et de l'Abyssinie, elle s'explique facilement par ce fait que les uns et les autres ont à peu près la même souche ethnique. « Un Songhoï se reconnaît à première vue au milieu d'un groupe de nègres le plus bariolé. Il est cependant noir comme les autres, mais son masque porte des lignes rien moins que conformes aux caractéristiques de la race nègre. Qu'on en juge. Le nez est droit, long, en pointe plutôt qu'aplati; les lèvres sont assez fines et allongées plutôt que proéminentes et épatées; les yeux n'affleurent pas, mais se plantent profon-

1. Élisée Reclus pense qu'avant que les prédicateurs mahométans eussent pénétré jusque dans le pays des Songhoïs, d'autres civilisateurs étaient venus leur apporter des pratiques égyptiennes, par exemple celle de l'embaumement des corps.

2. Le chef Askia, fondateur en 1492 de l'empire songhoï, se rendit à la Mecque avec ses vassaux et quinze cents hommes armés, pour remercier Allah et le prophète de ses victoires (Élisée Reclus, *Géog. univ.*, t. XII, p. 569).

dément dans l'orbite. A vue d'œil, l'angle facial est sensiblement le même que celui de l'européen [1]. »

Les Songhoïs, lorsqu'on leur demande d'où est originaire leur race, montrent l'orient de la main, comme si une tradition persistante, bien que confuse, leur indiquait dans l'infini du levant l'antique patrie aux aurores éclatantes. Les premiers Songhoïs adoraient un poisson qui nous reporte au poisson noir de Cyrène et au totem vénéré des Mina. Naturellement la légende arrangée à la mode musulmane dit que Djaliman, le premier roi légendaire des Songhoïs, tel Apollon pythien, tua le poisson fétiche et établit le culte du vrai dieu.

Les funérailles des *Koïs* [2] ou chefs donnent lieu à des remarques suggestives ; à l'instar des Kolh indiens qui élèvent un dolmen sur le tertre renfermant les cendres de leurs grands morts [3], les Songhoïs, sur le tumulus où reposait le cadavre du chef, construisaient un grand dôme en bois de rhônier [4]. Avec le mort, on avait préalablement mis dans la fosse funèbre une partie de ses trésors et ses principaux serviteurs, cuisiniers et échansons, sacrifiés pour continuer au défunt un service d'outre-tombe. Nous revenons exactement aux funérailles des rois scythes. Puis, pour rappeler les coutumes dolméniques que l'on retrouve chez les anciens Berbères de Bougie et à Karnak en Bretagne, la foule assemblée s'empressait de jeter de la terre sur le tombeau de manière à former une colline aussi élevée que possible. El-Mouchéili, savant de Tlemcen, dans un opuscule consacré au Soudan, donne à entendre que les premières idoles étaient des arbres et des pierres sacrées [5]. C'est le culte que pratiquait le peuple des dolmens. Ces premières divinités étaient servies par des prêtres magiciens, dont les descendants vendent des amu-

1. F. Dubois, *Tombouctou la mystérieuse*, p. 113. — « Les Peuhls ont le nez aquilin, les lèvres minces, les cheveux soyeux et nattés. Leur couleur est le rouge noir ou le brun jaune. Évidemment, comme les fellahs d'Egypte, ils sont le produit mélangé des Berbères et des nègres. » (Note de J. Belin de Launay dans le *Voy. au Soudan occidental* de E. Mage).

2. *Koï* est du pur dravidien : *kô*, en tamoul, signifie « chef ». Les Gond de l'Inde étaient aussi les *Koï*.

3. Élisée Reclus, *Géog. univ.*, t. VIII, p. 423.

4. Félix Dubois a vu de ces tumuli-tombeaux (*Tombouctou la mystérieuse*, p. 219, 220).

5. *Ib.*, p. 124.

lettes, commandent aux esprits, connaissent les choses cachées, interrogent les astres aussi bien que les lignes cabalistiques qu'ils tracent sur le sable, interprètent les cris et le vol des oiseaux et enfin accomplissent, à la grande terreur des fidèles des cérémonies fantastiques et des sortilèges terrifiants[1]. Ne peut-on pas dire vraiment que ces Africains en possession des secrets des magiciens barbaresques de l'antique émigration sont les frères en jonglerie des aruspices et des augures romains et des thaumaturges koribantes aussi bien que des nâts de l'Inde et des chamanes du Touran? D'ailleurs, comme partout chez les peuples pénétrés par la civilisation dravido-hyperboréenne, les forgerons, formant une caste spéciale et respectée, tiennent une place honorée dans la société.

D'autres prêtres civilisateurs de même race, accompagnés de leurs clients, partis des régions de l'Hammâda de Hômra et de Rhât, avaient pris, pour pénétrer au cœur du continent africain, une autre route que celle suivie par les pères religieux des Touaregs et des Songhoïs. D'étape en étape, ils arrivèrent dans la contrée orientale qui porte le nom d'Abyssinie. Ces Néolithiques appartenaient sans doute à la caste guerrière des « chiens[2] » Kura ; c'étaient certainement des soldats pontifes « chevelus », comme ces Kurètes étoliens qui se battaient pour conquérir la plaine de Lélante et qui, ayant remarqué que, dans la bataille, leurs ennemis les saisissaient par leurs longs cheveux pour leur couper plus facilement le cou, se rasèrent le devant de la tête [3]. Les Abyssins ont conservé dans leurs vieilles traditions le souvenir d'une race de *géants* primitifs, pères d'une civilisation archaïque, qui s'appelaient les *Rôms* et étaient *chanteurs* et constructeurs d'obélisques [4]. Il est bien permis de penser que ces obélisques étaient des menhirs, puisque ce sont les mêmes Rôms qui construisirent les dolmens du Lalamba [5]. Or *Rôm* a pour origine

1. Félix Dubois, *Tombouctou la mystérieuse*, p. 123, 130, 145.
2. Certains égyptologues donnent pour premiers ancêtres aux Nubiens le peuple légendaire des *Oua-oua* dont parlent les anciens monuments égyptiens. L'allure onomatopéique de ce nom, qui fait des *Oua-oua* des « jappeurs », paraît bien conduire à cette conclusion qu'il faut les confondre avec les Kurètes, « chiens » qui, sous le nom de *Roms*, vinrent s'établir en Nubie et en Abyssinie.
3. Strabon, d'après Archémaque d'Eubée, liv. X, ch. III, par. 6.
4. G. Lejean, *Voy. en Abyssinie* (*Tour du Monde*, t. XX, p. 370, 394).
5. *Ib.*, t. XI, p. 136.

étymologique le védique *rôma*, « cheveux, poil : » de *ruh*, *rôhé*, « pousser » et le suffixe *ma*. Nous traduisons donc le nom des

Dolmen sur le mont Lalamba au Taka [1].

Rômsabyssins par « chevelus » ou « poilus », comme les Kurètes.

Romulus, fils d'une prêtresse du Feu, était, par le fait même de cette naissance, de caste sacerdotale. Or le serpent dans les temps primitifs a été l'animal symbolique des prêtres; tous les personnages qui touchent au sacerdoce mythique sont anguiformes : Echidna, Typhon, Kékrops, etc. De plus Romulus est fils de Mars, dont les Kurètes étaient les prêtres. Le nom de Romulus indique ces deux traits : *Rôm*,

Minerve sur un char traîné par des serpents barbus [2].

1. D'après G. Lejean, *Voy. au Taka*, Haute Nubie. *Tour du Monde*, t. IX, p. 136.
2. Dumont et Chaplain, *Les céramiques de la Grèce propre*, t. I, pl. 10.

« chevelu, poilu » et *ulus* pour *urus*, venant du védique *ula* pour *ura*, « serpent ». Donc *Rômulus* égale « serpent barbu » ou « pontife kurète salien chevelu et barbu ». Pour la mythologie primitive, les êtres fantastiques chargés de garder les trésors, ceux qui accompagnent des divinités représentées sous un angle guerrier, sont la plupart du temps des dragons et ces dragons sont barbus.

Le dragon colchidien qui défendait la toison d'or avait une longue barbiche, ainsi que ceux qui traînaient le char d'Athèna armée de la lance. En effet les soldats pontificaux Kurètes, que ces dragons représentent dans le mythe, devaient être recrutés parmi les hommes à barbe bien fournie des peuples du Caucase. C'est pourquoi les dragons gardiens qui les symbolisent ont de la barbe et c'est aussi pourquoi les Kurètes étaient les *Roms* ou les « barbus ». Romulus, fils de Mars, était un salien, donc un *rom* kurète, soit un « poilu », et *Rome* était la « ville des poilus ».

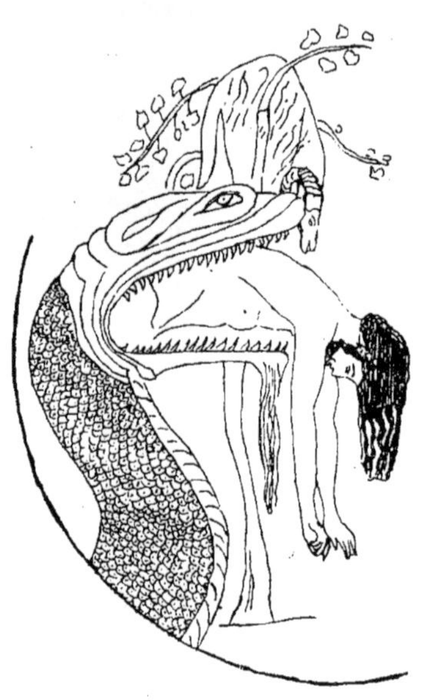

Jason dans la gueule du dragon barbu gardant la Toison d'or [1].

Comme les Titans hérakléens et comme les Gaulois fils de Pluton cimmérien qui tiraient des flèches contre les nuages lorsque l'orage grondait, comme les Celtes qui marchaient l'épée à la main contre les vagues de la mer en fureur, les Rôms d'Abyssinie étaient si hardis qu'ils jetaient leur lance contre le ciel.

Toujours les traditions relatives aux prêtres des antres dolméniques font mention de génies chthoniens gardeurs de trésors. Les légendes abyssines ne manquent pas à cette

1. Flasch, *Angebl.*, *argonauten-bilder*, p. 26.

règle : des génies terribles gardent des trésors cachés dans les tombeaux des Rôms [1]. C'est chez les Rôms d'Abyssinie que le sénat romain envoya une ambassade pour reconstituer les livres sibyllins brûlés dans l'incendie du Capitole ; les descendants des compagnons du Rôm Romulus montraient par là qu'ils avaient une souvenance confuse des origines civilisatrices communes. Et les noms de lieux et de peuples qui ont une allure si franchement indo-européenne : les *Agaou*, « serpents [2] » ; les *Sômalis*, « adorateurs de la Lune [3] » ; les *Galla*, « Coqs » *Galli* [4] ; les montagnes *Héli* pour *Hélios*, le *Tor* ou le « taureau » à côté du *Maïa*, « la terre mère », rappelant de manière démonstrative la dualité théogamique de Gô et d'Uxan, et avant, le couple originel de Pan et de Mên ; on pourrait allonger encore la nomenclature. Le lait est un symbole vénéré au Caucase et en Abyssinie. En Circassie, une femme qui veut adopter quelqu'un lui offre le sein ; en Abyssinie, « si un homme désire se faire adopter comme fils d'une personne d'un rang supérieur, il lui prend la main et, lui suçant un des doigts, se déclare son fils adoptif [5] ».

Des affinités surprenantes se manifestent entre les peuples, même après des milliers d'années, par des atavismes moraux de souvenir réflexe et inconscient, se perpétuant pour affirmer l'unité du berceau qui a vu naître et grandir des races identiques tout d'abord, puis, séparées par des distances énormes à la suite des migrations primitives et transformées par des alliances exotiques et les climats, si bien que ces peuples frères ne se reconnaissent plus. Mais l'instinct reste. Toutes les fois que la Russie a essayé une colonisation et a tenté de fonder un établissement loin de son territoire continental, elle a jeté les yeux sur l'Abyssinie. De leur côté les Abyssins, depuis le concile de Florence, en 1445, où le négus envoya des ambassadeurs, se déclarèrent pour l'Église orthodoxe grecque et ont conservé cette religion malgré les efforts des Jésuites

1. Élisée Reclus, *Géog. univ.*, t. X, p. 233.
2. Védique *aga*, « serpent ».
3. *Sôma*, un des noms védiques de la lune.
4. Les Jésuites se sont trompés en faisant dériver *Galla* de γαλα (Beke, *On the origin of the Gallas*). Pour soutenir cette étymologie il faudrait admettre la résolution du deuxième *l*. *Galla*, frère de *Gallus*, est plus simple et, en l'occurrence, très rationnel.
5. J. Lubbock, *Orig. de la Civil.*, p. 87. — Parkyn, *Abyssinia*, p. 198.

qui, en 1603, entreprirent une mission infructueuse pour les convertir au catholicisme romain. L'âme intime des peuples est plus fidèle aux vieux instincts de la race que l'esprit oublieux des individus.

*
* *

On compte en Algérie un nombre considérable de monuments mégalithiques, 10.000, a-t-on dit; on a été jusqu'à avancer le chiffre de 20.000. Rien n'est moins exact. Pour la plupart, les monuments que l'on a classés comme mégalithiques n'ont pas été élevés par le peuple des dolmens[1]. Les cairns appelés *bazinas*, les constructions nommées *chouchas*, les galgals multiples réunis par des rangées de pierres, une bonne partie des nombreux monuments éparpillés sur la route de Bône à Constantine ne sont pas mégalithiques. Après que les dolméniques eurent cessé de construire des sanctuaires et de dresser des menhirs, leurs descendants ou des allogènes divers continuèrent à édifier des monuments lithiques pour y enfermer alors et vraiment leurs morts : d'abord des cairns faits de pierres amoncelées, les *bazinas*, qui sont les plus antiques, puis des tours, les *chouchas* qui rappellent le mode de construction des nuraghi de la Sardaigne. Enfin ces cimetières étranges composés de petits tumuli entourés par des manières de cromlec'h, et reliés entre eux par des rangées doubles ou triples de pierres. Tous ces

Bazina, monument microlithique d'Afrique.

Choucha, monument microlithique d'Afrique.

1. Une période de transition paraît avoir existé entre le stade des monuments mégalithiques caractérisés de la première époque et celui des monuments microlithiques. C'est le moment où les constructeurs équarrissaient les dalles à la masse par martelage.

monuments relèvent de l'architecture microlithique qui n'a jamais été, à l'origine, celle des hommes des dolmens. Si nous n'avions pas la crainte de paraître faire une supposition risquée, nous dirions, sous toutes réserves, qu'on peut les attribuer à une invasion subséquente, par exemple à celle attribuée à l'héraklide Iolaos en Sardaigne au moment de l'extension pélasgique [1]. Cela est de la mythologie. D'accord, mais le mythe le plus souvent cache une vérité historique. Les monuments de la Sardaigne, les *nuraghi*, présentent de nombreux points de ressemblance avec les chouchas et les bazinas d'Afrique. Il n'y a aucune difficulté à comprendre que les Pélasges hérakléens aient pu aller de Sardaigne en Algérie comme ils ont pu aller à Malte construire les *torre dei Giganti* de style pélasgique argolien et dans les îles Baléares élever les bizarres *talayots* et leurs murs d'enceinte, puisqu'ils étaient venus de la mer Noire. On a trouvé en Sardaigne beaucoup de bornes phalliques, plusieurs portant les indices du sexe féminin, mais il ne faut pas oublier que des simulacres semblables se dressaient, au temps d'Hérodote, dans les campagnes de la Palestine, et que le culte des Pélasges était ithyphallique, pour une bonne part.

Quoi qu'il en soit, nous ne pouvons admettre que les bazinas et les chouchas ainsi que la plupart des agglomérations funéraires de l'Algérie soient de la véritable et bonne époque mégalithique, pas plus que cette pierre de Djidjeli *couronnée d'un turban* que l'on a prise pour un menhir parce qu'elle est entourée d'un cercle de petites pierres levées. C'est une tombe musulmane. Tous les peuples qui se succédèrent en Afrique copièrent plus ou moins heureusement les premiers monuments authentiques, se transmettant, pour ainsi dire les uns aux autres, la tradition architecturale primitive toujours de plus en plus dénaturée. D'ailleurs les édifices mégalithiques de l'Algérie sont mal connus, le classement qu'on en a fait est de tous points défectueux, et il s'ensuit qu'il devient assez difficile de reconnaître les monuments vraiment mégalithiques dans une nomenclature touffue de constructions de tous les âges.

1. Diodore de Sicile, liv. IV, par. 29. — Apollodore, II, 7, 8. — Pausanias, IX, 28.

On peut cependant considérer comme des monuments mégalithiques les dolmens à gradins, élevés sur une terrasse à laquelle on accède par des marches formées de larges dalles. On trouve encore un assez grand nombre de tertres circonscrits par plusieurs crom-le'ch circulaires ou carrés et couronnés par un dolmen découvert supporté par deux pierres. En présence de ces constructions dolméniques à peu près semblables à celles de l'Aveyron, avec la chambre au sommet, il devient bien difficile de soutenir qu'elles étaient des sépultures. Peut-on prendre pour un tombeau l'énorme dolmen *découvert* de Tiareh signalé et décrit par le commandant Bernard[1] ? Les supports seraient hauts d'une dizaine de mètres et la table mesurerait 19^{m},50 de long sur 5^{m},80 de largeur

Dolmen à gradins (D'après J. Fergusson).

Dolmen avec double cromlec'h (D'après Féraud).

1. Flower, *Congrès de Norwich*, p. 204.

et 2^m,84 d'épaisseur. Encore une fois la théorie des dolmens sépulcres ne peut résoudre la question des chambres en plein air au faîte des tertres, ouvertes à tous les vents et dans la construction desquelles on ne peut constater une fermeture complète, ce qui aurait dû exister si elles avaient été destinées à recevoir des cendres humaines. Comment concilier que ces cendres aient été déposées dans des chambres sépulcrales accessibles à tous, aussi bien aux hommes qu'aux animaux, avec la crainte des morts qui tenait les primitifs et le respect profond pour les défunts que ces grands monuments, s'ils avaient été vraiment des tombeaux, devraient faire supposer chez ceux qui les ont construits?

Groupe de dolmens sur la route de Bône à Constantine (D'après J. Fergusson).

Le général Faidherbe a constaté que le fer se rencontre dans les dolmens de l'Algérie. Mais est-ce bien dans de véritables dolmens que l'on trouve en abondance ce métal? N'est-ce pas plutôt dans des édifices postérieurs à l'âge mégalithique, dans les bazinas, les chouchas et même dans certains monuments sépulcraux construits en forme de dolmen bien longtemps après la première époque, comme par exemple certains de ceux qui se trouvent sur la route de Bône à Constantine. D'ailleurs le fer a dû être connu sur la côte africaine dès une très haute antiquité : les Égyptiens l'employaient 3.000 ans avant l'ère chrétienne. Il a dû être découvert bien avant en Ciscaucasie où se trouvaient des mines abondantes et où naquit, dit Hésiode, « la race du blanc acier » qui mutila Ouranos. Les Phéniciens et peut-être même les descendants africains des émigrants dolméniques, navigateurs comme leurs pères, avaient des relations d'échange avec les provinces pontiques. Comme en Algérie tout démontre que l'on a continué longtemps à construire des monuments dans le style dolménique, même après l'introduction de l'islamisme, rien n'interdit de penser que ceux construits par les arrière-petits-fils des émigrants hyperboréens puissent contenir de nombreux objets en fer. Et, par cela même qu'étant les plus anciens après la période des monuments de style mégalithique pur, ils sont les plus rapprochés de la source architecturale, ils ont pu être facilement confondus avec les véritables monuments mégalithiques de l'époque initiale. Même de vrais dolmens édifiés par la race primitive peuvent recéler des instruments ou des armes en métal contemporains de leur édification, mais alors ils datent des derniers jours de la véritable période d'établissement du peuple dolménique, alors que celui-ci, très vieux déjà, avait appris sans doute à fondre le cuivre et le bronze et peut-être à forger le fer. Dans ce cas, on peut dire de ces monuments que bien que plus parfaits et plus achevés que ceux qui les précédèrent, ils appartiennent cependant à un stade de décadence pendant lequel la primitive architecture, fruste et colossale en ses œuvres, perdit peu à peu une simplicité première qui avait bien sa grandeur sauvage.

FIN

TABLE DES MATIÈRES

TOURS. — IMPRIMERIE DESLIS PÈRE, R. ET P. DESLIS, 6, RUE GAMBETTA.

TOURS. — IMPRIMERIE DESLIS PÈRE, R. ET P. DESLIS, 6, RUE GAMBETTA.

www.ingramcontent.com/pod-product-compliance
Ingram Content Group UK Ltd.
Pitfield, Milton Keynes, MK11 3LW, UK
UKHW022052260726
13993UKWH00001B/76